그 사람, 김원봉

그 사람, 김원봉

초판 1쇄 인쇄 2019년 8월 10일
초판 1쇄 발행 2019년 8월 15일

엮은이 김홍식
펴낸이 김연희
주 간 박세경

펴 낸 곳 그림씨
출판등록 2016년 10월 25일(제2016-000336호)
주 소 서울시 마포구 월드컵북로 400 문화콘텐츠센터 5층 23호
전 화 (02) 3153-1344
팩 스 (02) 3153-2903
이 메 일 grimmsi@hanmail.net

ISBN 979-11-89231-22-4 03910

이 도서의 국립중앙도서관 출판예정도서목록(CIP)은 서지정보유통지원시스템 홈페이지(http://seoji.nl.go.kr)와 국가자료공동목록시스템(http://www.nl.go.kr/kolisnet)에서 이용하실 수 있습니다.(CIP 제어번호: CIP2019029461)

그 사람, 김원봉

김흥식 엮음

그림씨

머리말

「역사하는 신문」 시리즈는 하루의 역사를 기록한 신문을 통해 천년 동안 이어갈 역사를 재구성·재평가하기 위해 기획되었다.

시대가 엄혹할수록 신문기사가 모두 진실 또는 사실만을 기록할 리 없다. 그러나 눈 밝은 시민들은 그 행간을 읽을 수 있을 터이니 기사본말체(紀事本末體)라는 역사 서술 방식이 공연히 탄생한 것이 아닐 것이다.

기사본말체는 '사건의 명칭을 제목으로 내걸고 그에 관련된 기사를 모두 모아 서술하여 사건의 시말을 기술하는 방식'[1]이니, 앞의 '사건'을 '사람'으로 바꾼다면 이 책 『그 사람 김원봉』의 설명으로 맞춤이다.

잘 알려져 있다시피 기사본말체는 서술자의 시각은 완전히 배제한 채 전하는 자료만을 편찬한다. 그러하기에 관점(觀點)과 시각(視覺)의 왜곡이 불가피한 정치적 사건을 기술하는 데 유용한 것으로 알려져 있다. 김원봉은 당연히 '정치적 사건'이 아니라 '사람'이다. 그러나 대한민국 근현대사를 돌아보건대 그의 삶이 곧 우리의 근현대사이니, 그의 이름을 건 기사본말체 역사서를 편찬하는 것이 무의미하지 않을 것이다. 더욱이 그의 삶에 대한 평가가 정치적 입장에 따라 하늘과 땅만큼이나 차이가 난다는 사실을 떠올린다면 이 책의 의미가 깊고도 높다고 하지 않겠는가.

---

1 『한국민족문화대백과사전』.

김원봉의 삶은 일제강점기의 그것과 광복 후 사망 시점까지의 삶으로 크게 나눌 수 있다.

이 책은 일제강점기 김원봉과 의열단의 활동을 다룬다. 그 이유는 여러 가지가 있지만 김원봉 삶의 핵심은 일제강점기 그의 활동이라고 여기기 때문이기도 하다. 광복 후 사망까지의 사료 부실 또한 큰 몫을 한다.

책을 꾸민 이로서 한마디만 덧붙인다면, 일제강점기 식민지 시민들의 삶에 대해 우리는 너무 무지한 것이 아닌지 되묻게 된다. 나라를 팔아먹은 자건 나라를 찾고자 하는 이에 대해서건 우리는 너무 모르고 있는 게 아닌가. 그렇다면 훗날 또 다른 시대에 나라를 팔아먹고자 하는 자와 나라를 지키고자 하는 자를 어찌 판별할 것이며, 그들을 어찌 단죄(斷罪)하고 상찬(賞讚)할 것인가.

2019년 여름

김흥식

일러두기

1 뽑은 신문기사는 일제강점기 김원봉과 그가 이끌던 의열단 관련 기사로 국한하였다.

2 본문은 인용한 신문기사를 그대로 옮기는 것을 원칙으로 하였다. 어려운 한자어의 경우에는 각주로 처리하였으며, 특별한 경우(동시대에 사용하던 한 글자짜리 한자어 또는 한문투 표현)에는 현대어로 바꾸었다.(예: 불평만만→불평 가득)

3 본문에 ○나 ×로 표기된 것은 원문 신문기사에 그대로 표기되어 삭제 처리된 경우이고, □로 표기된 것은 신문기사가 보이지 않아 옮기지 못한 경우다.

차례

밀양 폭탄 사건

『매일신보』. 1920. 10. 15.

탐정(探偵)[1]-밀양 폭탄의 거처
열세 개의 폭탄을 기장 섬[2]에 넣어 가지고
상해에서 진영에까지 보낸 그 운동들
……총독부와 기타를 폭파코자 한
비밀결사 의열단 검거

본적 경상남도 밀양군 밀양면 내이동 번지 불상[3]
주소 상동
상민(常民)[4] 무직
윤치형 당 28세

1 몰래 남의 사정을 알아냄.
2 곡식인 기장 무더기 속에 폭탄을 넣어 운반했다는 뜻.
3 알려지지 않음.
4 양반이 아닌 일반 백성을 가리킴. 1920년에는 신분제도가 사라져 양반과 상민의 구분이 없던 때임에도 신문에서 상민이라는 표현을 사용하는 것으로 보아 신분제도의 잔재가 남아 있었던 것으로 보인다.

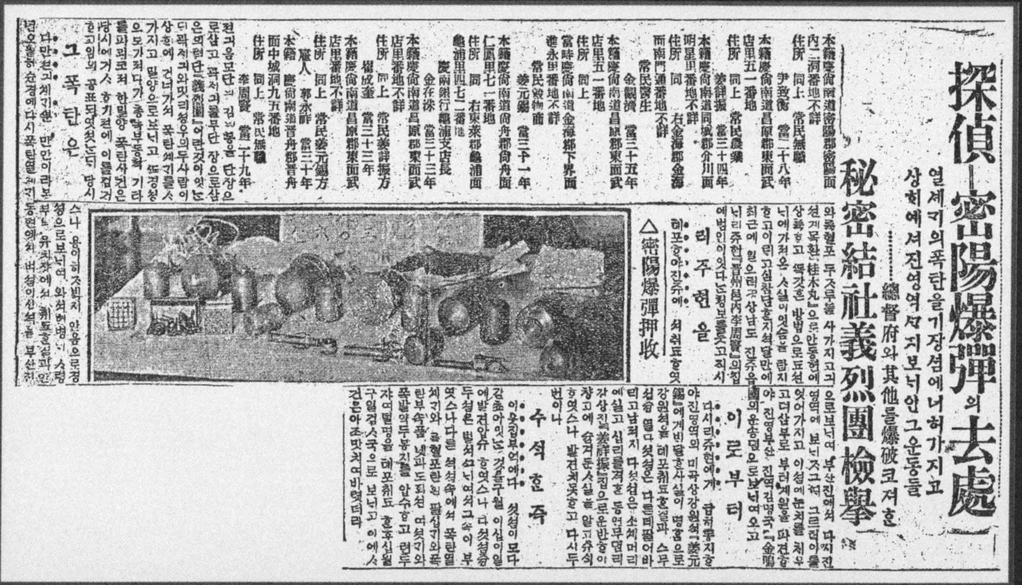

探偵―密陽爆彈의去處

열세개의폭탄을기장섬에너허가지고 상히에셔진영에지보니안그운동들

……總督府와其他를爆破코져홈

秘密結社義烈團檢擧

本籍慶尚南道密陽郡密陽面內二洞番地不詳 住所同上 常民無職 尹致衡 當二十八年

本籍慶尚南道昌原郡東面武店里五一番地 住所同上 常民農業 姜詳振 當三十四年

本籍慶尚南道同城郡介川面明星里番地不詳 住所同 右金海郡金海面南門通番地不詳 常民醫生 金觀濟 當三十五年

本籍慶尚南道昌原郡東面武店里五一番地 住所同上 當時慶尚南道金海郡下界面進永里番地不詳 常民穀物商 姜元錫 當三十一年

本籍慶尚南道舟郡舟面仁匣里七一番地 住所同 右東萊郡龜浦面龜浦里四七二番地 慶南銀行龜浦支店長 金在洙 當三十三年

本籍慶尚南道昌原郡東面武店里番地不詳 住所同上 常民姜詳振方 崔成奎 當三十三年

住所同上 常民姜元錫方 雇人 郭永祚 當三十年

本籍慶尚南道晋舟郡晋舟面中城洞九五番地 住所同上 常民無職 李周賢 當二十九年

젼긔읍모단의 김긔봉은 단장으로삼고 곽직긔를부단장으로삼은의렬단「義烈團」이란것이 잇논디곽직긔와밋리셩우의두사람이 상히에건너가셔 폭탄세기를ᄉᆞ가지고 밀양으로보니고 또경성으로가져다가 총독부동척 기타를파괴코져한밀양폭탄사건은 당시에거ᄉᆞᄒᆞᆫ기젼에 이를검거ᄒᆞ고임의공표되엿섯는디 당시

그폭탄은

다만젼긔세기뿐만안이라보년오월중순경에다시폭탄열세기…스나 용이히ᄎᆞᆺ지안음으로경청으로보니여 와셔헌병이 ᄉᆞ령부는유차쟝에셔 취됴홈과안동현에셔 버섯이산셕을 부산진으로보니여 부산진에셔다찌진션계목환「桂木丸」으로안동현에 와폭혈포두자루를사가지고 상륙ᄒᆞ고똑갓흔방법으로도천니에가져온스실이잇슴을탐지ᄒᆞ고이터고심참담ᄒᆞᆫ지셕달만에 최근에일으러곳상남도진쥬읍니리주헌「晋州邑內李周賢」의집에범인이잇다는청보를듯고직시

리주현을

톄포ᄒᆞ야진쥬에셔취됴ᄒᆞ엿 영역에보니즈그의 그르러이를 엇어가지고이셤에눈치를치우고더삼부로부터계원을따견ᄒᆞ야진영부산진역김명국「金鳴國」의운송뎜으로보니여오고

△密陽爆彈押收

이로부터

다시리쥬현에게 극히동지ᄒᆞ야진명역의미곡상강원셕「姜元錫」에게비밀ᄒᆞᆫ사실이 명홈으로 강원셕을톄포취됴ᄒᆞᆫ결과 스무십ᄒᆞᆫ열다섯셤은 다른데팔어바리고남져지다섯셤은소체머리에실고심리를격ᄒᆞᆫ동면무뎐리강상진「姜祥振」집으로운반ᄒᆞ야창고에숨겨둔스실을알고슈식ᄒᆞ엿스나발견치못ᄒᆞ고다시두번이나

수셕훈쥭

이웃집부엌에다셧셤이모다감초아잇는것을구월이십이일에발견압슈ᄒᆞ엿스나다섯셤중두셤은벌서뮤니여셔그속이부엿스나다른셕셕속에셔폭탄열세기와흡혈포탄팔십기와폭탄부속품냇파도회선여섯기와폭발약두봉지를압수ᄒᆞ고련두쟈여덜명을톄포취됴ᄒᆞᆫ후십월구일검ᄉᆞ국으로보니고이에ᄉᆞ건은아조맛치여바렷더라

『매일신보』. 1920. 10. 15.

밀양 폭탄 압수.

본적 경상남도 창원군 동면 무점리 51번지
주소 상동
상민 농업
강상진 당 34세

본적 경상남도 동성군 개천면 명성리 번지 불상
주소 경상남도 김해군 김해면 남문통 번지 불상
상민 의생(醫生)[5]
김관제 당 35세

본적 경상남도 창원군 동면 무점리 51번지
주소 상동
당시 경상남도 김해군 하계면 진영리 번지 불상
상민 곡물상
강원석 당 31세

본적 경상남도 상주군 상주면 인봉리 472번지
주소 경상남도 동래군 구포면 구포리 472번지
경남은행 구포지점장
김재수 당 33세

본적 경상남도 창원군 동면 무점리 번지 불상
주소 상동
상민 강상진 방(方)[6]

---

5 조선시대의 한의사.
6 같은 지역, 또는 같은 무리로 머묾.

최성규 당 33세

본적 경상남도 창원군 동면 무점리 번지 불상
주소 상동
상민 강원석 방(方) 고용인
곽영조 당 30세

본적 경상남도 진주군 진주면 중성동 95번지
주소 상동
상민 무직
이주현 당 29세

전기[7] 음모단에 김원봉을 단장으로 삼고 곽재기를 부단장으로 삼은 의열단이란 것이 있는데, 곽재기와 이성우, 두 사람이 상해에 건너가서 폭탄 3개를 사 가지고 밀양으로 보내고 또 경성에도 가져다가 총독부, 동척[8], 기타를 파괴코자 한 밀양 폭탄 사건은 당시에 거사하기 전에 이를 검거하고 이미 공표되었는데, 당시 그 폭탄은 다만 전기 3개뿐만 아니라 올해 5월 하순경에 다시 폭탄 13개와 육혈포(六穴砲)[9] 두 자루를 사 가지고 기선(汽船) 계목환(桂木丸)으로 안동현[10]에 상륙하고, 똑같은 방법으로 조선 내에 가져온 사실이 있음을 탐지하고, 이래 고심참담한 지 석 달 만에 최근에 이르러 경상남도 진주읍 내 이주현의 집에 범인이 있다는 정보를 듣고 즉시 이주현을 체포하여 진주에서 취조하였으나 쉽게 자백하지 않음으로, 경성으로 보내 헌병사령부의 유치장에서 취조한 결과, 안동현에서 벼 이십 석[11]을

---

7 앞서 기록한.
8 동양척식주식회사. 일본인의 식민지 조선 진출 계획을 추진하기 위해 설립한 회사.
9 탄알을 재는 구멍이 여섯 개 있는 권총.
10 만주에 위치한 지명.
11 석은 곡식 따위를 재는 단위로, 섬이라고도 한다. 약 180리터.

부산진으로 보내 부산진에서 다시 진영역에 보내자 그때 그루터기를 얻어 가지고 이 섬에 눈치를 채우고자[12] 삼부로부터 계원을 파견하여 진영 부산진역 김명국의 운송점으로 보내어 오고, 이로부터 다시 이주현에게 급히 통지하여 진영역의 미곡상 강원석에게 배달한 사실이 분명하므로 강원석을 체포·취조한 결과, 스무 섬 중 열다섯 섬은 다른 데 팔아 버리고, 나머지 다섯 섬은 소 세 마리에 싣고 십리 떨어진 동면 두점리 강상진 집으로 운반하여 창고에 숨겨 둔 사실을 알고 수색하였으나 발견치 못하고, 다시 두 번이나 수색한즉, 이웃집 부엌에 다섯 섬이 모두 감추어 있는 것을 9월 22일에 발견·압수하였으나 다섯 섬 중 두 섬은 벌써 꺼내어서 그 속이 비었으나 다른 석 섬 속에서 폭탄 13개와 육혈포 탄환 80개와 폭탄 부속품 넷과 도화선 6개와 폭발약 두 봉지를 압수하고 연루자 여덟 명을 체포·취조한 후 10월 9일 검사국으로 보내고 이에 사건은 아주 마치어 버렸더라.

밀양서에 폭탄 투하 『매일신보』. 1920. 12. 30.

어떤 자가 폭탄 두 개를 던졌으나 유리창만 파괴하였다 자살코자 하는 범인을 체포

이달 27일 오전 9시쯤 되어 밀양경찰서에서는 폭탄을 던진 일이 발생하였는데, 범인은 본적 경상남도 밀양군 상남면 마산리에 거주하는 최수봉(27)인데, 작년 3월경에 상해로 들어가서 김원봉이라 하는 사람에게 폭발약 두 개를 사 가지고 자기 집에 비밀히 감추어 두고 일 년 동안 경영[13]하다가 이날 마침 폭탄 투척하였

12 '곡식 그루터기로 섬을 채워 그곳으로 눈치를 돌리고자.'
13 이곳에서는 관리한다는 의미로 쓰임.

密陽署에 爆彈投下

엇더쟈가폭탄두기를더젓스나류리창만파괴ᄒᆞ엿다

自殺코져ᄒᆞᄂᆞᆫ犯人을逮捕

본월이십칠일 오젼구시쯤 되야 밀양 경찰셔「密陽警察署」에셔는 폭탄을던진일이 발싱 ᄒᆞ엿는대 범인은 본적경상남도 밀양군상남면 마산리「本籍慶尙南道密陽郡上南面馬山里」거쥬ᄒᆞᄂᆞᆫ 최슈봉「崔壽鳳」(二十七)인대 작년삼월경에 상히로브터 가셔김원봉「金元鳳」이라ᄒᆞᄂᆞᆫ사람에게 폭발약두기를사셔가지고자 긔집에

비밀히 감초

아두고일년동안을 경영ᄒᆞ다가 이날맛참 폭탄을투쳑ᄒᆞ엿스나쳐음ᄒᆞᆫ기ᄂᆞᆫ 경찰셔류리창을 ᄯᅢ려 파괴ᄒᆞᆯ뿐이엿ᄂᆞᆫ대셔원일동「署員一同」은 창황망됴ᄒᆞ야 범인을 톄포ᄒᆞᆯ차로 출동ᄒᆞᆯ즈음에 범인은다시ᄒᆞᆫ기의폭탄을 셔원일동을보고 투쳑ᄒᆞ엿ᄂᆞᆫ대 원리약력「藥力」이츙분치못ᄒᆞ엿든지 건물「建物」도파괴되지안코

셔원도 피상

ᄒᆞᆫ자가업섯스며 범인은무삼의사를 포함ᄒᆞ엿ᄂᆞᆫ지즉시셔문「西門」으로나와부근인가에 드러가셔 식칼을차자가지고 자살ᄒᆞ고져 ᄌᆞ긔목을질넛ᄂᆞᆫ대 순사들은 뒤를ᄶᅩ차가셔톄포ᄒᆞᆫ후곳 졔등의사「齊藤醫師」의진찰을바든즉 과 목의상쳐가약이촌가량이나되여당분간

절명은되지

안이ᄒᆞ엿스나운병이 장구치못ᄒᆞ깃나ᄒᆞ며 범인은졍신을숀실ᄒᆞ여취됴ᄒᆞ기도불능ᄒᆞ다더라「밀양」

『매일신보』. 1920. 12. 30.

으나, 처음 한 개는 경찰서 유리창을 때려 파괴할 뿐이었는데 서원(署員) 일동은 창황망조[14]하여 범인을 체포할 차로 출동할 즈음에 범인은 다시 한 개의 폭탄을 서원 일동을 보고 투척하였는데, 원래 약력(藥力)[15]이 충분치 못하였던지 건물도 파괴되지 않고 서원도 다친 자가 없었으며, 범인은 무슨 뜻을 포함하였는지 즉시

14 당황하여 어찌할 줄을 모름.

15 효력.

서문으로 나와 부근 인가에 들어가서 식칼을 찾아 가지고 자살하고자 자기 목을 찔렀는데, 순사들은 뒤를 좇아가서 체포한 후 곧 제등(齊藤)[16] 의사의 진찰을 받은 결과 목의 상처가 약 2촌[17] 가량이나 되어 당분간 절명은 되지 아니하였으나 운명이 장구치 못하겠다 하며 범인은 정신을 잃어 취조하기도 불가능하다더라.(밀양)

밀양의 폭탄 사건

『동아일보』. 1921. 3. 5.

경성지방법원에서 예심 결정
곽재기 외 14명은 모두 유죄

밀양 폭발탄 사건이라 하면 세상에서 모두 아는 바이어니와, 이 사건에 관한 곽재기 등은 검거된 이래로 경성지방법원에서 영도 예심판사의 손에서 예심(豫審)[18] 중이더니, 며칠 전에 한강 강변에서 그 폭발탄을 시험한 결과 효력이 확실한 것으로 인정되어 피고는 모두 죄상이 판명되어 지난 3일에 아주 예심이 마쳤다. 이제 그 사건의 피고는 곽재기 외에 15명인데 그 주소와 씨명을 기록하건대,

충북 청주군 강현면 상봉리 곽경 사(事)[19] 곽재기(29)
함북 경원군 송하면 송하리 이성우(22)
경성부 사직동 94 김세희 방(方) 김태희 사(事) 김수득(23)
함남 단천군 파도면 덕천리 안종묵 사(事) 이낙준(31)

---

16 일본인의 성.
17 1촌은 약 3센티미터이므로, 약 6센티미터에 이르는 큰 상처다.
18 옛 형사소송법에서 공소(公訴)가 제기된 후에 피고의 사건을 공판에 회부할 것인가 여부를 결정하고 아울러 공판에서 조사하기 곤란하다고 판단된 증거를 수집하거나 확보하는 공판 전의 절차.
19 사(事): 글자 앞의 사람에게 고용되거나 그의 일을 맡아 한다는 의미로 쓰인 것으로 보인다.

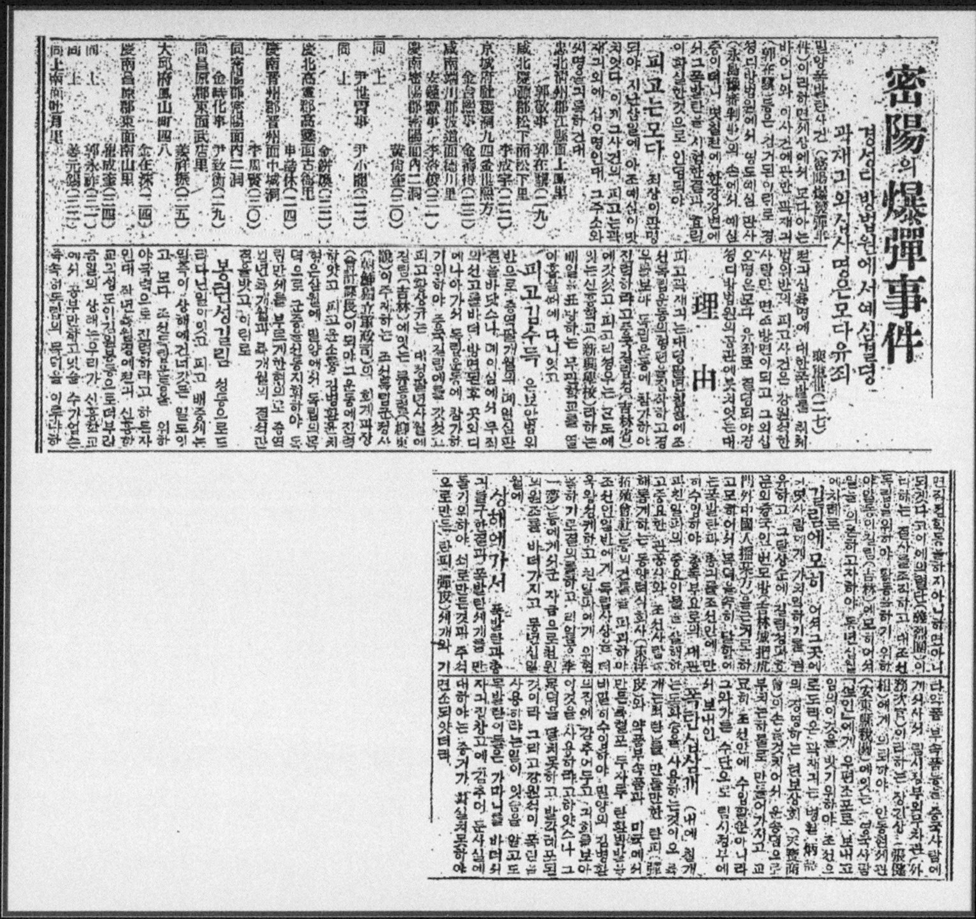

密陽의爆彈事件

경성디방법원에서예심결뎡

곽재긔외십사명은모다유죄

理由

피고는모다

피고김수득

봉현성길림

길림에모히어

폭탄십삼개

상해에가서

『동아일보』. 1921. 3. 5.

경남 밀양군 밀양면 내이동 황상규(30)

동상[20] 윤세주 사(事) 윤소용(22)

동상 김병환(32)

경북 고령군 고령면 고아리 신철휴(24)

경남 진주군 진주면 중성동 이주현(30)

20 주소가 위와 같음.

경남 밀양군 밀양면 내이동 김시화 사(事) 윤치형(29)

경남 창원군 동면 무점리 강상진(35)

대구부 봉산정 48 김재수(34)

경남 창원군 동면 남산리 최성규(34)

동상 곽영주(31)

동상 강원석(32)

동상 남면 토월리 배중세(27)

전기 16명에 대한 폭발물취체법 위반의 피고 사건은 강원석 한 사람만 면소(免訴)[21], 방면(放免)이 되고 그 외 15명은 모두 유죄로 결정되어 경성지방법원의 공판에 부치었는데,

이유

피고 곽재기는 1919년 7월에 조선 독립운동의 형편을 짐작하고 경우를 보아 독립운동에 참가하여 진력하려고 중국 길림성에 갔었고, 피고 이성우는 간도에 있는 신흥학교[22]라 하는 배일(排日)을 표방하는 무관학교를 19살 때에 다녔고,

피고 김수득은 보안법 위반으로 징역 8개월의 제1심 판결을 받았으나 제2심에서 무죄의 선고를 받아 방면된 후 곧 외지에 나아가서 독립운동에 참가하기 위하여 중국 길림에를 갔었고,

피고 황상규[23]는 1919년 4월에 길림에 있는 유동렬이 주재하는 조선독립군정사[24]의 회계과장이 되어 그 운동에 진력하였고, 피고 윤소룡 김병환 윤치형은 3월에 밀양에서 독립의 목적으로 군중을 선동 지휘하여 독립만세를 부르게 한 혐의로 징역 1년 6개월의 결석판결[25]을 받고 이래로 봉천성 길림성 등으로 돌아다

21 형사 소송에서, 법원이 유죄·무죄를 판단함이 없이 소송을 중지하는 일.

22 원래 명칭은 신흥무관학교. 1919년 만주에 설립한 독립군 양성학교.

23 김원봉의 고모부이자 독립운동가로, 의열단의 핵심 인물 가운데 한 사람.

24 황상규, 조소앙, 김좌진 등이 무장투쟁을 위해 1919년 2월 말에 결성한 대한독립의군부가 명칭을 바꾼 조직으로, 무장 독립운동을 추구하였다.

25 형사 소송에서, 호출을 받은 피고인이 법정에 나오지 않은 경우에 검사의 청구에 따라 피고인 없이

닌 일이 있고, 피고 배중세는 일찍이 상해에 건너갔던 일도 있고 모두 조선 독립운동을 위하여 극력으로 진력하려고 하던 자인데, 작년 6월경에 전기 신흥학교의 생도인 김원봉 등으로 더불어 금일의 상태는 우리가 신흥학교에서 공부만 하고 있을 수가 없는 즉, 속히 독립의 목적을 이루려 하면 직접 행동을 하지 아니하면 아니 되겠다고 이에 의열단이라 하는 결사를 조직하고, 대조선 독립을 위하여 활동을 하기 위하여 일동이 길림에 모여서 일을 의론하고자 하여 동년 10월에 차례로 길림에 모여서 그곳에서 몇 사람에게 같이 일하기를 권유하고, 그달 상순에 길림성 파호문외 중국인 파모방을 근거로 하고 모여서 목적을 속히 달성함에는 폭발탄과 총기를 조선 안에 많이 수입하여 총독부 요로의 대관과 친일파의 중요 인물을 살해하고 중요한 관공서와 조선 사람을 해롭게 하는 동양척식회사 등의 건물을 파괴하여 조선인 일반에게 독립사상을 더욱 왕성케 하고 친일파에게 위협을 하기로 결의를 하고, 이일몽 등에게서 군자금으로 천원의 원조를 받아 가지고 동년 11월에 상해에 가서 폭발탄과 총기를 구한 결과 폭발탄 3개를 만들기 위하여 쇠로 만든 것과 주석으로 만든 탄피 3개와 기타 약품 부속품 등을 중국 사람에게서 사서 임시정부 외무차관이라 하는 장건상[26]에게 의뢰하여 안동현 세관에 있는 영국 사람 '뽀인'에게 우편소포로 보내고, 이미 이것을 받기 위하여 조선으로 돌아온 곽재기는 병철이 경영하는 천보상회의 손을 거쳐서 운송점으로 부치는 하물로 만들어 가지고 교묘히 조선 안에 수입할 뿐 아니라, 그와 같은 수단으로 임시정부에서 보낸 폭탄 13개(내에 7개는 도화승을 사용하는 것이요, 6개는 척탄)[27]를 만들 만한 탄피와 약품 부속품과 미국에서 만든 육혈포 두 자루, 탄환 백발을 비밀히 수입하여 밀양 김병환의 집에 감추어 두고 기회를 보아 이것을 사용하라고 하였으나, 그

내리는 판결.

26 1882~1974. 임시정부 외무차장, 극동인민대표대회 한국 대표단, 의열단원, 임시정부 의정원 의원, 임시정부 학무부장 등으로 활동한 독립운동가. 광복 후에는 국회의원을 지내기도 하였으나 5·16 후에 혁신당 사건으로 검거되어 징역 5년형을 언도받은 후 노령을 이유로 석방되어 가난과 질병 속에 사망하였다. 1986년 건국훈장 대통령장이 추서되었다.

27 도화승(導火繩)은 불을 붙이는 도화선. 따라서 도화승을 사용한 폭탄은 시한폭탄의 개념인 반면 척탄(擲彈)은 '던지는 폭탄'이므로 수류탄과 같이 땅에 떨어지는 즉시 터진다.

목적을 달성치 못하고 발각 체포된 것이라. 그리고 강원석이 폭탄을 사용하려는 일이 있음을 알고 목발탄이 든 가마니를 받아서 자기 집 창고에 감추어 둔 사실에 대하여는 증거가 확실치 못하여 면소(免訴)되었더라.

밀양 폭탄 사건

『동아일보』. 1921. 6. 8.

곽재기 등의 공판
어제 경성지방법원에서
곽재기 등 16명의 공판

오랫동안 끌어오던 밀양 폭탄 사건은 어제 7일 오전 10시부터 경성지방법원 제1호 법정에서 이동(伊東) 재판장과 등촌(藤村), 태재(太宰), 두 배석판사와 경(境) 검사정이 열석한 후 개정하였는데, 피고 16명은 모두 흰옷을 입고 정숙하게 앉아 있으며 방청석에 70여 명의 남녀 청중이 가득이 찼다. 먼저 피고 일동의 성명을 취조한 후 재판장이 피고 일동에 대한 폭발물취체규칙 위반 사건을 조사하겠다 선언하매, 경 검사정이 일어서서 예심결정서에 쓰여 있는 피고의 범죄 사실을 심리하기를 바란다 말하고 앉으매 이성우부터 심문하기를 시작하였다.

피고는 매우 당돌한 태도로 자기는 어려서부터 중국과 러시아까지 돌아다니다가 서간도[28]에 조선 독립을 위하여 설립한 신흥학교에 입학하여 공부하다가, 재작년 3월 1일에 조선 독립운동이 일어난 후 항상 조선 독립에 유의하다가 의열단을 조직한 일과, 단원이 서로 의론한 결과 현재 형편과 같은 시위운동으로는 독립

28 만주 길림성 동남부 지방을 가리켜 간도라고 하는데, 간도는 다시 서간도와 동간도로 나뉜다. 서간도는 압록강과 송화강 상류 지방인 백두산 일대, 동간도는 북간도라고도 하며 두만강 북부의 만주 땅을 가리키는데, 보통 간도라고 하면 동간도를 말한다.

密陽爆彈事件 郭在驥等의公判
筆與舌에代한血戰
午後繼續開廷

『동아일보』. 1921. 6. 8.

밀양 폭탄 사건 공판.
(위: 법정에 앉은 피고인들.
□표가 곽재기. 아래: 방청석의
가족들)

의 목적을 달성할 수 없으니 폭발탄을 사용하여 요로 대관[29]을 죽이고 조선 내에 있는 중요 건물을 파괴하는 일을 의론한 일과, 폭탄을 사기 위하여 1919년 11월 중순에 상해로 간 일과, 그 후에 신철휴와 곽재기가 뒤를 이어 상해로 와서 법조계 김모의 집에서 유숙하면서 폭탄을 사고자 하였으나 여의히 되지 아니하다가, 작년 3월에야 청국인에게 폭탄 3개를 사 가지고 상해를 떠난 일과, 자기와 김원봉은

29 주요한 직위에 있는 고위 관리.

상해에 있으면서 폭발탄 13개와 육혈포 2개를 사 가지고 중국인과 같이 변장한 후 안동현에 온 일과, 작년 5월 13일경에 곽재기와 함께 경성에 왔으나 곽재기는 다시 중국으로 가고 자기는 경성에서 여러 동지와 서로 장래 일을 상의하고자 인사동에 유숙하다가 동년 6월 16일에 형사에게 체포되었다는 말을 공술하였다.

"필설을 대신한 혈전[30]"
피로 구하기 위하여 폭탄을 사들였다는 곽재기의 말

그다음은 곽재기를 심문하는데, 피고는 흰 두루마기에 금테안경을 쓰고 항상 벙글벙글 웃으며 재판장 앞에 나서매, 재판장은 입에 웃음을 띠고 피고는 곽경, 김광삼, 김재만 등의 여러 이름을 가졌느냐 물으매, 피고도 역시 웃으며 곽경은 자(字)[31]이고 김광삼과 김재만은 변명(變名)[32]한 것이라고 대답하였다. 그다음에는 재작년[33] 7월경에 중국 길림성으로 갔는데 갈 때의 목적은 두 가지니, 첫째는 조선 내지에 되도록 폭탄을 다수 수입할 일과 둘째는 해외의 조선 독립운동의 상황을 시찰하고자 간 것인데, 이와 같은 목적을 정한 본래의 취지로 말하면 재작년 3월 이래로 조선 독립운동을 입과 붓으로는 구할 대로 구하고 원할 대로 원하였으나 피로써 구한 일은 없으므로 그와 같은 무기를 사용하야 피로써 구하고자 하였는데, 우리는 군함도 없고 대포도 없으매 폭탄, 육혈포를 구할 수밖에 없게 된 것이며, 의열단에 가입한 후에 김원봉과 이성우는 폭발탄을 사기 위하여 그해 10월에 상해에 가고, 자기는 그해 11월 중순경에 상해로 가서 폭탄을 사고자 애를 쓰다가 작년 3월에 중국인에게 폭탄 3개에 대한 재료와 약품을 사 가지고 임시정부 외무차장[34]의 소개로 그 폭탄을 안동현 영국인 '보일[35]'에게로 운반한 일과, 발각을 염려하여 궤 속에 넣고 그 위에 책을 넣어 책궤와 같이 만들어서 밀양 정거장으로

---

30 글과 말을 대신해 무력으로 싸움.
31 본이름 외에 부르는 이름. 주로 성인이 된 후에 사용하였다.
32 이름을 바꿈.
33 1919년.
34 장건상. 앞 기사에 등장한다.
35 앞에서는 '뽀인'으로 기록하고 있다.

운반한 일과, 김원봉이가 소개한 이일몽이라는 사람에게 주고 3주일 안으로 실행하겠다고 서로 약속하고 자기는 다시 중국 길림성으로 가서 소식을 기다렸다는 말과, 시베리아를 가고자 하여 여비를 변통하려 경성에 왔다가 경성에서 체포되었다는 말을 공술하였다.

그다음은 신철휴를 심문하였는네 의열단에 가입한 일은 있으나 폭발탄 사건은 부인하고, 그다음에는 윤소용을 심문하였는데 대개 사실을 부인하였다. 오전 중에 4명을 심문하고 재판장은 휴게를 선언하였다.

오후에 계속 개정

피고는 대개 사실을 인정

오후에도 계속하여 김수득, 이낙준, 황상규, 김병환, 윤치형, 배중세 등 6명을 동 오후 4시까지 심리하였던 바 피고들은 대개 사실을 시인하였더라.[36]

---

36 최종 판결 내용은 다음과 같다.
곽재기, 이성우: 징역 8년.
김수득, 이낙준, 황상규, 윤소룡, 신철휴: 징역 7년.
윤치형: 징역 5년.
김병환: 징역 3년.
배중세: 징역 2년.
이주현, 김재수: 징역 1년(집행유예)
강상진, 최성규, 곽영조: 무죄.

首魁[37] 이수택 공판 개정

벙어리인 체하고 법망을 벗어나 상투를 짜고 행적을 감추었다

세인의 이목을 놀래키던 밀양 폭탄 사건의 수령으로 오랫동안 숨어 있던 경북 칠곡군 왜관면 석전동 220번지 이수택(34)에 대한 폭발물취체벌칙 위반 및 제령(制令)[38] 위반 피고 사건의 제1심 공판은 8일 오전 11시에 경성지방법원 제7호 법정에서 동 법원 형사합의부 영도(永島) 재판장의 손에 대원(大原) 검사의 입회로 개정되었는데, 정각이 되기 전에 방청자가 법정에 차고 문 밖에까지 다수 들어서 있었다.

이제 이수택에 대한 범죄 사실을 들은즉, 이수택은 1919년 6월경에 조선 독립운동에 참가, 진력할 목적을 가지고 중국 길림성에 건너가서 군정서(軍政署)[39] 회계과장 황상규와 박남파, 한봉근, 김원봉, 곽재기, 김옥 등과 교제를 맺어 가지고 독립운동을 하는 중, 김원봉의 부탁으로 폭발물과 총기를 다수 조선 안에 비밀히 가져다가 총독부의 요로 대관을 암살하며 관공서와 동양척식회사를 파괴하고, 그 밖에 친일파를 죽여 인심을 불안케 하고 독립운동의 목적을 달성하기로 계획하고, 먼저 의열단을 조직하고 그 후 곽재기와 동지 다수와 한 가지로 조선에 들어와서 폭탄 3개와 권총을 밀양으로 들여다 놓고 장차 경성으로 가져다가 폭발물을 사용하려다가 목적을 달성치 못하고, 연루자 일동이 검거되어 모두 5년 이상 8년의 중형을 받고 목하 복역 중인데, 이수택은 그 후 부산경찰서에 검거되었으나 그 때에 일주일간을 벙어리 노릇을 하여 속이고 나와서 그 후 자기 고향에 돌아가 상투를 틀고 망건을 써서 행색을 고쳐 가지고 있다가 이번에 검거된 것인 바, 피고는 법정에서 사실을 대개 부인치는 않되 자기가 그 사건에 찬성한 것은 아니요, 다만 서로 의론하였음에 불과하다고 공술하였다.

그 후 행동에 동정할 점이 있다고 2년 6개월을 구형

재판장의 심리를 마친 후 대원 검사는 피고에 대한 범죄 사실은 증거가 충분하나 그동안 4, 5년간을 피고가 고향에서 자기 가업에 종사하고 다시 그러한 불온 운동

密陽爆彈事件
首魁李壽澤公判開廷
벙어리인데하고법망을버셔나 상투를짜고형적을감쵸웟섯다

셰인의이목을 놀니이던 밀양폭탄사건(密陽爆彈事件)의 수령으로오랫동안숨어잇던경북칠곡군왜관면석뎐동(漆谷郡倭館面石田洞)이빅이십번디리수턱(李壽澤)(三三)에대한 폭발물취테벌측위반급제령위반피고사건의데일심공판은팔일오쳔열한시에경셩디방법원데칠호법뎡에셔동법원형사합의부영도(永島)지판쟝의손에대원검사(大原檢事)의립회로기뎡되얏는데뎡각이되기젼에방텽자가법뎡에차고문밧게셔지다수히둘너섯섯다이톄리수턱에대한

범죄사실 을드른즉리수턱은 대졍팔년륙월경에 됴션독립운동에 참가진력홀 목뎍을가지고지나길림셩(吉林省)에건너가셔군졍셔회계과장(軍政署會計課長)황상규(黃尙奎)와 박남파(朴南坡)한봉근(韓鳳根)김원봉(金元鳳) 곽지긔(郭在驥) 김옥(金玉)등과 교제를미쳐 가지고 독립운동을하는 중김원봉의부탁으로 폭발물과 총긔를다슈히됴션안에 비밀히가져다가 총독부의요로대관을암살하며관공셔와동양척식회사를

파괴하고 그밧게친일파쥭이여인심을불안케하고독립운동의목뎍을달셩하기로계획하고데일에의렬단(義烈團)을조직하고그후곽지긔외동지자다수와한가지로됴션에드러와셔폭탄체개와권총을밀양으로드려다놋코징차경셩으로가져다가폭발물을사용하려다가목뎍을달치못하고련루자일동이검거되야모다오랜이상팔년의중형을밧고목하복역하는중인데리수턱은그후부산경찰셔에셔검거되얏스나그때에일주일간을벙어리노릇을하야속이고나와셔그후자긔고향에도라가셔상투를틀고

망건을써 셔형식을곳쳐가지고잇다가이번에검거된것이바피고는법뎡에셔사실을며키부인치는안으되자긔가그사건에찬셩한것은아니오다만셔로의론하얏슴에불과하다고공술하얏다

其後行動에 동졍할뎜이잇다고 이년륙기월을구형

지판장의심리가맛친후대원검사는피고에대한범죄사실은증거가충분하나그동안사오년간을피고가고향에셔자긔가업에종사하고다시그런한불온운동에참가치아니하얏슴은동졍할뎜이잇다하고징역이년륙기월을구형하얏고변호사셔광설(徐光卨)씨로부터집행유예에쳐하여달나는변론을하얏스며판결언도는십삼일오젼아홉시라더라

『매일신보』, 1924. 5. 9.

에 참가치 아니하였음은 동정할 점이 있다 하고 징역 2년 6월을 구형하였고, 변호사 서광설 씨로부터 집행유예에 처하여 달라는 변론을 하였으며, 판결 언도는 13일 오전 9시라더라.[40]

---

37 우두머리.

38 법률과 제도를 아울러 이르는 말.

39 1921년 3월 5일자 기사에 나오듯 황상규는 조선독립군정사 회계과장을 지냈으므로, 군정서는 군정사의 오기로 봐야 할 것이다.

40 판결은 2년 6개월 형.

002

부산경찰서 폭파 사건

『매일신보』. 1920. 11. 5.

부산 폭탄 범인 박재혁에게 사형을 구형
▲2일 오전 10시 부산법원에서
병의 고통에 못 견디는 박재혁은 간신히 대답했다
그 친모(親母)의 대성통곡

부산경찰서 폭탄 범인 박재혁의 공판은 이미 보도한 바와 같이 2일 오전 10시부터 부산지방법원 형사법정에서 청산(青山) 재판장의 계(係)로 삼전(三田)과 송본(松本), 양 배석판사가 입회하고 야전(野田) 검사정이 출정한 후 개정되었는데, 법정 문에는 이른 아침부터 경관 십여 명이 출장하여 경계를 엄중히 하며, 오전 8시가 되매 방청자는 들어오기 시작하여 이미 준비했던 방청권은 한 사람에게 한 장씩 순서대로 교부하여 일일이 신체를 검사한 후 입정을 허락하여, 9시가 되매 법정 안에는 입추의 여지가 없이 수백 명의 청중은 법정 밖에 서게 되고 구분통(九分通)에는 조선인이 바다를 이루었는데, 방청석의 제일 앞 전면에는 뜨거운 눈물을 방울방울 흘리는 피고의 모친과 누이동생의 처량한 형상은 일동의 시선을 모으게 되었다.

그러한 동안에 박재혁은 오전 9시에 2명의 기마헌병에게 앞뒤를 경위되면서

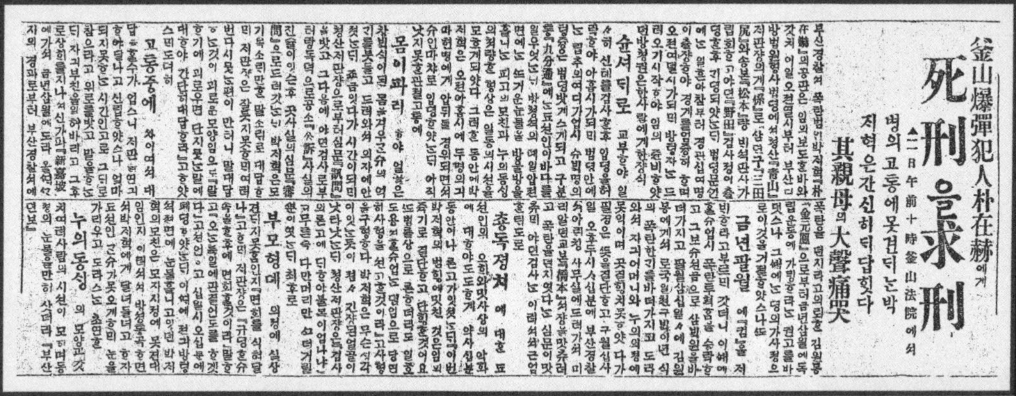

釜山爆彈犯人朴在赫에게 死刑을求刑

▲二日午前十時釜山法院에서

병의고통에못견듸ᄂᆞᆫ박재혁은간신히ᄃᆡ답힛다

其親母의大聲痛哭

부산경찰셔 폭탄범인박재혁(朴在赫)의공판은 임의보도ᄒᆞᆫ바와갓치 이일오젼열시부터 부산디방법원형사법뎡에셔 청산(靑山)재판쟝의계(係)로 삼뎐구(三田尻)와송본(松本)량 배셕판사가 립회ᄒᆞ고 야뎐(野田)검사 청이 출뎡ᄒᆞᆫ후 기뎡되얏ᄂᆞᆫᄃᆡ 법뎡문안에ᄂᆞᆫ 일흔아참부터 경관십여명이 출장ᄒᆞ야 경게를엄중히 ᄒᆞ며 오젼여덜시가되ᄆᆡ 방텽자ᄂᆞᆫ 드러오기시작ᄒᆞ야 임의 준비ᄒᆞ얏던방청권은한사람에게한장식

순서되로 교부ᄒᆞ야 일々히 신톄를검사ᄒᆞᆫ후 입뎡을허락ᄒᆞ야 아홉시가되ᄆᆡ 법뎡안에ᄂᆞᆫ 립추의여디가업시 슈백명의 텽즁은 법뎡밧게 스게되고 구분통(九分通)에ᄂᆞᆫ 됴션인이바다를 일우엇ᄂᆞ니 방청셕의 뎨일압편면에ᄂᆞᆫ 뜨거운눈물을 방울방울 흘니ᄂᆞᆫ 피고의모친과 누의동싱의쳐량ᄒᆞᆫ 형상은 일동의시션을 모ᄒᆞ게되얏다 그러ᄒᆞᆫ 동안에박재혁은 오젼아홉시에 두명의간마헌병에게 압뒤를 경위되면셔 슈인마챠로 입뎡ᄒᆞ얏ᄂᆞᆫᄃᆡ 아직 낫지못ᄒᆞᆫ관절고통에

몸이파리 ᄒᆞ야 얼골은 창백ᄉᆡᆨ이된 몸을겨우간슈의 어ᄭᅢ를붓들고 드러와셔 의자에안젓ᄂᆞᆫᄃᆡ 조금잇다가 시간이되ᄆᆡ 청산재판쟝으로부터심문(訊問)을밧고 그다음에 야뎐검사로부터량독뎍으로공소(公訴)사실의 진술이잇슨후 곳사실의심문(審問)으로드러갓ᄂᆞ니 박재혁은모기목소리만ᄒᆞᆫ 말소리로 대답ᄒᆞᄆᆡ 재판쟝은 잘듯지못ᄒᆞᄆᆡ여러번다시뭇ᄂᆞᆫ편이 만터니 말대답ᄒᆞᄂᆞᆫ것이 괴로운모양임으로『말ᄒᆞ기에 괴로우면 단지뭇ᄂᆞᆫ말에 대ᄒᆞ야 간단히대답ᄒᆞ라』고ᄒᆞ얏스며도더히

고통중에 ᄶᅡ어여셔 대답ᄒᆞᆯ수가 업스니 재판ᄒᆞ면긔ᄒᆞ야달나고 신립ᄒᆞ얏스나 얼마되지못ᄒᆞᆫ 시간인고로 그대로 참으라고 위로를밧고 말을ᄒᆞᄂᆞᆫᄃᆡ 자긔부친을일허바리고 그후로상해를지나셔신가파(新嘉坡)에가셔 금년삼월에도라 왓던ᄉᆞ자의 경과로부터 부산경찰셔에 폭탄을 던지라고의뢰ᄒᆞᆫ 김원봉(金元鳳)으로부터금년삼월에독립운동에 가맹ᄒᆞ라ᄂᆞᆫ 권고를바덧스나 그ᄯᅢ에ᄂᆞᆫ 뎡의가사졍으로이것을거졀ᄒᆞ얏스나ᄯᅩ

금년팔월 에『권ᄂᆞᆯ 저비ᄒᆞ라고부르ᄆᆡ 갓더니 이ᄯᅢ에 ᄒᆞᆯ슈업시 폭탄투척ᄒᆞᆷ을 승락ᄒᆞ고 그보슈션금으로 삼백원을바더가지고 팔월삼십일ᄉᆞ에 김원봉에게셔 로국일쳔구백이년식의 폭탄한긔를바더가지고 도라와셔 자긔어머니와 누의의졍에 못익이며 곳집힝치못ᄒᆞ얏 다가 필경은 ᄯᅳᆺ을결단ᄒᆞ고 구월십사일 오후두시ᄉᆞ십분에 부산경찰ᄉᆞ아리칭 사무실에드러가셔 미리알던교본(橋本)셔쟝을맛츄러고 폭탄을던지엿다ᄂᆞᆫ 심문이맛츄ᄆᆡ 야뎐검사ᄂᆞᆫ 이러셔셔근엄ᄒᆞᆫ태도로

총독졍치 에 대ᄒᆞᆫ 됴션인의 오해와밋사상의 악화에 대ᄒᆞ야도도ᄒᆞᆫ게 약사십분동안이나 론고가잇셧ᄂᆞᆫᄃᆡ 이번 박재혁의 범힝에밋친 것은임뵈 죽기로 결단ᄒᆞ고 단힝ᄒᆞᆫ것이요 ᄯᅩ범즁상으로 론ᄒᆞᆯ더라도 일호도용셔ᄒᆞᆯ슈업ᄂᆞᆫ 뎡업으로 당면히사형을 션고ᄒᆞᆯ것이라』고사형을구형ᄒᆞᆫ다 박재혁은 무슨생각이잇ᄂᆞᆫ듯이 졈々 긴장된얼골이 낫타낫ᄂᆞᆫᄃᆡ 청산재판쟝은『검사의론고에 ᄃᆡᄒᆞ야불복이업나냐』고무른즉 다만머리만 ᄭᅵᄯᅥ거릴ᄲᅮᆫ이엿ᄂᆞᆫᄃᆡ 최후로

부모형뎨 의졍에 심상ᄒᆞ지못ᄒᆞᆷ인지『면회를 식혀달나』고ᄒᆞ며 재판쟝은『규뎡ᄒᆞᆫ슈속을ᄒᆞᆫ후에 면회ᄒᆞᆯ것이라』말ᄒᆞ고『오ᄂᆞᆫ륙일에판결언도를 ᄒᆞ겟다』고션언ᄒᆞ고 십일시오십분에 폐뎡ᄒᆞ얏ᄂᆞᆫᄃᆡ 이ᄯᅢ에 쳔과방텽셕쳔면에 눈물흘니고잇던 박재혁의모친은 모자지졍에 못견대임인지 이러셔셔 박셩통곡ᄒᆞ면셔박재혁에게 달녀들녀고 ᄒᆞ자 됴션인 간슈가못오게ᄒᆞᄆᆡ 눈을가리우고 도라스ᄂᆞᆫ 참면ᄒᆞᆫ

누의동싱 의 모양과갓치여러사람의 시션이 모히며동졍의 눈물을만히 사더라『부산뎐보』

『매일신보』. 1920. 11. 5.

수인(囚人) 마차로 입정하였는데, 아직 낫지 못한 관절 고통에 몸이 파리하여 얼굴은 창백색이 된 몸을 겨우 간수의 어깨를 붙들고 들어와서 의자에 앉았는데, 조금 있다가 시간이 되매 청산 재판장으로부터 심문을 받고, 그다음에 야전 검사로부터 낭독으로 공소 사실의 진술이 있은 후 곧 사실 심문으로 들어갔는데, 박재혁은 모기 목소리만 한 말소리로 대답하매 재판장은 잘 듣지 못하매 여러 번 다시 묻는 편이 많더니, 말대답하는 것이 괴로운 모양으로 "말하기에 괴로우면 단지 묻는 말에 대하여 간단히 대답하라."고 하였으매, 도저히 고통 중에 쌓여서 대답할 수가 없으니 재판을 연기하여 달라고 신립[1]하였으나 얼마 되지 못하는 시간인 고로 그대로 참으라고 위로를 받고 말을 하는데, 자기 부친을 잃어버리고 그 후로 상해를 지나 싱가포르에 가서 금년 3월에 돌아올 때까지의 경과로부터 부산경찰서에 폭탄을 던지라고 의뢰한 김원봉으로부터 금년 3월에 독립운동에 가맹하라는 권고를 받았으나 그때는 가정의 사정으로 이것을 거절하였으나 또 금년 8월에 '컴'[2]을 재배하라고 부르매 갔더니 이때에 할 수 없이 폭탄 투척을 승낙하고 그 보수 선금으로 300원을 받아 가지고 8월 30일까지 김원봉에게서 러시아제 1902년식 폭탄 1개를 받아 가지고 돌아와서 자기 어머니와 누이의 청에 못 이겨 곧 결행치 못하였다가, 필경은 뜻을 결단하고 9월 14일 오후 2시 40분에 부산경찰서 아래층 사무실에 들어가서 미리 알던 교본(橋本) 서장을 맞추려고 폭탄을 던졌다는 심문이 마치매, 야전 검사는 일어서서 근엄한 태도로 총독정치에 대한 조선인의 오해와 사상의 악화에 대하여 도도하게 약 40분 동안이나 논고가 있었는데, "이번 박재혁의 범행에 미친 것은 이미 죽기로 결단하고 단행한 것이요, 또 법률상으로 논하더라도 일호(一毫)[3]도 용서할 수 없는 점이므로 당연히 사형을 선고한 것이라."고 사형을 구형하다.

박재혁은 무슨 생각이 있는 듯이 점점 긴장된 얼굴이 나타났는데, 청산 재판

---

1 재판관에게 자신의 뜻을 청구하기 위해 의사 표시를 함.

2 매운 고추.

3 털끝만큼도.

장은 "검사의 논고에 대하여 불복이 없느냐."고 물은즉 다만 머리만 끄덕거릴 뿐이었는데, 최후로 부모형제의 정에 실상 견디지 못함인지 "면회를 시켜 달라."고 하매 재판장은 "규정한 수속을 한 후에 면회할 것이라." 말하고 "오는 6일에 판결 언도를 하겠다."고 선언하고 11시 50분에 폐정하였는데, 이때에 전기 방청석 전면에 눈물 흘리고 있던 박재혁의 모친은 모자지정에 못 견딘 때문인지 일어서서 방성통곡하면서 박재혁에게 달려들려고 하자 조선인 간수가 못 오게 하매, 눈을 가리고 돌아서는 초연한 누이동생의 모양과 같이 여러 사람의 시선이 모이며 동정의 눈물을 많이 샀더라.[4] (부산 전보)

---

4 박재혁은 이듬해인 1921년 5월 11일 사형 집행을 기다리던 중 폐병으로 감옥에서 병사했다. 박재혁의 사망과 관련한 기사가 1921년 5월 17일자 『동아일보』에 다음과 같이 게재되었다.

부산경찰서에 폭발탄을 던진 박재혁은 부산지방법원과 대구복심법원을 거쳐 다시 경성복심법원에까지 와서 재판을 한 결과 마침내 사형의 선고를 받고 다시 대구 감옥으로 가서 죽을 날을 기다리고 있던 중에 그 전부터 신음하던 폐병으로 지난 11일에 감옥에서 마침내 세상을 떠났는데, 14일 유해는 대구역을 떠나 고향인 부산으로 운반하였더라.(대구)

003 상해임시정부 연합대회

『매일신보』. 1921. 5. 8.

상해임시정부 연합대회
반대파에 대하여 예의로 대항책을 강구

5월 4일의 상해 특전(特電)에 의하면 북경에 있는 조선인 단체 중에서는 상해임시정부 이승만 일파의 현재 각원을 배석하고 운동이 격렬하게 되어, 드디어 일주일이 지나 현재 각원 전무가 사직할지오. 만일 사직하지 아니하면 최후의 수단을 취하겠다는 의미의 전보를 이승만에게 보냈다 하며, 그리하여 이번 달 4일에 북경국민대회 촉진회원과 북경청년단 대표자 신철, 박모, 김약산[1] 등은 모험대원 14명과 같이 상해에 가서 상해국민대표회와 정구단(正救團)원과 그 외에 임시정부에 대하여 불평을 품은 자와 연락하여 5일 오후 4시부터 임시정부 공격의 연설회를 열고 그 처치에 대하여 방책을 강구할 터이라 하는데, 그에 대하여 대통령 이승만은 5월 4일에 결원 중이던 각부 총장의 보충 임명을 하였으며, 5일 밤에 정무원은 공성회(共誠會)와 연합대회를 열고 반대파의 대항책을 강구하고자 한다 하는 바, 목하 임시정부의 상황은 매우 혼란하여 장차 일대 소요가 일어날 듯하다더라.

---

1 김원봉.

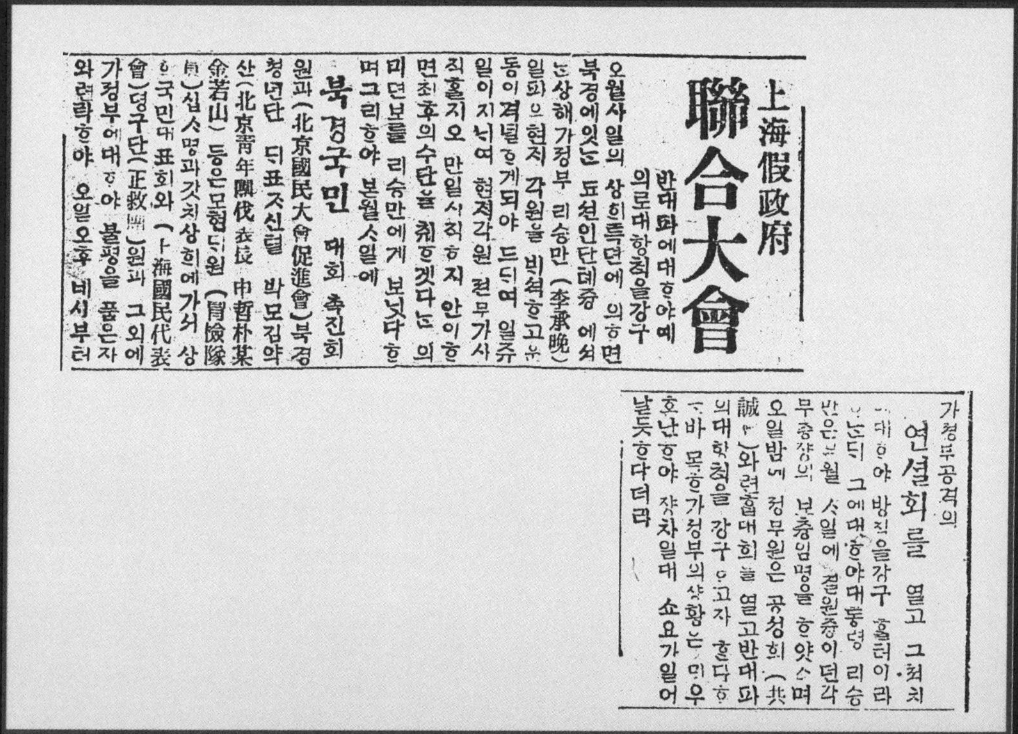

上海假政府

聯合大會

반대파에대ᄒᆞ야예
의로대항책을강구

오월사일의 상히특뎐에 의ᄒᆞ면 북경에잇ᄂᆞᆫ 됴션인단톄즁 에셔ᄂᆞᆫ상해가졍부 리승만(李承晩)일파의현직 각원을 빈쳑ᄒᆞ고운동이격렬ᄒᆞ게되야 드ᄃᆡ여 일쥬일이지나여 현직각원 뎐무가사직ᄒᆞᆯ지오 만일사직ᄒᆞ지 안이ᄒᆞ면최후의수단을 취ᄒᆞ겟다ᄂᆞᆫ 의미뎐보를 리승만에게 보냇다ᄒᆞ며그리ᄒᆞ야 본월ᄉᆞ일에

북경국민 대회 촉진회원과(北京國民大會促進會)북경쳥년단 ᄃᆡ표ᄌᆞ신텰 박모집약산(北京靑年團代表 申哲朴某余若山) 등은모험ᄃᆡ원 (冒險隊員)십ᄉᆞ명과갓치상히에 가셔 상ᄒᆡ국민대 표회와 (上海國民代表會)뎡구단(正救團)원과 그외에 가졍부에대ᄒᆞ야 불평을 품은자와련락ᄒᆞ야 오일오후 비시부터 가쳥부공격의

연셜회를 열고 그쳐치에대ᄒᆞ야 방침을강구 ᄒᆞᆯ터이라ᄒᆞᄂᆞᆫᄃᆡ 그에대ᄒᆞ야대통령 리승만은본월 ᄉᆞ일에 결원즁이던각무총장의 보충임명을 ᄒᆞ얏ᄉᆞ며 오일밤에 졍무원은 공셩회(共誠會)와련합대회를 열고반대파의대항책을 강구ᄒᆞ고자 ᄒᆞ다ᄒᆞᄂᆞᆫ바 목하가졍부의샹황은 ᄆᆡ우 혼란ᄒᆞ야 쟝차일대 쇼요가일어날듯ᄒᆞ다더라

『매일신보』, 1921. 5. 8.

004

김익상 사건

『매일신보』. 1922. 5. 20.

폭탄 범인 검거
전말-경무국 발표
범인 김익상은 항상 모험적 행동을 하고 싶어 하던 사람

상해에서 전중(田中)[1] 대장을 암살코자 하던 김익상은 마침내 잡혀 취조한 결과 총독부에 폭탄을 던졌던 범인임이 발각되어, 그 사실의 전부를 어제 호외로 빨리 배포하는 동시에 손병희 씨 서거한 보도까지 연이어 독자 여러분께 속히 보도하였거니와, 그 폭탄 범인 검거 전말에 대하여는 경무국으로부터 발표한 것이 아래와 같더라.

작년[2] 9월 12일에 전중 대장을 암살하고자 하던 폭탄 범인 김익상은 1920년 5월에 경성 교북동 강성연초상회에서 근무하다가 1921년 6월경에 동 상회로부터 3백여 원을 차용한 후 즉시 천진으로 도주하였다가, 천진으로 반환하여 두 달 후

1 전중의일(田中義一, 1864~1929): 일본제국 육군대장 출신 정치가로 제26대 내각총리대신을 지냈다.
2 1921년.

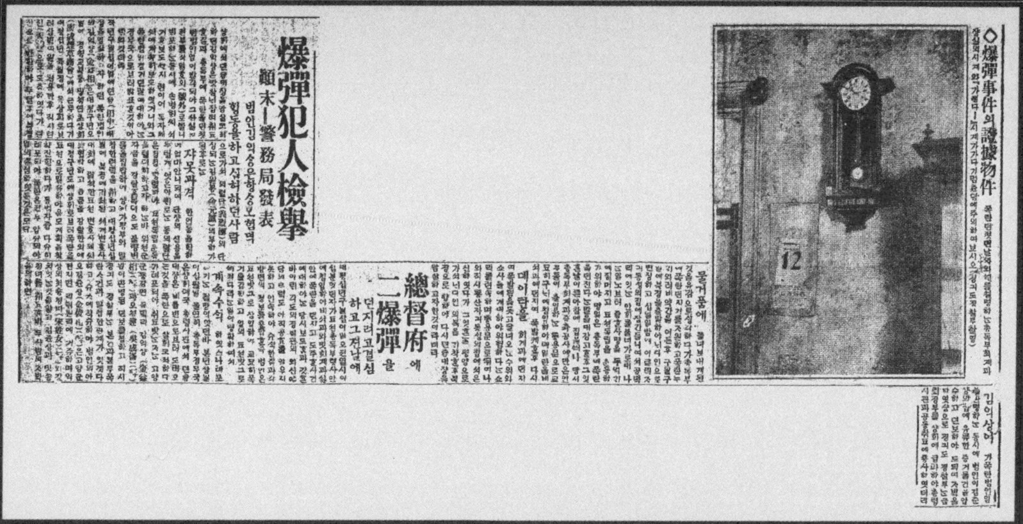

◇爆彈事件의證據物件 폭탄던젓던날와때를설명하는총독부회계과장실의시계와칼렌다! 시계가가다가멈춘점에주의하여보시오(경긔도경찰부촬영)

爆彈犯人檢擧

顚末―警務局發表

범인김익상은항상오현덕

횡동을하고섞혀하던사람

總督府에 二爆彈을

던지려고결심하고그전날에

김익상이

『매일신보』. 1922. 5. 20.

◇폭탄 사건의 증거 물건.
폭탄 던졌던 날짜와 때를 설명하는 총독부 회계과장실의 시계와 카렌다.
시계가 가다가 멈춘 점에 주의하여 보시오.(경기도경찰부 촬영)

에 북경으로 가서 의열단의 단장되는 김원봉의 부하가 된 후로는 자못 과격한 언동을 행하여, 얼마 아니 되어 단장의 신용을 두텁게 얻은 이래로는 동 의열단은 점점 맹렬하여 조선독립운동을 철저히 하고자 하는 바, 우선 군자금을 강탈할 목적으로 불량배들을 집합하여 상해임시정부와 밀접한 연락을 취하고, 1921년 10월에 북경에 개최된 세계 변호사대회에 열석한 조선 변호사 제씨를 협박하고 금품을 강탈한 외에, 1920년에 상해로부터 폭탄을 조선으로 밀송하여 음모 계획을 착착 진행하다가 동범자 중 다수가 체포되어 폭탄은 전부 압수되어 이미 결심하였던 것은 모두 물거품에 몰려 보내게 된 것을 유감으로 생각하다가 총독부에 폭탄 던지기를 자원하고, 폭탄 2개와 여비 약간을 얻은 후 9월 9일에 북경을 출발하여 내지인으로 변장하고 11일 밤에 이르러 자기 동생의 집에 잠깐 들러 공덕리에 있는 아내를 불러 가로대, 나는 오늘부터 중한 사명을 두 어깨에 짊어지고 조선 독립을 운동하기 위하여 내일은 총독부에 폭탄을 던진다는 말을 대강 고한 후 그 이튿날 이른 아침에 집을 떠나 당시 총독부 회계과 증축 공사에 많은 인부들이 출입하는 통용문으로 교묘히 구내에 침입하여, 제1탄을 비서과에 던져 폭발케 한 후 다시 제2탄을 회계과에 던져 폭발됨을 듣고 달려오는 수위와 소사들에게 대하여 위험하다는 소리를 연속하며 통용문으로 뛰어나와 즉시 용산 자기 동생의 집에서 은신하였다가, 그 이튿날 평양으로 가서 내지인 의복을 갈아입은 후 북경으로 향하여 다시 전중 대장을 암살하고자 한 것이라더라.

총독부에 두 폭탄을 던지려고 결심하고 그 전날에

1921년 9월 12일 오전 10시 20분, 어떤 자가 조선총독부 청사 안에 침입하여 비서과와 회계과 안에 폭탄을 던지고 도주한 사건에 대하여는 당시 보도함과 같은 바이라. 각도 경찰관의 와신상담의 노력도 아직 공효[3]를 이루지 못하고 연속하여 수색한 결과 각 방면의 정보를 종합한즉, 범인은 조선 밖으로 잠입하여 교묘히 폭

3 효과.

거를 감행하고 이미 조선 밖으로 빠져 달아난 일이 명확하여서 계속 수색하였으나 체포하기는 절망이었던 바, 올해 3월 28일 돌연히 총독부 경무국은 상해 제국 총영사관에서 전중 대장은 필리핀으로부터 돌아오는 것을 폭탄으로 살해코자 하다가 체포되어 취조 받는 자는 고양군 동강면 공덕리 김익상(29)과 오성륜(25)임이 판명된 전보를 접하고 즉시 경기도경찰부는 본건과 본부 폭탄 사건과 밀접한 관계가 있겠다 하고 수사에 착수하여, 범인의 아우 김춘상(26)은 고양군 한지면 이태원리에 거주하며 익상의 처 송성녀(27)와 같이 있는 것을 알고 김춘상과 송성녀를 취조한 바, 두 사람의 자백에 의하면 김익상이 폭탄 범인임을 판명하는 동시에 범인이 김춘상의 집에 유류(遺留)한[4] 물건을 남겨 둠.

증거 물건을 압수하고 전보하여 드디어 자백을 하였으므로, 경기도경찰부는 금뢰 경부를 상해에 급파하여 총영사관과 공동 취조에 종사하였더라.[5]

---

4 물건을 남겨 둠.

5 김익상은 최종적으로 사형을 언도받았으나 이후 무기징역으로 감형되었다가 21년 동안 옥살이를 한 후 출소했다. 그러나 곧 일인 형사에 연행된 후 자취를 감추었으며, 암살당했을 거라고 추측을 할 뿐이다.(『한국민족문화대백과사전』)

005

김상옥 사건

『동아일보』. 1923. 3. 15.

총살로 인하여 총살의 결과를 맺은 계해 벽두의 대사건 진상
주모자 김상옥이 피살된 이후
연루자 8명은 피착[1] 되어 기소

지난 1월 17일 새벽에 경성 시내 삼판통[2] 304번지 고봉근의 집에서 경관의 포위를 당하고 육혈포로써 대항하여 종로서의 전촌(田村) 형사를 총살하고 나머지 매전(梅田), 금뢰(今瀨) 양 경부[3]를 중상케 하고 도주한 사건이 생긴 이래, 그달 22일 새벽에 시내 효제동 72번지에 잠복하여 있는 범인을 수백의 경관이 에워싸고 잡으려 하다가 마침내 범인을 총살한 사건에 대하여는, 사건 발생 당시부터 당국의 게재 금지 명령이 엄혹하여 이때까지 그 자세한 진상을 보도할 자유가 없었더니, 오늘 15일 오전 총독부 경무국에서 그 사건에 대한 게재 금지를 해제하였기로 본사에서 신속히 보도하기 위하여 즉시 호외를 발행하는 바이라.(15일 정오)

---

1 체포.
2 현재의 용산구 후암동.
3 일제 강점기, 장관이 임면하던 하위 경찰관직을 이름.

경관에게 비참한 최후를 마친 김상옥.
-상해에서 박은 사진.

東亞日報 號外

銃殺의 因으로 銃殺의 果를 結한 癸亥劈頭의 大事件眞相

主謀者 金相玉이 被殺된 以後 連累者 八名은 被捉되야 起訴

被殺者는 金相玉

金相玉의 指揮에 依하야

◇리혜수양 ◇전우진 ◇김한 ◇윤익중 ◇정설교 ◇서병두 ◇신화수

總督暗殺을 計劃中

三坂通衝突의 刹那

雪中의 南山包圍

爆彈事件과의 關係

金相玉 最后一幕

이혜수양.
전우진.
김한.
윤익중.
정설교.
서병두.
신화수.

『동아일보』. 1923. 3. 15.

피살자는 김상옥
연루자 8명은 이미 기소

1월 17일 새벽에 시내 삼판통에서 전촌 형사를 총살하고 그달 22일에 시내 효제동에서 순사대의 총을 맞아 죽은 사건의 범인은 경성부 창신동 487번에서 철물상을 하던 김상옥이오. 그가 죽은 후 그와 한 가지 일을 하던 동지는 모두 경찰의 손에 잡혀 이미 경성지방법원 검사국에서 심리를 마치고 관계자 중 8명은 지난 13일에 기소되었더라.

김상옥의 지휘에 의하여
피고 김한 등 8명의 비밀 활동
만록총중 일점홍격의 이혜수양[4]
-13일 경성지방법원 검사국 발표-

본적 경성부 인의동 51
주소 동상
1919년 제령 제7호 위반 강도예비
경성우편국 인부 전우진(41)

본적 함남 함흥군 주내면 풍남리
주소 부정
무직
동상[5] 안홍한(21)

4 온통 푸른 잎 사이에 한 떨기 붉은 꽃과 같은 이혜수라는 뜻으로, 여성으로 유일하게 연루된 이혜수를 가리키는 표현.
5 같은 죄목.

본적 미상
주소 경성부 관수동 47
저술업 무산자동맹회 위원
동상 김한(37)

본적 경성부 효제동 73
주소 동상
1919년 제령 제7호 위반 강도예비
이혜수(28)

본적 경성부 낙원동 26
주소 동상
1919년 제령 제7호 위반 강도예비
인장 조각업
서병두(44)

본적 충남 홍성군 광천면 내죽리 삼33
주소 경성부 봉익동 17
휘문고등보통학교 생도
동상 정설교(27)

본적 경남 고성군 영오면 오서리 63
주소 경성부 당주동 16
불교학원 학생
동상 신화수(27)

본적 충남 홍성군 장대상면 화계리 18

주소 동군 광천면 광천리 178
『동아일보』 홍성분국장
동상 윤익중(28)

피고 김한은 일찍이 상해임시정부의 법무국장이었던 일이 있고, 그 정부의 위원인 이시영[6], 김원봉 등과는 아는 터인데, 무산자동맹회의 위원이 되어 정치의 변혁을 도모하고 있던 사람인데, 전기 김원봉 등은 조선 독립자금을 변통하기 위하여 조선 안에 폭탄을 비밀히 수입하여 그것을 가지고 인심을 소란시켜 돈을 강탈하기를 도모하고, 1922년 8월 중에 이응명이란 사람을 특파하여 피고 김한에게 그 사연을 말하고 몰래 보낸 폭탄을 받은 후 상해에서 파견할 사람에게 교부하기를 의뢰하였더니, 피고 김한은 그 계획에 찬동하여 그렇게 하기를 승낙하고 경성부 인사동 7번지 숙옥[7] 영업하는 이수영의 집을 통신소로 정하여 통신을 하고, 그 해 9월 중순에 김원봉이 특파한 박선이라는 사람에게서 폭탄을 안동현까지 갔다 둔즉, 일주일 후에는 도달하리라는 보도를 얻었으나 그 후 소식이 없으므로 사람을 그곳에 보내서 그 상황을 탐색케 하고, 한편으로 뒤를 이어 김원봉에게 그 뜻을 통신하고 폭탄을 은밀히 보내주기와 파견된 사람이 오기를 기다리고 있는 중, 일찍이 1920년 8월에 미국 위원단 일행이 경성에 오는 것을 기회로 암살단을 조직하여 폭탄을 사용할 일을 계획하다가 일이 발각되어 상해에 도주하였던 김상옥이란 사람이 1922년 11월 중에 김원봉 등에게서 조선에 잠입하여 피고 김한에게 면회하고 전기 계획을 실행할 취지로 지휘를 받고, 이전부터 알던 피고 안홍한에게 그 뜻을 말하고 함께 그달 중순경에 육혈포 네 자루와 불온문서 등을 담은 나무상자 한 개를 휴대하고 김상옥의 경력과 목적을 아는 피고 전우진의 집을 방문하고 그 온 뜻을 말하였더니, 전우진은 피고 안홍한을 피고 정설교에게 소개하여 그 집

---

6 1869~1953. 대한민국 임시정부 국무위원을 지낸 독립운동가이자 정치가. 광복 후에 제헌의회에서 대한민국 초대 부통령에 당선되었으나 1951년 5월 9일, 이승만 정권의 전횡과 부패에 책임을 통감한다는 성명서를 발표하고 부통령직을 사임하였다.

7 여관업.

에 유숙하고, 또 김상옥 등이 상해에서 가지고 온 육혈포 등을 자기(전우진)의 집에 숨기어 보관하고, 또 피고 전우진과 피고 안홍한은 김상옥의 명령대로 폭탄에 대하여 전후 세 번이나 피고 김한의 집에 가서 면회하고, 김상옥도 역시 금년 1월 중순경까지 사이에 두어 번이나 피고 김한을 방문하매, 김한은 경성부 관수동 무산자동맹회 사무소에서 김상옥을 면회하고 폭탄에 대하여 협의하였으나, 김원봉에게서 보낸 폭탄이 아직 도착지 아니하기 때문에 폭탄을 주고받기 전에 일이 발각된 것이라.

피고 정설교는 피고 안홍한을 자기 집에 기숙시키고, 또 김상옥에게서 독립운동 자금으로 돈 5백 원을 변통하여 달라는 의뢰를 받으매 이를 승낙하고, 또 김상옥의 명령대로 1922년 12월 17, 18일경에 운동자금을 변통하기 위하여 전기 암살단과 한편인 피고 윤익중, 피고 신화수에 대하여 시급히 경성으로 오라는 뜻으로 편지를 한즉, 피고 윤익중과 피고 이혜수의 집에서 김상옥과 피고 정설교 등에게 면회를 하고 김상옥의 계획을 듣고 이에 찬동하였고, 또 독립 자금으로 각각 돈 1천 원씩을 변통하기를 승낙하고, 피고 윤익중은 즉시 돈 50원을 내고 그 후 피고 이혜수의 손을 거쳐 돈 백 원을 김상옥에게 주고, 또 김상옥의 의뢰에 의지하여 경성부 안에 배부할 불온문서와 독립 자금 영수증의 인쇄와 이에 사용하는 도장 새기는 것을 피고 서병두에게 의뢰한즉, 서병두는 전기 과정을 알면서 이를 승낙하고 그달 23일에 불온문서와 독립 자금 영수서의 모형과 인장 새긴 것 등을 피고 전우진에게 받고, 또 도장 새기는 비용으로 20원을 그달 27, 28일경에 피고 윤익중에게서 받았는데, 피고 등은 정치 변혁을 목적하고 치안을 방해하려 한 것이라.

또 피고 이혜수는 전기와 같이 김상옥 등의 계획을 알면서 피고 윤익중에게서 독립 자금으로 김상옥에게 보내는 돈 백 원을 받아다 주고, 또 김상옥이가 전기와 같이 죄를 범한 것과 그해 1월 17일에 경성부 삼판통 고봉근의 집에서 순사 전촌장칠을 상해하고 경부 금리태랑 등을 상해한 범인인 줄 알면서 그달 22일 아침에 이르기까지 자기 집에 숨기어 둔 것이라. 검안[8]하건대 피고 전우진, 안홍한, 김

8 뒤에 남은 흔적이나 상황을 조사하고 따짐.

한, 이혜수, 서병두, 정설교, 신화수, 윤익중 등 8명에 대한 범죄 사실은 모두 그 증거가 충분하다고 인정함으로 경성지방법원 공판에 부친다 하였고, 그 외의 관련된 사람 4명은 모두 증거가 충분치 못하다 하여 면소 방면되었더라.

총독 암살을 계획 중
삼판통 집에서 포위를 당하여
김상옥은 일산 방면으로 입경

세상에서 전하기는, 김상옥이 원산 편으로 국경 방면을 넘어서 경성으로 들어왔다는 말이 있으나 경찰 당국의 말은, 김상옥은 12월 상순경에 육혈포 몇 자루와 폭발탄 몇 개를 가지고 압록강의 얼음을 타고 국경을 건너서 몇 십 리를 걸어서 오다가 평안북도 경의선 모 정거장에서 차를 타고 오다가 경의선 일산역에서 내리어 걸어서 경성까지 들어왔다 하며, 경성에 들어온 후에는 일찍이 친하던 모모 친구의 집에 유숙하며 기회를 기다리는 그때부터 경찰 당국에서는 이 계획을 탐지하고 각처에 수색이 심하므로 한 곳에 오래 머물러 있지 못하고 혹 이틀씩 혹 사흘씩 각처로 돌아다니며 유숙하다가, 1월 12일 저녁에 종로경찰서에 폭발탄이 터진 이후로 시내의 수색이 더욱 엄중하매 1월 13일 저녁에 남대문 삼판통 자기 누이의 집인 304번지 고봉근의 집에 가서 유숙하였는데, 원래 모험을 하는 사람이라 누이의 집에서라도 자기의 본색을 말하면 재우지 아니할까 염려함인지 시골서 피물장사를 하다가 왔노라 말하고 잠복하여 있으며, 동경의회에 건너가는 재등 총독[9]을 암살코자 때때로 남대문 정거장에 배회하다가 총독이 떠나던 날, 즉 1월 17일 새벽에 종로경찰서에서는 그의 잠복을 탐지하고 형사 중에 가장 날랜 형사 14명을 뽑아서 전부 육혈포를 가지고 고봉근의 집을 철통같이 포위하고 잡으려 하였더라.

---

9 1858~1936. 일본 해군대장 출신의 제3대 조선총독인 사이토 마코토(齋藤實).

삼판통 충돌의 찰나
전촌 형사를 죽이고 피신

그러나 대문이 걸렸으므로 형사들은 담을 넘어가서 그가 자는 건넌방 문을 열려 하니 그는 문을 걸고 자므로 문을 열라고 여러 번 재촉하였으나 아무 대답이 없어서, 형사들은 순간적으로 황망한 중 종로경찰서에 유도 이단이요 날래기로 유명하던 전촌장칠이 앞장을 서서 걸어 잠근 문을 잡아 낚아채니 벼락같이 문이 떨어지자 김상옥은 어느 틈에 예비하였는지 나는 새같이 전촌의 목에 총을 놓고 달아나려 하매, 종로경찰서 금뢰 경부가 붙잡으려 하니 역시 그에게 총을 놓아 거꾸러뜨리고 또 동대문경찰서 매전 경부보가 뒤로 붙잡으매 어깨에 총을 놓아 넘어뜨리고 급히 도망하니, 이 사이가 실로 수분간이라 육혈포를 가지고 섰던 형사들도 잠시 어찌할 줄을 모르고 놓쳤더라.

눈 쌓인 남산 포위
경찰대는 각처로 활동 개시
김상옥의 친족은 모두 인치(引致)[10]

김상옥을 잃은 형사는 즉시 호각을 불어 중대 범인을 놓친 경호를 자조하며 즉시 각 경찰서 정복순사 천여 명을 풀어 그가 도망한 남산을 나는 새도 빠지지 못하게 에워싸고 눈 쌓인 남산 전부를 수색하고 한편 수백 명 경관은 왕십리 일대와 광희정 일대를 수색하며 기마순사가 총검을 번적이며 삼판통 일대를 경계하니, 실로 금시에 경성 시내 일대는 전시 상태와 같이 되었으며, 한편 김상옥의 누이와 고봉근과 그 친족까지 전부 경기도경찰부로 인치하였더라.

---

10 강제로 끌어감.

승암(僧庵)[11]의 생쌀 밥으로
첫 아침을 어이고[12]19일 저녁때 효제동으로

김상옥은 백여 명 경관의 포위를 벗어나서 광희문 밖 어느 암자로 가니 원래 뛰어나올 때 맨발로 갔는지라 돌사닥다리 험한 산길이요, 또 눈과 얼음이 사면에 있어 발바닥이 만창이 되었으므로 할 수 없이 문밖 어느 암자에 가서 애걸하여 양말 한 켤레를 얻어 신고, 아침밥을 좀 달라 하니 밥이 미처 되지 아니하여 끓지도 아니한 생쌀 밥 한술을 냉수에 풀어 들이마시고, 다시 왕십리 모처에 가서 하루 저녁을 자고 19일 저녁때 시내 효제동 73번지 이태성의 집에 가서 전영진이란 이름으로 유숙하게 되었다.

김상옥의 최후 일막
시내 효제동의 접전하던 참극

이중에 경찰 당국에서는 범인이 양주로 도주하였다는 말이 있으므로 수십 명 경관을 풀어서 망우리 고개를 수색하고, 일변 김상옥의 친족이 사는 포천읍내 김응집 외에 여러 사람의 집을 수색 후 경계하였으며, 일변[13] 사복형사를 수백 명이나 늘어놓아 동대문 밖 김상옥의 집 근처와 동대문 안 모처와 왕십리 광희정 일대를 경계하며, 일변 김상옥의 가족은 물론 먼 친족까지 불러서 엄중 취조하고, 일변 혐의자를 체포, 취조하는 동시에 김상옥의 수하로 일하던 전우진 외 몇 명을 잡아서 엄중히 심문하니, 전우진은 김상옥을 효제동 이태성의 집에 소개하던 사람이라 어찌하다가 누구의 입에서 김상옥이 이태성의 집에 있다는 말이 나왔으나 경찰서에서 전번 경험이 있는지라, 그 전과 같이 어설프게 하지 아니하려 하였던지 수백 명 무장경관을 풀어 효제동 주위를 수십 겹씩 둘러싸고 마야(馬野) 경찰부장이 총지휘관으로, 등본(藤本) 보안과장이 부지휘관으로 이태성의 집을 에워싸고 지붕

---

11 승려가 머무는 암자.

12 때우고.

13 한편.

을 넘어 들어가서 육혈포를 놓으며 김상옥에게 항복을 권고하고, 일변 집안사람의 가슴에 육혈포를 대며 김상옥을 끌어내라 하매 김상옥도 육혈포를 가졌는지라 끌어낼 수 없다 하매, 동대문경찰서 율전(栗田) 경무보가 육혈포를 놓으며 선두로 들어가다가 김상옥의 육혈포에 맞아 넘어지매, 김상옥은 여러 형사가 주저하는 틈에 다락 속에 있는 널빤지를 뚫고 나가서 세 집으로 쫓겨 다니며 세 시간 이상을 격렬히 싸웠으나 필경 수십 명 경관의 일제 사격을 빗발 같은 탄환 속에 맞아 죽게 되니, 김상옥은 이중에 총을 놓다가 옆집에 들어가 "나를 이불을 좀 주시오. 이불을 주시면 그것을 쓰고 탄환을 좀 피하여 몇 명 더 놓아 죽이고 죽을 터이니." 하였으나 주인이 말을 안 들어서 그대로 싸우다가 죽는데, 총을 맞아 숨이 다한 후에도 육혈포에 건 손가락을 쥐고 펴지 아니하고 숨이 넘어가면서도 손가락으로는 놓는 시늉을 하였다는데, 김상옥은 원래 날쌔어 일찍이 모 청년회의 운동부장 노릇을 한 일도 있었더라.

폭탄 사건과의 관계는
아직 판명되지 않았다고
경무국 산구(山口) 고등과장 담(談)

김상옥의 사건은 별항에 기록한 바와 같거니와 이에 대하여 경무국 산구 고등과장은 말하되, 사건이 발생한 지는 이미 오래이나 그동안에 신문의 기재를 금지한 것은 범인을 수색하는 관계상에 장애가 있으므로 지금까지 발표를 못하였습니다. 종로경찰서에 폭탄을 던진 범인이라면 김상옥인지 아닌지는 아직까지 판명치 못하였으나 초심에는 김상옥이가 던진 듯한 행적이 있었으나 김상옥이는 이미 사망한 까닭에 확실한 증거를 발견치 못하였다고 말하더라.

포수의 아들로 제철공에, 기독신자로 방탕아에 기미운동[14] 후 독립 선전, 경신년[15] 여름에 암살단 조직 순사 총살까지의 김상옥

수백 명 무장경관을 대적하여 빗발같이 쏟아지는 탄환 속에서 끝까지 싸우다가 죽은 김상옥은 어떠한 사람인가. 김상옥은 당년 34세의 청년이라. 지금으로부터 34년 전 경인(1890) 정월 초5일에 한성 동부 건덕방 어의동[16] 일개 미천한 집에 출생하니 그의 부친은 당시 한국 군대의 영문(營門)포수[17] 다니던 김귀현이요, 모친은 정씨라. 집안이 구차하여 글도 배우지 못하고 여덟 살부터 쳇불[18] 직공을 배워 열세 살까지 계속하다가, 열네 살부터 대장간에 가서 우마(牛馬)의 굽 가는 직공이 되어 열여섯 살까지 계속하였으며, 그가 열일곱의 봄을 맞던 해는 러일전쟁이 한창이라. 대세를 살핀 불평 청년이 예수교회로 많이 들어가던 때이다. 김상옥도 동대문예배당에 가서 '그리스도' 앞에 머리를 숙이고 예수를 믿기 시작하니, 그의 집안에서 격렬히 반대하고 부친에게 여러 번 매를 맞았으나 종래 듣지 아니하고 예배당에를 다녔고, 남자가 세상에 나서 어찌 구구히 살랴. 한 번 세상에 낳던 보람이 있게 하려면 공부를 하여야 할 것을 깨달았으나, 원래 구차한 집안이라 어찌 공부를 할 수 있으리오. 예배당 안에 신군야학교를 창설하고, 다른 청년들과 함께 야학을 하니 서양 사람의 반대가 많았다.

그 야학교가 재정 관계로 중도에 폐지하매 동흥야학교(현 어의동공립보통학교 전신)에 입학하여 영어를 배우고 틈틈이 유몽(幼蒙)[19]과 천자문을 읽어 한문을 배

---

14 3·1운동.

15 1920년.

16 오늘날의 종로5가와 연지동 주변 마을.

17 총을 쏘는 군사.

18 체에서, 몸이 되는 쳇바퀴의 안쪽에 팽팽하게 메워 액체나 가루 등을 거르는 그물 모양의 물건.

19 어린이.

김상옥의 장식(장례식).
-1월 26일 아침.

전촌형사 총살한 삼판통 현장.
(1월 17일 새벽)

김상옥이가 숨었던
벽장(×표).

(二) 大正十二年三月十五日 東亞日報 號外

不平滿滿의三十四星霜

巡査銃殺까지의金相玉

捕手의子로蹄鐵工에, 基督信者로放蕩兒에
己未運動后獨立宣傳, 庚申夏에暗殺團組織

「단판씨름」의 豫言

孝悌洞慘劇現場

『동아일보』. 1923. 3. 15.

효제동 참극 현장.
(우) 김상옥이가 몸을 피하던 72번지와 76번지
사이의 변소(×표).
(상) 김상옥이가 죽은 73번지와 당일의 경계
(좌하) 효제동 참극 현장의 지도.

우니, 온종일 쇠망치를 두드리기에 지치고 또 지친 몸은 밤잠도 달게 자지 못하였다. 이와 같이 갖은 고생을 참으며 공부를 할 때 시간이 바빠서 찬밥덩이도 변변히 얻어먹지 못한 날이 여러 번이었고, 고단한 잠을 참지 못하여 책을 읽다가 놓는 줄 모르게 얼굴에 책을 덮고 잔 일도 여러 번 있었다. 이러는 중에 동대문 안에 책사[20]를 낸 일도 있었고, 한때는 매약(賣藥) 행상을 다니며 예수교 전도하여 사회적 공헌에 힘을 썼더라.

19세 때에 배우는 철공이 숙련하게 되매 스스로 철물상을 내었고, 20세에 동대문 밖에서 영덕철물상을 개업하고, 24세에 예배당에서 정씨와 결혼하였다. 그러나 원래 여력(膂力)이 과인하고[21] 성질이 호협한 그는 대장간에서 쇠망치를 두드릴 때나 예배당에서 성경을 읽고 전도를 들을 때나 항상 흉중(胸中)에 왕래하는 무한한 불평은 그의 생각을 천만갈래로 흩어지게 하였다. 시시로 일어나는 화기를 못 견디는 그는, 혹 석양이 산에 걸릴 때에 주자에 술잔을 기울이어 원통한 회포를 잊으려 하기도 하고, 혹 둥근 달이 중천에 걸릴 때에 달 아래에 미인을 희롱하여 답답한 가슴을 풀어보려 하였다. 이리하여 그는 교회 목사의 온전한 설교와 성경에 쓰인 말에 만족하지 아니하고 28세 때 미인을 작첩[22]함으로 인하여 교회에서 나오게 되었다.

29세 때에는 다시 조선 물산을 지어내기 위하여 총모자[23]를 지으며 울울한 세월을 보내니, 어느덧 세월이 여류(如流)하여 30세의 봄을 맞게 되었다. 이때는 마침 온 세계를 뒤집어엎을 듯하던 세계대전쟁[24]이 막을 닫고 프랑스 서울 파리에 강화회의[25]가 열리매, 조선 사람의 살겠다는 부르짖음이 삼천리 산하를 진동하는

---

20 서점.

21 육체적 힘이 뛰어남.

22 첩을 얻음.

23 말총으로 만들어서 옻을 칠한 모자.

24 제1차 세계 대전.

25 제1차 세계 대전의 전후 처리를 위해 열린 파리강화회의에서는 미국 대통령 윌슨이 국회에 제출한 연두교서에서 밝힌 14개조를 수용하였는데, 14개조에 민족자결의 원칙, 즉 '피지배민족에게 자유롭고 공평하고 동등하게 자신들의 정치적 미래를 결정할 수 있는 자결권을 인정해야 한다.'는 내용이 있었다. 이때부터 전 세계의 피지배민족 사이에는 민족자결주의의 정신이 널리 퍼졌다.

때이라. 그는 오랫동안 쌓이고 쌓인 소원을 풀어볼 때가 되었다 하고 시위운동을 격려하는 『혁신공보』[26]와 『독립신문』[27]을 등사하여 수삭[28] 동안이나 경성 시민에게 배포하다가, 필경 그해 8월 종로경찰서에 잡혀 비상한 고초를 겪고 그해 10월에 증거불충분으로 무죄 방면이 되었으며, 그 이듬해 7월에 미국 의원단이 동양을 시찰하던 길에 조선을 들르게 되매 그는 동지를 모아 암살단을 조직하여 미국 의원이 경성에 들어오는 날, 조선총독 이하 총독부의 각 대관을 암살하여 조선 청년이 일본 통치에 반대하는 기세를 보이려다가 일이 미리 발각되어 한우석 이외 24명이 모두 잡히매, 그는 그해 7월 13일 오전 10시경에 형사의 에워싼 속을 벗어나서 돌연히 상해를 향하여 도주하였으며, 그 후 다시 한 번 조선에 들어와서 애첩 장씨를 데리고 상해로 갔으나, 장씨는 경찰서에 잡혔을 때 맞은 여독(餘毒)으로 상해 여창(旅窓)[29]에서 영 이별을 하고, 김상옥은 금년 1월 초승에 다시 경성에 들어와서 총독 이하 각 대관을 죽이려고 원산으로부터 주야배도(晝夜倍道)[30]하여 삼각산을 넘어 동소문으로 시내에 들어와서 이번 일을 내이고, 34세를 일평생으로 경관의 총에 맞아 죽었더라.

'단판씨름'의 예언
생죽음을 한 아들의 관머리에
울음 반 말 반 하는 김상옥 모친

김상옥의 시체는 죽은 날 석양에 유족에게 주어 장사하게 되니, 그의 집에는 며칠 전까지 경찰서에 잡혔던 육십여 세의 늙은 어머니와 삼십 미만의 처가 시체를 받아 가게 되었다. 불의에 생초상을 당한 그 집 문간에는 보기만 하여도 가슴이 선뜻한 흰 초롱이 달려 있고, 문전에 붙인 주인 잃은 사기 문패도 슬픔을 띄운 듯, 매운

---

26 김상옥, 박민호, 윤익중, 정설교 등이 발행한 주간지.
27 1919년에 창간된 대한민국 임시정부의 기관지.
28 여러 달.
29 고향을 떠나 객지에서 묵고 있는 방.
30 이틀이 걸려 갈 길을 하루에 걸음.

추위가 살을 에는 겨울날이나 삼복더위가 살을 찌는 듯한 여름날에 김상옥이가 한결같이 쇠망치를 두드리던 대장간도 어수선한 철물이 여기저기 흩어져서 주인 없는 집의 쓸쓸한 회포를 말하는 듯하였다.

대문 안에는 김상옥과 평소에 친한 사람이 와 앉아서 장사지낼 걱정을 하고 있으며, 안에를 들어가니 한창 김상옥을 놓친 후 경찰의 검거가 혹독할 때에는 그 집에 얼씬도 못하던 친족들도 김상옥이가 죽었다는 말을 듣고 이제야 설마 어떠랴 하고 하나둘 모여, 얼굴에 수심을 띠운 부인네들이 부엌에서 불도 때고 쌀도 씻어 온 집안에 슬픈 기운이 어리고, 소 병풍을 두른 시체방에는 곡성이 처량히 들린다.

생죽음한 아들의 시체를 앞에 놓은 칠십 노모는 반은 미치고 반은 성하여 목이 멘 소리로, "세상에 이런 일도 있습니까. 하도 놀라고 하도 무서워서 어디서 새 한 마리만 날아가도 가슴이 내려앉더니……그리더니……고만." 하고는 복받치는 설움과 쏟아지는 눈물을 참지 못하여 소리를 내어 한참을 울다가 다시 정신을 차리어 "그 애가 자랄 때부터 고생을 하였지요. 옷 한 가지를 변변한 것을 못 얻어 입고, 밥 한술을 잘 못 얻어먹으며 메밀 나까미[31]와 엿밥으로 살았지요. 어려서 공부가 하고 싶어서, '어머니 나를 삼 년만 공부를 시켜 주오' 하던 것을 구복(口腹)[32]이 원수라 그 원을 못 풀어 주었습니다그려. 그래서 낮에는 대장간에 가서 일을 하고 밤에는 야학을 다니는데, 시간이 급하여 방에도 못 들어앉고 마루에서 주는 것을 받아 서서 퍼먹고 갈 때에 그저 체할라 체할라 하던 것이 어제 같은데, 어쩌다가 이 모양이 되었습니다." 하고 한참 울다가 다시 "그래서 공부도 변변히 못하였으나, 중간에 예수교에 들어서 저의 아버지한테 천주학 한다고 매도 많이 맞고, 글 읽을 틈이 없어서 낮에 일하고 고단한 대로 밤에 책을 읽다가 피곤함을 못 이겨 얼굴에다 책을 덮고 자던 일이 많았지요.

그렇게 어렵건마는 제 손으로 푼푼이 돈을 모아 동대문 안에도 집을 둘을 짓

---

31 나깨. 메밀을 갈아 가루를 체에 쳐내고 남은 속껍질.

32 입과 배. 구복지계(口腹之計)는 먹고 살 방책.

고 저 장가들고 제 아우 장가들이고, 기를 쓰고 모아서 이 집 짓고 그럭저럭 앞에 돈이 삼사만 원 밀렸었지요.[33] 그러더니 그만 몇 해 전에 독립운동이 일어난 후에는 고□□□□□□성이 되어 집안에다 뭉텅이 뭉텅이 무엇을 박아 놓고, 밤중에도 그저 자선거를 타고 돌리고 아침에도 돌리고. 두 달 동안이나 그러더니 필경 잡혀 경찰서에 가서 몇 달 동안을 고초를 겪고 나온 후 일어나지를 못하고 달포를 드러누워 있는데, 너무 아파서 엎드려 있으면서도 이불 속에다 그런 문서를 넣고 있습디다. 나는 데인 가슴이 되어 보기만 하여도 놀래고 '얘, 어쩌려고 네가 또 그러느냐, 어쩌려고 그러느냐.' 하면 그 애는 '어머니, 아무 걱정 마십시오.' 하였지요. 그러다가 그 이듬해 미국 의원단이 들어올 때에도 또 그 일을 꾸미기에 내가 저 위한다고 말렸지요.

그러더니 마침내 잡히게 되니까 이층에서 뛰어내리어 도주하였지요. 그 후로 집안사람만 잡혀 가서 무수한 고초를 겪고 나니 어미의 마음이 어떠하겠습니까. 어디 가다가 잡히지나 아니하였나. 잡혀서 매나 몹시 맞지나 아니하였나. 그렇게 쫓기어 다니니 먹긴들 어찌 먹으며, 입긴들 어찌 입으랴. 어디서 죽지나 아니하였나 하고 애를 태우더니, 그 후 상해 가서 있다는 편지를 보고야 적이 마음이 놓였습니다.

그 후로는 달만 밝아도 제 생각이요, 비만 와도 제 생각이요, 추워도 제 생각, 더워도 제 생각. 한시 반시를 보고 싶지 않을 때가 없었지요. 그 후 몇 번을 집에 왔다 갔는데, 이렇게 앉았다가 문소리가 덜컥 나면 내가 나가 보면 별안간 그 애가 와서 딱 섰구려. 이런 때에는 오랫동안 보고 싶던 생각은 어디로 가고 벌써 겁부터 나서 '애야, 왜 들어왔니. 무엇하러 집에는 왔니. 잡혀 죽으려고.' 하면 그 애는 '어머니, 아무 걱정 마십시오. 어머니는 그저 진지나 잡숫고 편히 계십시오. 아무 염려 없습니다. 나는 죽어도 관계치 않고 살아도 관계치 않은 사람이오.' 합디다. 이럴 때마다 '네가 죽어서 어쩌니, 살아야지.' 하였더니, 그럴 때에는 보고 싶은 어미 마음에 방에라도 좀 들어앉게 할 마음이야 한이 없겠습니까마는 잡힐까 보아 무

---

33 돈을 모으다.

서워서 그대로 돌려보냈습니다. 이럴 때에 어미 마음이 어떠하겠습니까?

독립운동이 일어난 후 밤낮 거기만 상정을 하기 때문에 가산은 모두 그리 들어가고 살 수가 없게 되었습니다. 에그 참, 사 년 동안 어미 속을 퍽도 썩이고 애도 퍽도 태우더니 그만 어미 가슴에 죽어도 썩지 못할 불을 지르고 말았습니다.

이번에도 어떤 날 밤에 문이 덜컹하기에 나가 보니까 와서 섰습디다. '에그 무엇 하러 또 왔니. 죽으려고 또 왔니?' 하니까, '어머니 이번에는 나 마지막 보는 줄 아시오. 내가 아주 단판씨름 하러 왔소.' 하기에 '글쎄 왜 그러니. 자복[34]이라도 하고 살아라.' 하였지요. 그러니까 다른 때는 그러지 않더니 이번에는 제 아내를 찾으며, '그 애 어미 어디 있어요?' 하기에 불러 주었더니, 잠깐 보고 나서 내가 어서 가라고 하였더니 제 누이 집을 일러 달라기에 '왜 누이까지 못살게 하려고 그러느냐?' 하였더니 '아니 잠깐 보고 가겠다.' 하기에 데리고 가서 일러주었더니 그만 이 지경이 되었습니다그려."

"이왕 이렇게 죽을 줄 알았다면 뜨듯한 방으로 불러들여 뭣을 좀 먹이기도 하고, 여섯 살 먹은 딸자식을 아비 얼굴이나 보여 줄 것을 그저 잡힐까 무서워서 그 추운데 떨고 온 것을 국 한 그릇을 못 먹이고, 여섯 살 먹은 딸이 두 살에 아비를 이별하여 제 아비 얼굴도 모르는데 얼굴 한 번을 못 보여 주고 그만 이렇게 되었습니다. 생각하면 내가 목숨이 모질지요. 이것을 당하고도 살아 있으니." 하다가 다시 기자에게 대하여 "제 누이와 매부와 동생이 경찰서에 들어가 있으니 어떻게 말씀해서 또다시 잡히는 한이 있더라도 오래 그리고 못 보던 동생들이 관머리라도 붙들고 울게 하여 주시오. 그리 못하면 그 애들에게도 일평생 유한이 되겠습니다." 하며 더욱 눈물이 옷깃을 적셨다.

---

34 자수.

재판소 문 앞에 모인 사람은 무려 수백 명
피고 여덟 명 가운데 두 명은 병으로 결석

◇12일 오후 1시 기◇

삼판통에서 경관을 총살하고 효제동에서 경관에게 총살된 김상옥 사건의 관계 연루자 김한 외 7명의 제령(制令) 제7호 위반 강도예비, 범인장닉(藏匿)[35]에 관한 공판은 어제 12일 오전 10시 40분에 경성지방법원 제7호 법정에서 삼시(三矢) 판사 단독으로 대원(大原) 검사와 변호사 이승우, 허헌, 김용무, 김병로, 김태영, 이종성 제씨의 입회 아래 개정되었다. 당일 재판소 마당에는 방청코자 모여든 사람들이 무려 칠팔백 명에 달하여 대 혼잡을 이루었는데, 경관의 엄밀한 경계 아래 방청권을 가진 사람들만 방청석에 들어가게 되어 여학생, 부인들을 선두로 만원의 상태이었는데, 피고 전우진, 이혜수는 병으로 인하여 출정치 못하고 여섯 명만 한 사람씩 자동차에 실려 출정하여 먼저 피고들의 연령과 주소와 직업 등을 예에 의하여 물은 후 사실 심리가 시작되었더라.

개성의 독립을 희망
의열단과는 전혀 무관계
폭탄 사건에는 다소 간섭
무산자동맹회 김한의 답변

먼저 김한부터 법단 앞으로 불러 세우고 재판장은 임시정부의 법무국장으로 있던 일과 유리(流離)[36]하던 일과 김원봉과의 관계 유래와 상해로부터 폭탄을 가져온 사실과 이응명 등과의 금전 관계 여하를 물으니, 법무국장으로 있었던 일은 없으나 비서국장으로 임명되었다는 것이 『독립신문』에 게재되었으나 피고는 단연 사

---

35 은닉.

36 이리저리 떠돎.

金相玉事件公判

재판소문압헤모힌사람은무려수빅명
피고여덜명가운듸두명은병으로결셕
◇十二日午後一時記◇

個性의 獨立을 希望

의렬단파는젼혀무관계
폭탄사건에난다소간셥
無産者同盟會金翰의答辯

雷同的參加에 不過

김상옥의강청에못이겨
오족셔울에올나왓슬뿐
─安弘翰의答辯─

紹介而已

김상옥을유에
소개하얏슬뿐
─鄭高敎答辯─

爆彈은 最後武器

김상옥과자조맛낫슴을시인
폭탄은부득이한경우에사용
─尹益重의答辯─

金翰은 五年求刑

그외난최하가일년즉기월
오후두시부터는변론긔지

金翰 懲役五年
安弘翰 懲役二年
鄭高敎 懲役一年六個月
尹益重 懲役三年
申鉉秀 懲役二年六個月
徐丙斗 懲役一年

김상옥사건공판정 ─ 긔립한사람은김한

김상옥 사건 공판정.
-기립한 사람이 김한.

『매일신보』. 1923. 5. 13.

양하였다는 말과, 사회 문제를 연구하기 위해 1908년부터 1919년까지 유리하였다는 말과, 작년 7월경에 김원봉과 폭탄에 관한 의론은 한 일이 없었으나 무슨 일이든지 힘이 자라는 것이면 의뢰함에 응낙하겠다고 하였다는 말과, 작년 7월 하순경에 이응명에게 돈 1,750원을 받았다는 말 등을 일일이 조선말로 답변하고, 연하여 재판장의 묻는 말에 사실을 혹은 시인도 하고 부인도 하며 연이어 손을 내두르며 두 번째 이응명을 만나서는 폭탄의 이야기가 있었고, 그로부터 김원봉에게서 폭탄과 사람을 보낼 터라는 통신을 받고 허락하였으며, 김원봉 등과의 연락 통신소는 인사동 7번지 이수경의 집으로 정하여 주었고, 동년 9월경에 김원봉으로 특파한 박선이 찾아와서 상해로부터 폭탄이 나왔는데 도착되지 않았느냐는 말이 있었으나 도착되지 않아 박선은 안동현으로 들어가고 그 후 소식이 망연함으로 소식을 물은 일이 있었다는 말 등을 답변한 후, 김상옥과의 관계 유래에는 금년 1월 10일경에 김운선이라 변명한 후 무산자동맹회로 피고를 찾아와서 상해에서 폭탄 등이 나오지 않았는가를 물은 일이 있었으나 폭탄은 도시 도착되지 않았었고 오직 김상옥으로부터 일을 경영함에 돈이 없어서 곤란하여 금전을 모집하러 왔다는 말을 들은 일은 있었으며, 김원봉으로부터 폭탄을 피고에게로 보낸다는 것은 일절 거절하였고, 김원봉이라는 사람과는 한 번 만나 본 일도 없고 직접 서신 왕복도 없었으며 따라서 의열단이 어떤 것인지도 알지 못한다 한 후, 계속하여 재판장의 묻는 말에 개성의 독립을 희망한다는 말과 러시아 과격파의 내용은 모르되 사회주의나 공산주의는 잘 아노라는 등의 답변으로 심리를 종료하고 이어서 해삼위[37] 등지로 유리하던 피고 안홍한의 심리가 시작되었다.

37 러시아령 블라디보스토크.

뇌동적[38] 참가에 불과
김상옥의 강청에 못 이겨
오직 서울에 올라왔을 뿐
-안홍한의 답변-

재판장이 묻는 말에 피고는 상해에서 조선에 나오기를 즐기지 않았으나 김상옥의 강청에 못 견뎌 천진, 봉천 등을 경유하여 12월 1일에 조선에 침입하였는데, 불온문서와 육혈포와 탄환 등을 넣은 트렁크는 처음에는 무엇이 들었는지 몰랐으나 봉천역에서 비로소 알았으며, 그 후 평양에서 김상옥을 다시 만나 가지고 함께 차를 타고 서울로 올라오다가 김상옥은 남대문 못미처 정거장에서 내리고, 피고는 남대문역에서 내려 전우진을 방문하고 전우진의 안내로 동 피고 정설교의 집에 투숙하고 있었으며, 상해에서 피고에게 조선에 나아가 관공청에 폭탄을 던져 인심을 동란케 한 후 군자금을 모집하라는 권고가 있었으나 응낙치 않았고, 폭탄을 가지러 가라는 말은 있었으나 따라갔을 따름이라 하여 전혀 뇌동적 범행이었음을 답변하여 사실 심리를 마치고,

김상옥을 윤에 소개하였을 뿐
-정설교 답변-

그다음으로 피고 정설교의 심리가 시작되며, 피고는 재판장의 묻는 말에 자기는 학생이었다는 말과 김상옥의 청구로 피고 안홍한을 자기 집에 유숙케 하였다는 말과, 김상옥으로부터 안홍한은 공부하러 온 학생이라는 말과, 그 후에 김상옥이가 서울에 독립자금을 모집하러 들어왔다는 말과, 폭탄 등을 가지고 부호를 협박하겠다는 사실까지 들은 일이 있었노라 답변한 후, 피고에게도 군자금 5백 원을 내라고 말은 들었으되 거절하였고, 안홍한이가 김상옥의 동지인 줄도 몰랐으며 김상옥의 부탁으로 상 피고 윤익중, 신화수에게 다만 김상옥이가 좀 만나보기를 원한다는 의미의 편지를 한 일이 있었다는 답변으로 심리를 마치고,

---

38 부화뇌동으로.

폭탄은 최후 무기
김상옥과 자주 만났음을 시인
폭탄은 부득이한 경우에 사용
-윤익중의 답변-

이어서 피고 『동아일보』 홍성지국장 윤익중[39]의 심리가 시작되었다. 재판장의 묻는 말에 피고는 제령 위반으로 징역한 일이 있었다는 말과 폭탄, 권총 등으로 부호를 협박하고 군자금을 모집하고자 계획한다던 사실의 유무는 알 수 없으나 피고도 그 같은 말로써 체포되었다는 말과, 작년 12월경에 서울로 올라오기는 김상옥의 편지를 받고 온 것이 아니라 본사에 오노라 온 것이었다는 말과, 광화문통에서와 효제동 73번지 이태성의 집에서 김상옥을 만난 일이 있었다는 사실을 시인한 후, 폭탄으로 군자금을 모집하려던 것이 아니라 군자금을 청구하여 아니 내면 폭탄을 사용하라 하던 말과, 김상옥으로 피고에게 돈 천 원을 청구하였으나 50원만 주었다는 말과, 그다음에 또 백 원을 주었다는 말과 돈 백 원을 김상옥에게 준 때는 삼판통에서 순사를 살해하던 다음날인지 아닌지는 모르되 피고는 고향에 돌아가서 이태성의 딸 이혜영에게 주어 보냈다는 사실을 답변하고, 계속하여 김상옥의 부탁으로 인쇄 도각 등을 상 피고 서병두에게 의뢰하며 돈 20원을 준 사실과, 금년 1월 12일 밤에 상 피고 신화수의 집에 가서 김상옥에게 돈 12원을 줄 때 종로경찰서에 폭탄을 던졌다는 소식을 학생에게 들었는데, 김상옥은 자기가 던진 기색은 조금도 없이 폭탄이 파열하여 다행히 무사하였음을 듣고 누가 던졌는지 공연히 사람만 곤란케 되었다는 말을 하더라는 말로써 답변을 종료하였더라.

김한은 5년 구형
그 외는 최하가 1년 6개월
오후 두 시부터는 변론 개시

---

39 1921년 조선총독부 일본인 고관 암살 계획과 혁신공보(革新公報) 간행 사건으로 그해 11월 15일 경성지방법원에서 징역 2년을 선고받고 서대문형무소에서 1년 4개월 복역하였다.

다음에 옥천사 승려 신화수(27)를 불러서 전에 형벌 받은 일이 있느냐 물은 후 이어서 어느 때 상경하였느냐 한즉, 전기 신화수는 작년 2월 30일[40] 자기 친구의 편지를 보고 상경하였단 말과, 먼저 효제동 이태성의 집에서 김상옥과 면회한 일로 김상옥이 군자금 천 원을 청구하였으나 자기는 이를 거절하였던 바 그 후 지난 1월 12일 밤에 김상옥이가 자기를 찾아와서 대단히 노기를 띠고는, 고등교육을 받은 자가 그와 같이 겁을 내느냐 하며 시골 있는 윤익중에게 전보를 놓아 달라 하므로 이를 놓아주었다고 함에 다시 재판장은, 그러면 군자금 모집에 응원을 하였느냐 한즉 그런 일이 없다고 거절하였으며, 그 후 종로에서 도장포 하는 서병두를 불러 세우고 작년 음력 2월 20일경에 윤익중과 만나서 독립선언문과 영수증과 거기 사용하는 도장을 새겨달라는 부탁을 받았느냐 물은즉, 이를 승인하고 그 후 김상옥이가 폭탄을 던져 인심을 동요시킨 후 그 도장과 영수증으로 독립군 자금을 모집함에 사용하겠다는 말을 윤익중에게서 들었느냐 한즉, 이는 부인하였다.

이어서 심리를 마치고 대원 검사가 일어나 피고들에게 아래와 같이 구형한 후 휴게하였는데, 변론은 오후에 다시 시작하기로 하였더라.

(오후 1시 반 기록)

김한: 징역 5년

안홍한: 징역 2년

정설교: 징역 1년 6개월

윤익중: 징역 3년

신화수: 징역 2년 6개월

서병두: 징역 2년

40 2월 30일은 음력과 양력을 불문하고 없다. 따라서 이는 신문기사의 오기로 보인다.

006 의열단 사건

「동아일보」, 1923. 4. 12.

적화(赤化)의 횃불, 독립의 불길
의열단 사건 내용 발표
검거된 관계자가 두 곳에서 18명
폭탄 3종 36개 권총 5정 등 압수

3월 15일 경성의 천지를 진동케 하던 김상옥 사건의 내용을 발표하여 경성 시내에 각 신문의 호외가 돌고 인심이 소란하던 3월 15일에 또 무슨 중대 사건이 발생하였다 하여 북경 의열단의 일부를 체포하는 동시에 다수한 폭탄과 권총 등을 압수하였다는 발표가 있어서 경성의 인심은 또 한 번 흉흉하게 되었는데, 이 사건이 원래 중대한 관계가 있으므로 이래 20여 일 동안 극비밀리에 취조하던 바, 금일 오전 10시에 이르러 총독부 경무국에서 사실의 전말을 발표하였는데, 경기도경찰부, 평안북도경찰부와 신의주경찰서에서는 김원봉을 단장으로 한 의열단이 러시아 공산당에서 자금을 받아 가지고 요로의 대관을 암살하고 관공서를 파괴함으로써 조선을 적화케 하고, 그 틈을 타서 독립운동을 일으키려고 계획하는 음모를 탐지하고 신의주서에서는 3월 14일에, 경기도경찰부에서는 동 15일에 검거에 착수하여, 두 곳에서 관계 피고 8명을 체포하는 동시에 각종의 폭탄 36개, 폭탄 장치용

東亞日報 號外

赤化의烽火, 獨立의猛炎
義烈團事件內容發表

革命的獨立運動의由來

資金의出處는露國共産黨

外務는金元鳳이擔當
實行은金始顯의責任

爆彈輸送의徑路

可恐할爆彈의威力

京城에搬來한爆彈은

事件發覺의眞相

警部黃鈺의關係는

의열단장 김원봉. (21세 때 사진).

조선 내의 활동을 전담한 김시현.

의문의 인물 경부 황옥.

남영득. 김사용. 류병하. 이경희. 김한.

『동아일보』. 1923. 4. 12.

폭탄 사진 설명.
아래의 전2단 사진.
(우) 시계를 장치한 파괴용 폭탄.
(중) 건물 파괴용 폭탄 각종.
(좌상) 암살용 폭탄.
(좌하) 건물에 불지르는 폭탄.

폭탄을 압수한 집.
(시내 효자동 21번지)

시계 6개, 권총 5자루, 동 실탄 155발, 뇌관 6개, 조선혁명선언과 '조선총독부 관공리에게'라고 제목한 문서 9백여 장과 기타 잡품을 발견 압수하고, 신의주서에서는 3월 28일, 경기도경찰부에서는 동 29일에 모두 사건을 피고와 함께 관할 검사국에 송치하였는데, 이 계획의 내용과 검거의 대강은 다음과 같다.

(12일 오전 10시 경무국 발표)

혁명적 독립운동의 유래
5년간 계획한 의열단의 혁명적 계획
과거의 폭탄 사건은 모두 이 단의 관계
자금의 출처는 러시아공산당

의열단장 김원봉은 경상남도 밀양 출생인데, 1919년 6월경에 길림으로 가서 동 8월경에 그곳에서 요로의 대관을 암살하고 관공서를 파괴할 목적으로 의열단을 조직하고 그 후 북경 상해에 근거를 옮겼으나, 1920년 이후 수차 검거된 폭탄에 관한 사건은 거반 직접 간접으로 이 의열단의 계획이었던 것이라. 이래 그들은 계속하여 각종 음모를 계획하여 왔으나 재정의 궁핍으로 인하여 자금을 변통하기에 고심하던 차에, 마침 러시아공산당이 일부 조선인을 이용하여 적화 선전을 하려 하고, 단장 김원봉도 자금을 얻어서 목적한 계획을 달성함에도 공산당과 악수하는 것이 가장 유리하다 하여, 1921년 말경에 드디어 공산당과 결탁하여 조선의 적화와 독립을 계획하고, 먼저 조선 안에 있는 관공리의 암살과 건물 파괴를 단행하기 위하여 그 수단으로 파괴용, 방화용과 암살용의 각종 폭탄을 사용하여 대번에 조선에 동란을 일으키고 혁명을 일으키어 민족을 각성케 아니하면 아니 되겠다고 마침내 폭탄을 비밀히 수입하며 실행 계획을 세우게 되었더라.

외무는 김원봉이 담당
실행은 김시현의 책임
김상옥 사건으로 김한이 잡히매
모든 실행 계획을 김시현이가 맡아

그리하여 김원봉은 먼저 조선무산자동맹 회장 김한으로 하여금 이 계획에 참례케 하기 위하여 단원 남영득 외 두 명을 천진에서 배를 태워 조선 안으로 비밀히 파견하여 조선 안의 교통 상황과 폭탄을 수용할 방법을 시찰 연구케 하는 동시에, 겸하여 김한에게 폭탄의 비밀 수입과 그것을 던져 실행하는 데 대하여 교섭케 하여, 김한은 즉시 그 계획을 맡고 폭탄은 김원봉이가 안동현까지 실어오기를 담당하고 안동현 이남의 수송과 실행 방법은 김한이가 맡아서 처리하기를 허락하고, 그 비용으로 금 6천 원을 요구하여 결국 2천 원을 받아서 계획을 진행하는 동시에 시기를 기다리던 차에, 마침 금년 1월에 김상옥 사건에 관하여 종로경찰서에 검거된 까닭에 계획이 일시 중지될 듯하였으나, 당시에 마침 공산당원 김시현은 김한의 명령으로 김원봉과 상의하기 위하여 경성을 떠나 천진에 비밀히 가서 그곳에 있는 때였으므로, 김원봉은 김한 대신에 김시현으로 하여금 조선 내지에서 본 계획의 실행을 하게 한 것이더라.

폭탄 수송의 경로
김시현이가 천진까지 가서
홍종우 등을 지휘하여 수송

우선 김시현은 작년 말 본 계획과 공산당의 조선 안의 중계 기관을 삼을 목적으로써 동지 홍종우를 조선일보 안동현지국장으로 추천하여 취직케 하고 또 그에게 그 뜻으로 동지를 모으게 하여 유석현 외 한 명을 얻으매, 이 실행에 착수코자 하여 경성으로부터 김원봉에게 2천 원을 보내라고 전보를 쳤으나 요구하는 대로 돈을 보내는 것이 없음으로써 경성에서 유석현 등을 지휘하여 자금 모집을 하게 하였는데, 이 역시 또 실패에 마치기 때문에 드디어 뜻을 결단하고 금년 1월 3일 경성을 떠나는 도중 홍종우의 집에서 두어 날 자고, 다시 봉천에 가서 하루저녁을 자고 동지 이현준이가 봉천에 오기를 기다려 함께 천진으로 가서 그곳에서 김원봉과 면회하고 이 계획에 대하여 여러 가지로 협의하고, 2월 24일 김시현은 단신으로 안동현 홍종우의 집에 가서 홍종우와 협의한 후 폭탄 운반자로 조선일보 평북지국원 백영무와 함께 이삼일 동안 잔 후에 다시 천진으로 돌아가서 그곳에서 김원봉이가 상해에서 가지고 온 폭탄을 가지고 이것을 조선 내지에 수송하기로 하였다.

그리고 폭탄과 불온문서류를 크고 작은 가방 다섯 개에 넣어서 우선 3월 3일 이현준, 백영무 두 명으로 하여금 철도로 안동현 홍종우의 집에 운반시키고, 그다음 그달 초닷새 스스로 남은 가방 세 개를 가지고 천진을 떠나 그달 7일에 안동현에 도착하여 그것을 홍종우의 집으로 가져다가 전번 것과 함께 조영자 등에게 맡아두게 하고, 그 이튿날인 8일과 9일, 두 번에 김시현, 홍종우, 백영무, 이오길 외 한 명은 인력거로 철교를 넘어 폭탄 등속을 신의주 백영무의 집과 그곳 한성여관으로 운수하여 보냈더라.

경성에 반래[1] 한 폭탄은 김사용과 조황의 집에 맡겨 경부 황옥까지 잡히게 된 일

이리하여 김시현은 전기 폭탄 중 폭탄 8개와 불온문서 660장을 사정을 말하고 신의주 조동근의 집에 숨겨 두고, 그 나머지의 각종 폭탄 등은 그달 10일로 13일까지 사흘 동안에 두 번에 나누어 유석현, 이현준, 이오길 외 한 명과 함께 경성에 운반하여 무기와 불온문서류는 시내 김사용의 집과 조황의 집에 숨겨두고, 김시현 이하의 각 피고는 시내 각처에 잠복하여 상해에서 동지가 오기를 기다리어 실행할 기회를 엿보고 있던 것이라. 미리 음모 계획을 탐지한 평안북도경찰부와 신의주경찰서에서는 3월 14일부터 검거에 착수하고, 경기도에서는 그달 15일에 각기 당시 검거하기를 시작하여 관계있는 사람을 체포하고 폭발탄과 육혈포 등을 많이 압수하여 계획을 미리 예방하게 되었고, 또 전기 황옥은 이 계획에 가담한 의심이 있어 동시에 검거한 것이며,

자금을 조달코자 류병하 등 활동

또 이보다 먼저 김원봉은 이 계획을 실행할 비용이 부족하므로 조선 내지에 있는

---

1 옮겨 들여옴.

동지 모모와 천진에 체제 중이던 남영득에게 대하여 경성에서 군자금을 모집하라고 명령하였으므로, 두 사람은 류병하 외에 한 사람과 공모하고 육혈포를 가지고 2월 21일, 23일, 24일의 세 차례에 경성부 내자동 192번지 이인희의 집에 침입하여 돈 50원을 빼앗고 돈을 더 내라고 협박한 것을 종로서에서 탐지하고 검거하였더라.

가공할 폭탄의 위력
파괴용, 암살용, 방화용 세 가지
모두 세력이 극히 위대하다고
출처는 역시 러시아 방면인가

의열단에서 사용코자 하던 폭발탄 중에 이번에 압수된 것은 전기한 바와 같이 파괴용, 방화용, 암살용의 세 종류를 합하여 도합 36개가 경찰서에 압수되고, 기타 권총 5자루와 실탄 155발, 기타 폭탄에 장치하는 시계가 6개인데, 이번에 압수한 폭발탄은 세 가지가 다 최신식으로 만든 것인 중, 더욱이 파괴용은 벽돌집 벽을 뚫고 들어가서 그 속에서 폭발이 되는 동시에 일시에 건물이 무너지는 맹렬한 힘을 가지고 있으며, 그 모양은 둥그런 모과통 같은 형태로 만들어 그 속에는 '제림나이트'라는 맹렬한 폭발약을 집어넣고, 폭발하는 장치는 시계를 그 폭발탄 도화선에 연락하여 몇 시간 후에 폭발하게 하든지 그 목적하는 시간을 예정하여 장치하는 것이며, 방화용은 그 형태를 대추씨(조핵형) 모양으로 만들고 그 속에는 중모래[2]와 같고 폭발하는 힘이 가장 많은 화약을 집어넣어 목적한 곳을 향하여 던지면 폭발하게 만들어, 한 번 폭발하면 강철조각이 사방으로 흩어지고 불길이 맹렬히 일어나서 사방이 불천지가 되는 동시에 건물을 태우게 하며 사람이 상하는 방화와 암살을 겸한 것이며, 암살용은 갸름한 병 모양으로 만들어 그 속에는 독한 황린을 넣어 역시 목적한 곳을 향하고 던지면 폭발하는 것인데, 폭발되면 강철조각이 사방으로 흩어지는 동시에 그것보다도 더 독한 것은 그 속에 넣은 황린이 폭발되어

2 중사(重沙). 무거운 광물 부스러기.

사람의 몸에 조금이라도 스치기만 하면 그 사람은 황린 독기로 인하여 즉사하는 무서운 장치를 한 것이라 하는데, 전기 세 가지 폭탄은 최신식으로 된 것이나 만들어 낸 곳은 아직까지도 판명치 못하였으나, 검사한 결과 러시아 방면에서 유태 사람의 손으로 된 듯하다고 추측되며, 천진에서 러시아 사람이 만든 것이라는 말도 있더라.

소위 유지의 밀고
유석현 등 피착

조황이가 체포된 후로 동지 유석현, 이오길 등을 체포치 못하여 경찰당국에서 애를 쓸 때에 일찍이 모회 간부로 눈물도 흘리는 체 사업도 하는 체 하던 김모의 밀고로 유석현 일파가 잡히게 되니, 이 사건에는 정치범을 잡던 경부가 범인이 되고 사회 유지가 밀정이 되니 실로 조선 천지는 현재 까마귀의 자웅을 알 수 없는 듯한 수수께끼의 세상이요, 유석현 일파가 잡히는 동시에 황옥이가 관계된 것을 알았다.

김시현의 체포는
영도사 어귀에서 잡혀

이와 같아 범인의 대부분이 잡혔으나 다만 수령 김시현을 잡지 못하여 주야로 활동하는 중, 며칠 후에 일찍이 김시현의 동지라 하던 모와 이번 사건의 관련자로 검거되었던 모의 고발로 동대문 밖 영도사 들어가는 어귀 현재 경기도 모 군수의 아들인 오모의 집에서 잡혔는데, 김시현은 경상도 안동 사람으로 일본 명치대학 출신이라더라.

사건 발각의 진상
단서는 신의주에서 얻어 가지고
서울서는 효자동에서 폭탄 압수

이와 같은 큰 계획이 어떠한 경로로 발각되었는가. 폭탄을 신의주 백무영의 집과 한성여관과 조동근의 집에 갖다 둔 후로, 폭탄을 감춘 집에서 장래를 염려하고 다른 사람과 상의한 일이 단서가 되어 홍종우 외 여러 사람이 잡히게 되매 자연 유석현, 이오길 등이 폭탄을 가지고 경성으로 온 것이 발각되어 그 곳에서 여러 가지 폭탄과 문서가 압수되는 동시에, 경성에서도 경기도경찰부에서 15일 새벽에 시내 효자동 11번지 조황(효자동 조황)의 집에서 압수하게 되고, 조황이가 체포되며 연루자 유석현, 이오길 등이 체포되었으며 이어서 관련한 혐의자로는 이경희, 김사용 등이 체포되었더라.

경부 황옥의 관계는
이 사건 중 가장 의심할 점
확정되기까지 역시 의문

그런데 이와 같이 무서운 계획에는 놀라지 말라. 경기도경찰부에서 근무하는 경부 황옥이가 이 계획에 참가하였다는 혐의로 경찰부에서 취조를 받고 서대문경찰서에 구류되었다가 감옥으로 넘어가게 되니, 그는 원래 경상북도 문경군 사람으로 향리에서 소학교를 졸업하고 각처 재판소 서기로 근무하고, 다섯 해 전부터 경기도경찰부 고등과의 경부가 되어 많은 정치범 체포에 종사하니, 금번 황옥이가 이 사건에 참가하여 어찌어찌하였다는 일은 아직 사건이 확정되기 전이라 전부 발표할 수 없으나 하여간 만장의 운이 첩첩한[3] 일종의 기괴한 사건이다.

3 본래 뜻은 '매우 높은 구름이 켜켜이 쌓인.' 의문이 많은 사건이라는 의미로 사용하였다.

자초지종을 선선하게 대답
황옥의 관계는 싸고도는 듯

의열단 사건의 공판은 예정과 같이 어제 7일 오전 10시 반에 삼시(三矢) 재판장과 택목(澤木) 배석판사 외 1명의 배석판사와 평산(平山) 검사가 입회하고 개정하게 되었다. 전례에 의지하여 먼저 피고 일동에 대한 주소, 직업, 씨명을 묻는데, 먼저 김시현부터 묻기 시작하였다. 차례로 말하는 중에 둘째의 황옥이가 직업을 답할 때에 피고는 선선하게 "경기도 휴직 경부이외다." 하는 것도 한 이채였다.

피고 일동의 조사를 마친 후 재판장은 예심 결정에 쓰인 죄명에 대하여 심리한다 선언하고, 평산 검사의 심리 요구가 있은 후 먼저 김시현으로부터 심리를 시작하매,

정황 시찰차로 길림에 갔었다

피고는 일찍이 일본에 유학하여 명치대학을 졸업하고 1916년경에 경성에 돌아왔다는 이력을 말하고,

1919년 5월에 길림성에 갔었는가?

그렇소.

무엇하러 갔었는가?

1919년 독립운동이 일어난 후 우리 동포의 정형이 어떤가 보러 갔었노라.

그리고 그곳에 간 후에 의열단장 김원봉과 만나기는 하였으나 친하지는 않았다 하고, 그해 11월에 경성으로 돌아와서 그 이듬해 11월까지 경성에 있으면서 황옥과 서로 교제하게 되었다고 하고, 그해 11월에 황옥에게 여비를 받아 가지고 상해로 갔노라 하매,

돈의 출처는 공술을 거절

"그 돈은 어디서 나온 것인가?"

의열단의 공판. ×표는 황옥.

동아일보

義烈團公判

法廷에선金始顯

極東革命大會는

情況觀察次로

判官에게一矢

確實한入團은

劉錫鉉無關

黃鈺파同志가

黃鈺과握手

二十個는新義州

爆彈에對하야絶望

黃鈺이가 敵인줄안것은

말도助力이다

爆彈에對한問答

餘地업는傍聽席

『동아일보』. 1923. 8. 8.

“이때까지 예심정이나 경찰서에서 말한 일이 없고, 또 그 일이 이 사건에 직접 관계가 없는 것인즉 말할 필요가 없노라.” 하고 진술을 거절한 후, 다시 상해에 간 후에 고려공산당에 가입한 것이요, 황옥의 돈을 받아 가지고 갈 때에는 공산당이 아니었으며, 상해에 간 후에 고려공산당이 되어 안병찬의 소개를 얻어 러시아 모스크바에서 열리는 동양민족대회, 즉 극동혁명당대회에 가게 된 일과 그 후 이르쿠츠크에 극동혁명대회의 동양비서부가 있었으므로 먼저 그곳에 가서 좀 있다가 그 비서부가 없어진 후 모스크바로 가서 참례하였다는 말이 있은 후, 재판장은 예심

결정서에 쓰인 것과 같이 "그 대회에서는 조선 혁명에 대하여는 조선 사람의 정도가 유치하니 파괴나 암살을 하지 아니하면 아니 되겠다는 말이 있었는가?" 물으매, 피고는,

"동양민족대회가 조선 민족만 위하여 생긴 것이 아니니까 그렇게 조선 문제만 가지고 말할 수는 없었다."고 진술하였다.

극동혁명대회는 태평양회의에 대항하여 생긴 약소민족의 자위책

"그러면 그 회의 취지는 무엇인가?"

"간단히 말하자면 동양민족대회라는 것은 태평양회의를 대항하여 생긴 것이라.[4] 태평양회의는 자본주의의 국가가 약소민족을 빨아먹으려고 생긴 것인즉 우리 약소민족은 어떻게 대항할까를 의론한 회의라" 말하고, 그 이듬해 4월까지 그곳에 있어서 여러 가지 사정을 시찰하다가 그해 4월에 상해로 돌아왔다 말하매, 재판장은 상해에서 장건상(근상)[5]을 만난 후 폭탄을 조선 안으로 들여다가 관공서, 유산계급을 파괴하여 조선 민족을 각성시키고 혁명을 촉진코자 하였는가?

일시 재판관에게 범죄 범위를 모르느냐고

이때 피고는 조금 이상스러운 낮빛으로

"재판장이 피고의 범죄 범위를 자세 모르는 모양이라. 내가 관공서 파괴나 기

---

4 태평양대회는 '워싱턴 회담'을 가리키는데, 워싱턴 회담은 1921년 11월 12일부터 1922년 2월 6일까지 미국의 수도 워싱턴에서 열린 국제회의로, 동아시아에 이해를 갖고 있는 미국, 영국, 프랑스, 중국, 일본 등 9개국이 참여하였다. 워싱턴 회담의 의제는 동아시아에서의 긴장 해소를 위한 군비 축소였으나, 실질적으로는 동아시아에서 열강들 사이에 질서 재편을 염두에 둔 것이었다. 이에 대항해 러시아는 코민테른(제3인터내셔널)이 주도하는 동아시아 각국 공산당 및 민족 혁명 단체가 참여하는 국제회의를 1922년 1월 21일부터 2월 2일까지 모스크바에서 개최하였는데, 이것이 극동인민대표대회다. 이 회의의 본래 명칭은 극동피압박인민대회였으나, 참가국 가운데 하나인 일본이 피압박국이 아니라는 이유로 명칭이 변경되었다. 이 대회에 참가한 대표 총수는 144명이었는데, 그 가운데 52명이 한국 대표단이었다. 그 이유는 당시 소련과 코민테른이 식민지 민족 해방 운동에 적극적 지원을 표명하였기에 우리나라의 독립운동가들이 적극적으로 참여했기 때문이다.

5 신문기사에는 '장근상'으로 기록되어 있으나 이는 장건상의 오기인 것으로 보이기에 바로잡는다.

타 일은 모르고 다만 누가 주는 폭탄을 수입하는 것을 맡았을 뿐이라. 실행 방법은 전혀 관계없노라."

장건상(근상)과 김원봉과는 실상 실행 방법을 상의하였겠지?

그것도 나는 모르노라.

의열단에 입단하였는가?

확실한 입단은 한 일이 없노라

입단을 확실히 한 일이 없노라. 그러나 검사정 이래 입단한 것같이 되었노라.

그 후 그해 7월에 경성에 돌아와서 경찰기관과 기타 방면을 시찰하러 왔었단 말을 진술하고 그 후 황옥과의 관계를 물으매,

황옥과 동지가 된 줄로 피고는 믿었노라

조선 안에 들어온 후 황옥과 동지가 된 줄로 피고만은 알았었노라. 그해 8월에 이현준이가 상해로부터 들어와서 그곳 사정을 말하고, 그해 12월에 도로 돌아갔다는 말이 있고 폭탄을 들어오려면 안동현에 중계소를 만들어야 하겠다 하고 홍종우를 안동현으로 보낸 말을 물으매, 피고는 "특별히 중계소를 하러 간 것이 아니라 그 사람이 근본부터 원하던 곳에를 간 데 지나지 못한다" 하고 이어서 그해 12월에 이현준이가 다시 김원봉의 사자로 편지를 가지고 들어왔었는데 그 편지는,

황옥 동행을 거절

"장건상(근상)과 김원봉이가 좀 만나자"는 간단한 말이라. 갈 때에 황옥더러 천진을 함께 가자 하였더니, 황옥은 관청에 있는 관계로 가지 못하겠다 하므로 홀로 천진으로 가서 김원봉과 장건상(근상)을 만나 폭탄 수입에 대한 말을 듣고 다시 경비를 시찰하기 위하여 안동현으로 왔는데, 그동안에 황옥은 종로경찰서에 던진 폭발탄 범인을 잡기 위하여 천진으로 갔으나 도중에 서로 차가 갈려서 만나지 못한 말과 그 후 황옥과 서신 왕복이 있던 말을 하고,

황옥과 악수함[6]은 폭탄 수입의 필요로 한 것

황옥이가 아니면 러시아 사람의 폭탄을 받을 수 없을 뿐 아니라 폭탄을 국경을 넘길 수가 없어서 황옥이와 악수하게 되었다는 말이 있었고, 그 후 금년 2월에 백영무와 함께 천진으로 가서 폭탄을 조선 안으로 들이기로 결정하였고, 그해 3월에 자기 손으로 폭탄을 받은 말을 하매, 재판장은 그 폭탄은 어디서 난 것인가? 예심정에서 여러 번 물었으나 몰라서 대답지 못하였고, 다만 김원봉이가 주기로 김원봉이가 가졌던 것인 줄 알았노라. 그 후 폭탄과 육혈포를 경성으로 가지고 온 말을 하였는데, 폭탄을 가지고 들어온 후에는 어찌하려 하였나?

곧 중국으로 가려 하였노라.

또 폭탄을 수입하러 가려 하였는가?

그런 것이 아니라 간도에 내 농장이 있어서 농사를 지으러 가려 하였노라.

유석현 무관
아무것도 상의치 않아

그다음 유석현과의 관계를 물으매, 유석현이가 김원봉과 한 여관에 있었으므로 친한지는 알 수 없으나 나는 그 사람과 아무것도 상의치 아니하였다 하고,

천진 정거장에서 폭탄을 백영무와 이현준에게 맡기어 보낼 때에 그 속말을 하였겠지?

그런 일은 아니하고 다만 내 가방이 또 있으니 이 가방을 나누어 가지고 가자 하였고,

폭탄에 대한 문답
남에게 말한 일은 없다

그다음 폭탄을 증거로 보이며 문답이 있은 후, 폭탄과 육혈포를 나누어서 보낼 때에도 유석현이나 백영무에게 내용 이야기는 아니 하고 다만 주의시키기 위하여,

---

6 손을 잡는 것.

"이것이 내 짐인데, 폭탄이 들었으니 주의하라" 하고 피고와 황옥과 유석현, 셋이서 가지고 안동현으로 와서 3월 7일에 안동현 홍종우의 집에 맡긴 말을 물으매, 폭탄을 가지고 와서 중국인의 집에 맡기고 홍종우에게 "내가 누구에게 선사하려고 모과수를 사다 맡겼으니 그것을 찾아다가 잘 가져가게 하여 달라 하였다"고 대답하매, "폭탄이란 말은 아니하였는가?" "홍종우뿐 아니라 누구에게든지 속말은 하지 아니하였노라." 그달 8일 새벽에 황옥 외 여러 사람이 주석(酒席)을 차리고 신의주에서 기생 둘을 불러서 놀고, 그 기생들에게 폭탄 여섯 개와 모과수 한 개를 주어 인력거를 태워 의주 백영무의 집으로 보냈는데, 자기는 그 주석에 참례치 아니하였고, 그 이튿날에야 홍종우에게 보냈단 말을 들었으며, 그 외 폭탄 열 개는 홍종우가 무슨 염려로 그랬던지 이웃에 사는 이오길의 집으로 갖다 두었는데, 이오길의 처가 또 다른 빈집으로 옮기었다는 말과,

20개는 신의주로 황옥이가 운반

그 나머지 폭탄 20개는 황옥이가 철교 건너가는 것을 이용하여 백영무, 유석현, 김시현 3인이 가지고 신의주로 오게 하였는데, 황옥이는 경관이라 집수색도 덜하리라 생각하고 그런 것이며, 원래 이런 일은 극히 비밀한 일이라 한 사람이라도 더 알면 해가 되리라 하고, 황옥에게도 그 말은 하지 아니하였노라 대답하매, 재판장은 "아까 폭탄 가져오는 데 황옥이가 노력하지 아니하면 할 수 없는 절박한 사정이 있다 하지 않았는가?"

말도 조력이다
손을 대야 맛이랴

조력은 반드시 손을 대는 것이 아니라 천진, 봉천 국경에서 말만 좀 조력하는 것도 역시 조력이라. 그 후 폭탄 8개를 기차편을 이용하여 경성부 효자동 21번지 조황의 집으로 보냈단 말과, 그 후 권총과 폭탄을 넣은 대로 황옥과 유석현을 시켜 보내고 자기는 13일에 경성으로 와서, 경성에 오자 황옥에게 만나자 하였더니 그날 밤에 남대문 밖 김사용의 집에서 만나 보았는데, 황옥과의 관계에 대하여 피고는

일단 소리를 높이어,

황옥이가 적인 줄 안 것은
경성서 만나본 후

"황옥이가 우리의 적인 줄 알기는 경성에서 만나본 후에 처음 알았노라. 황옥의 말이 '네가 가지고 온 폭탄의 일부분을 경기도경찰부에 압수시키면 어떠하냐?' 하기로 그제야 황옥이가 우리의 적인 줄 알고 그 자리에서 야단을 하고 싶었으나, 경부라 금방 무슨 일이 날는지 모르겠으므로 좋은 말로 '좋은 일이 있으면 일부분 아니라 전부 압수시켜도 좋겠다.' 하고

폭탄에 대하여 절망
그 뒤로는 내버려 두었노라

나는 이후에 폭탄에 대하여는 절망이라 하고 이현준의 집으로 가려 하였는데, 그곳까지 황옥이가 따라왔으므로 다시 나와서 그날 저녁에는 김사용의 집에 가서 잤는데, 만일 내가 그 후 일을 계속하려 하였으면 효자동에 있는 폭탄을 다른 곳으로 옮겼을 터인데, 15일 아침에 압수되기까지 가만히 있는 것은 내가 그 일에 관계 아니하려 한 까닭이라.

그 후부터 황옥이에게는 의심을 품고 서로 상종을 원치 아니하였으매, 폭탄은 황옥이가 압수하리라 하였노라. 13일 저녁에 폭탄에 대한 생각을 끊고 그만두었는데, 경찰부에서 압수하기까지 황옥이가 그대로 둔 것은 황옥이 수속이 빠르지 못한 것이라."

재판장이

"김원봉이 황옥을 믿었는가?"

"다소 믿었겠지요."

"폭탄 던질 사람을 김원봉이가 경성으로 보내려 하매, 황옥과 피고는 조선 안에도 실행자가 있다 하였는가?"

"실행자가 있다 한 것이 아니라 동지가 있다 하였노라."

오전 12시에 심리를 마치고 재판장은 잠시 휴게를 선언한 후 오후 1시에 다시 개정하게 되었다.

여지없는 방청석
정말 송곳 꽂을 틈도 없을 지경

방청석은 피고의 가족 외 남녀 방청자 백여 명이 가득이 차서 땀을 흘리며 방청을 하고, 간간히 나부끼는 흰 부채가 나비같이 날 뿐이다. 사건이 조선 천지를 진동하니 만큼 방청자가 많았으나, 방청권의 관계로 그대로 돌아간 사람이 많았으며, 경기도경찰부에서도 경관의 방청자가 많았고, 재판장 뒤에는 다른 사건에 보기 드문 판사 방청자, 검사정 방청까지 있었다. 법정 내외는 수 명의 경관이 엄중 경계하고, 방청석에는 이 사건을 맡은 일본인과 조선인 변호사 11명과 금번 일본서 온 사회주의자 변호사 포시(布施) 씨도 얼굴을 나타내었다.

의열단 공판 『동아일보』, 1923. 8. 9.

황옥의 진술은
무엇이라 말하였나
포착하기 어려운 그의 심사

오후 1시부터 심리를 계속하니, 피고 황옥은 이전 백상 경찰부장의 신임을 얻어 그의 지휘로 독립당을 잡기 위하여 일부러 공산당에 든 말과, 그리하여 김시현과 상종하게 된 말과 김시현이가 동양민족대회에 갈 때에 여비 50원을 경찰 기밀비로 내어 김시현을 주어 가게 한 일과, 그가 돌아온 후 동양민족대회[7]의 말을 물으

7 극동인민대표대회.

니, 처음에 이르쿠츠크에서 열렸다가 무슨 관계로 모스크바에서 대회를 열게 되었는데[8], 그곳에서 조선 사람의 사상은 유치하여 파괴 수단이 아니면 안 되겠다는 말이 있었더란 말이 있었으나 이것은 만난 지 몇 달 후에 한 말이요, 또 상해에서도 파괴 수단을 써야 하겠다는 말이 있었던 말도 들었고, 그 후 이현준이가 와서 김시현이가 김원봉이나 장건상(근상) 두 사람 중에서 폭탄을 조선으로 수입할 일을 맡았다는 말을 듣고, 이현준이가 김시현과 무슨 상의를 하였는지 알기 위하여 이현준을 우리 집에 재우면서 물어보았으나 자세히 모르는 모양이었소.

하여간 그들이 폭탄을 조선에 가져오는 줄은 알았겠지.

그렇소.

폭탄 수입에 대한 무슨 특별한 요구가 있던가?

동지이므로 특별한 부탁은 없었노라.

홍종우는 내가 이용하기 위하여 안동현에 두었소

그다음 홍종우로 안동현 중개소를 시키기 위하여 보냈다는 말은, 그가 폭탄 말이 있기 전부터 안동현에 가서 있었는데 그해 여름에 만주에 가서 노동이라도 하겠다 하기로 한번 경찰부장에게 면회를 시키고 장래 조선독립당을 잡는 데 필요하게 써 먹으려 하였으며, 홍종우를 조선일보 안동지국으로 천거하고 또 중개소를 한다는 것도 내가 이용하려 한 것이라. 그 후 이현준이가 편지를 가지고 왔는데, 그 편지는 비단에 쓴 것으로 김시현더러 잠깐 오라는 것이라. 그해 11월에 김시현이만 천진으로 갔는데, 김시현이가 가면서 하는 말이 "네가 안동현에 오거든 통기하여 달라." 하고 갔소. 그때에 김시현은 나를 신용하였으므로 김시현 생각은 폭탄을 안동현까지 가져오면 국경을 넘겨 줄 줄 알았던 모양이라, 나도 그렇게 말하여 두었으므로 그리 믿을 것이라.

---

8 극동인민대표대회는 원래 이르쿠츠크에서 개최할 계획이었는데, 대표자들의 도착이 지연되자 대회 자체를 연기했고, 그에 따라 개최지도 모스크바로 변경되었다.

義烈團公判

黃鈺의陳述은

무엇이라말하엿나

天津出張은

그러면

洪鍾祐는내가

金元鳳은獨立團

공산당에는관계업다

金元鳳이는

爆彈을내손으로

上官信任如何

剣嫌疑를

國破家亡한이때

白刹事에게

黃鈺과同行

護身策으로

歸國目的

計畫이齟齬

처음에는通信을맛고 다음實行次로왓다

爆彈投擲法을

運動資金

公判第二日

朝鮮獨立은不贊成

事件發覺端緒

警察의拷問

警官의말

拳銃傳達

政治道德에違反

詭計로捕縛함은

이라고布施氏大喝

不穩文書配布

繼續公判은

075

『동아일보』, 1923. 8. 9.

천진 출장은 종로 폭탄 범인과 김시현에 대한 일

금년 2월에 종로경찰서 폭탄 범인을 잡기 위하여 교본(橋本)[9]과 함께 천진 출장을 갔는데, 갈 때 마음은 종로경찰서 폭탄 범인과 김시현에 대한 일을 다 하여 보려 하였다. 안동현에서 김시현에게 전보를 치고 2월 11일에 천진에 도착하여 불국조계[10] 중국 여관에서 김원봉과 장건상(근상)을 만났는데 보통 인사뿐이요, 별로 특별한 말은 없었노라. 내가 종로서 폭탄일 때문에 가는 줄로 대개는 알았던 모양이며, 그들의 말을 들으면 종로서의 일은 맹호단[11]에서 한 일이라 하였으나, 처음에는 김원봉이가 폭탄을 조선 안으로 보낸 듯이 말하기도 하였다. 또 김원봉이가 폭탄을 조선 안으로 수입하자면 안동현 국경이 매우 위험하니 어찌하면 좋으냐고 하였으므로 조력하여 줄 듯이 보였었다. 재판장은,

김원봉은 독립단 공산주의에는 관계없다

김원봉은 공산주의를 하기 위하여 그 제1수단으로 조선 독립을 하자는 것인가?

김원봉은 전혀 독립당이요, 공산주의에는 관계없다.

폭탄은 자기들이 제조한 것이라던가?

누가 제조하였는지 모르노라.

의열단에 가입하지 않았는가?

아니라.

김원봉이는 생명이 아까워서 잡지를 못 하였소

김원봉이를 왜 잡지 못하였는가?

---

9 황옥이 일본 경찰이기 때문에 교본이라는 경찰과 함께 출장을 갔다는 뜻.

10 조계는 중국의 개항 도시에 있던 외국인 거주 지역으로, 이 지역에서는 외국이 행정권과 경찰권을 행사하였다. 불국은 프랑스를 가리킨다. 따라서 중국 각지에 있는 불국조계에서는 일본 정부의 뜻에 따라 경찰권을 행사할 수 없었다.

11 1919년 만주에서 청년들이 중심이 되어 조직한 급진적 독립운동단체. 3·1운동에 영향을 받아 간도에서 일어난 독립 시위에서 많은 희생자가 발생하자, 무력을 사용한 독립운동의 필요성을 느껴 탄생했다.

그곳은 불국조계라 불국 관헌의 입회가 아니면 못 잡고, 그렇지 않으면 또 내 목숨이 위험하여 잡지 않았는데, 경찰부에 보고까지 아니한 것은 만일 보고하면 잡지도 못하고 잡는다고 하다가 놓칠까 두려워함이라.

그 후 나는 곧 북경으로 갔었다. 북경에서 돌아오자 김시현과 함께 3월 5일에 안동현으로 오게 되었는데, 언제든지 김시현이가 돌아올 때에는 김원봉이가 폭탄을 줄 줄 알았었다. 떠날 때에 가방이 무거우므로 꺼내서 다른 사람의 가방에 넣었다.

폭탄을 내 손으로 가져오면 내가 전후 일을 꾸민 것 같아 재미가 없다

왜 폭탄을 꺼내서 남의 가방에 넣었던가?

경찰관의 손으로 가지고 오다가 발각되면 재미없게 되니까.

경관이니까 도리어 발각되지 아니할 것이 아닌가? 또 그대가 가져오지 않으면 들어올 수가 없는즉 자기가 가지고 온 것이 아닌가?

그러나 그렇게 하면 재미없다.

왜 재미없는가?

내가 폭탄을 가지고 와서 발각되면 그 사건이 재판소에까지 오더라도 그 사건을 전부 내가 만든 것이 되니까 재미없다.

3월 7일에 유석현과 함께 가지고 안동현으로 왔는데, 천진서 듣기에 폭탄 20개라 하였단 말을 하고, 안동현에서 신의주로 가지고 오는 방법을 상의하였는가?

몰랐노라.

그런 소중한 일을 왜 모르는가?

신의주에서 경성을 보내는데, 경성 조황의 집으로 보내게 하라 하였으므로 그런 것은 자세히 알지 않아도 관계치 않소. 신의주에서 경성에 올 때에는 전부 경성으로 온 줄 알았더니 와보니까 일부밖에 오지 아니하였다.

경관이 그런 일을 모르는 것은 이상하지 않은가?

모든 일이 수중에 있으니까 몰라도 무관

모든 일이 수중에 있으므로 알지 아니하여도 관계없다.

천진에서 김원봉에게 육혈포 세 개와 탄환을 받았는가?

그렇소.

불온문서는 어디서 난 것인가?

모르고 왔더니 집에 와 보니 조선 관공리에게 고한다는 것이 있는데, 아마 김원봉이가 내 가방에 넣은 듯하오.

11일 밤에 가지고 와서 가지고 온 폭탄을 조황의 집과 김사용의 집에 맡겼는데, 그날 저녁에 오자 저녁 먹고 김사용의 집에 놀러가서 맡기었고, 그날 저녁에 조황을 불러 말하고 그 이튿날 아침에 그리로 보내게 되었노라.

김사용의 집에 왜 일부만 맡겼는가?

나중에 합하여 압수코자 하였소. 그리고 육혈포는 14일 아침에 조황에게 주었소.

그러면 내가 검거한 모양이 될 터이니까!

이왕 검거할 테면 자기 집에 두는 것이 좋지 않은가?

그러면 내가 검거한 줄 알게 되므로, 검거는 하면서도 김시현이가 내가 한 줄을 모르게 하려 하였노라.

불온문서는 15일 아침에 이경희를 주었는가?

그렇소.

조황에게 폭탄을 줄 때에 신의주에서 폭탄이 올 터이니 잘 맡으라 하였는가?

폭탄이란 말은 아니하고 내게 오는 손님이 물건을 가지고 올 터이니 내 집은 좁은즉 네 집에서 재우라 하였노라.

경찰부장에게 한 보고는 헛것이었는가?

이 사건은 작년부터 내가 하던 일인데, 이번 사건은 내가 나오니까 과장이 둘이 다 입회하여 말을 하게 된 까닭으로 그리된 것이라.

양 과장이 여러 가지로 말을 물어도 대답지 아니한 것은 무슨 일인가?

이런 일이 위험이나 하면 곧 말하겠으나, 경성에 온 폭탄은 모두 내손에 들어왔는데, 상해에서 실행자가 오면 그때 모두 잡는 것이 천재일우의 호기로 알았노라.

왜 혐의를 풀고자 아니했나

이번 일로 피고의 신변이 의심스럽게 되기는 언제인가?

13일이오.

13일부터 그랬으면 그때부터 검거를 하여 의심을 푸는 것이 좋지 않은가?

그러나 정말 의심을 풀자면 일부 검거로는 의심을 풀 수 없으니까 전부 검거하여 공을 세우려 하였노라.

상관의 신임 여하
이번 부장과는 잘 맞지 않았다

경찰부장과 과장에게 신임을 가지지 아니하였는가?

이런 말을 하면 매우 재미없으나……. 재미없더라도 피고 신상에 큰일이니 말하리라. 실상 이번 경찰부장이 온 후에는 경부를 그만두려 하였다. 그것은 얼마 전에 내가 쓰던 밀정을 지금 부장이 경상남도 부장으로 있을 때에 폭탄 범인 혐의로 매우 고생을 시켜 재판소 예심정에까지 보냈었다. 그래서 14일에 말하려다가 말하지 못하고 15일에 말하려다가, 15일 아침에 신의주와 경성에서 폭탄을 압수하였다기에 성공할 여망이 없어서 김사용의 집에 맡겼던 것도 내어놓게 되었노라.

피고가 잡히기 전에 왜 미리 전말을 말하지 못하였던가?

최후의 성공을 예기하여 아직 그대로 있었노라.

이로써 황옥의 심리를 마쳤다.

국파가망(國破家亡)[12] 한 이때 누가 찬성치 아니하랴

◇피고 유석현의 진술◇

유석현을 묻기 시작하여 먼저 처벌받은 일의 유무를 물으매 없다 하고, 그다음 변호사 강세형 씨가 법관 뒤에 앉은 백윤화 판사에 대하여, 피해자가 면전에 있으면 공술이 곤란하니 물러가기를 요구한다고 재판장에게 신청하고, 또 포시 변호사도 법정 도덕상으로 물러가기를 바란다고 신청하였다. 피고는 백윤화 있는 것이 도리어 좋다 하였으나 필경 재판장의 말로 백씨는 물러가게 되었고, 이어서 1922년 음력 7월에 이현준, 김기섭과 내왕이 있었는데 조선 독립에 대한 상의가 있었고, 그해 12월에 김지섭이가 조선 독립운동 자금을 모집한다는 말을 들었을 뿐이요 아무 다른 말은 없었고, 다만 그들이 조선 독립을 위하여 몸을 바치는 사람인 줄 알았다. 그 후 이현준이가 김약산의 사명을 받아 가지고 경성에 왔을 때에 폭탄에 대한 말을 듣고 "만일 이 일이 진전되어 가면 함께 일을 하겠느냐?" 묻기로 나는 "지금 우리 조선 사람이 나라가 깨어지고 밥그릇이 깨지고 다 죽게 된 때라. 조금이라도 눈이 뜨이고 마음이 있는 자이면 누가 그 일에 찬성하지 아니하겠느냐?" 하고 쾌히 승낙하였다. 그런데 내가 그중 친히 상종하는 사람 김한은 경찰부의 밀정이란 말이 있어서 일하기를 꺼렸다. 그 후 김기섭과 상의하고,

백판사에게 돈을 청구하던 일

1923년 12월 23일에 윤병구와 함께 백윤화의 집에 가게 되었다. 그전에 김지섭이가 와서 돈을 구하여야 하겠다 하기로, 나는 이와 같이 공황한 때에 개인의 집에 가서 도저히 동정을 얻을 수 없으니 원대한 계획을 세우는 것이 좋겠다 한즉, 김지섭의 말이 지금 사상이 상당하고 돈도 있는 사람의 집에 가서 말하면 성공할 가망이 있다. 그러나 지금 소위 임시정부원이니 군정서원이니 하고 빙자하여 돈을 빼앗아 사복을 채우는 일이 있으므로 혼자 가서는 성공할 수 없으니 그대와 함께 가면 좋겠다 하기로, 내가 사상 방면으로는 아는 사람이 없으나 내 고향에서 올라온

---

12 나라는 파괴되고 집안은 망함.

윤병구를 데리고 가면 좋겠다 하고, 12월 23일 오전 8시에 무교정 백윤화의 집에 가서 백윤화를 찾아보고 돈을 청구한즉, 백윤화는 지금 자기는 재산 상속이 없으니까 낼 수는 없으나 연말상여금 탄 것이 있다고 돈 120원을 주기로, 김지섭이가 "사람을 모욕하지 말라."는 말을 하고 배격하였다. 그러니까 백윤화는 자기 부친 백운영을 불러서 돈을 얼마든지 주라고 하였다. 그는 얼마나 주랴 하기로 한 5만 원 내라 하겠더니, 백운영은 그럴 수는 없으니 자기 힘자라는 대로 2천 원만 내었으나 2천 원 현금이 있는지 알아보지 아니하면 모르겠으니 그러면 돈을 변통하여 그날 오후 세 시까지 백윤화 판사에게 맡긴다 하기로, 김지현이가 명함을 가지고 재판소 형사부 판사실로 와서 백윤화를 만나보고 물은즉,

돈 찾으러 갔다 둘이 다 잡혀

현금이 1천 원이요 약속어음이 1천 원이라 하기로 약속어음은 쓸데없다 하매, 다시 백운영이 있는 사랑으로 가라 하기로 갔으나 또 돈이 없으므로, 그날 밤에 가기로 되어 윤병구와 함께 가다가 둘이 다 잡혔는데, 내가 그때 본정 경찰서 형사에게 잡혔으나 백윤화가 보고 이 사람이 아니라 하여 놓이게 되었소. 저녁에 가기 전에 김지섭에게 갔었는데, 그때 마침 황옥이가 와 있다가 김지섭에게 "소노도오리[13]" 라고 말하는 것을 보고 나는 돈이 된 줄 알고 갔었다 전기와 같이 놓였으므로, 김지섭의 집에 가서 그의 소개로 대략 1개월 동안 황옥의 집에 가 있다가 황옥이가 천진을 가게 되매 함께 따라갔노라. 재판장,

황옥의 밀정으로 따라가지 않았는가?

절대로 그런 일은 없노라.

황옥과 동행한 것은 경찰의 주목을 피한 것

천진에 가기는, 내가 그 일이 있은 후 경찰이 내게 대한 경계가 대단하므로 황옥이를 따라가게 된 것이며, 천진에 간 후에 김원봉과 김시현을 만나보고 김원봉의 말

13 그렇다.

로 의열단에 가입하고 상해에서 독립운동자가 경성에 들어오면 잘 안내하여달라는 부탁을 받았으며, 폭발탄 수송에 대하여는 원래 그 단체가 비밀단체라 자기 책임 이외에 아는 일이 별로 없었으며, 전 독립운동의 동지가 조선 안으로 들어올지라도 어떤 사람인지 몰랐다. 나는 그때 불국조계 모 병원에 입원 중이었으므로 황옥이가 되도록 교본 경부와 만나지 말라 하였고, 그 후 3월 5일에 천진을 떠나는데 폭탄을 가지고 오는 줄도 모르고, 다만 김시현의 지휘로 이현준과 내 가방을 바꾸어가지고 오게 되었으며, 안동현에 온 후에는 누구의 집인지는 자세히 모르나 교본 경부보와 함께 있었고, 3월 10일에 안동현에서 신의주에 건너올 때 해관에서 내 가방의 검사를 받았으나 그 가방에는 폭탄이 들지 아니하였고,

호신책으로 고등과장의 집에 가

3월 15일에 경찰부에서 경관이 때리며 "네가 경관을 이용하려다가 잡힌 것이 아니냐."고 하였다. 그때야 폭탄 말까지 나왔다. 그런데 그전에 황옥이 말이, 네가 경성에 있는 동안에 몸이 위태하니 동(東) 고등과장의 집으로 가 있으라 하여서, 잡히기 전에는 경찰부 동 고등과장의 집에 가 있은 일이 있었다고 진술을 마치었다.

귀국 목적
정황을 조사코자

그다음 이현준에게 직업과 조선 독립 사상을 가진 유무를 물은 후에, 고려공산당 장건상을 만났는데 내가 그때 조선 안에 들어오던 때이라, 그는 경성에 가거든 황옥에게 공산당을 잘 부탁하여 달라 하였다. 8월 그믐에 경성에 와서 11월 초승에 상해로 갔다가 장건상이를 만나서 경성 가서 잘 있었다는 말을 하고, 또 김원봉을 만나서 의열단원이 되어 김시현과 황옥이를 만나거든 주라는 편지를 맡아 가지고 남영득과 함께 왔다.

경성 와서는 운니동 박완영의 집에 남영득과 같이 있었지?

이삼일 같이 있었노라.

이어서 경성에 온 후 폭탄으로 관공서를 파괴할 여부에 대하여는 남영득과

상의하지 아니하였고, 그 후 김시현과 유석현이 물건을 가져갈 터이니 준비하여 주라는 부탁을 받고 중국 상해에 가서 김원봉에게 말하고, 그달 중순에 천진에서 김시현이가 물건장사를 할 터인데 물건을 가져가야 하겠다는 말이 있었고, 그 후 폭탄인 줄 모르고 가지고 안동현에 와서 홍종우에게 짐을 맡기고 있다가 3월 12일에 경성에 들어와서 소황의 집에서 자고 있었는데, 조선에 온 목적은 조선 사정을 김원봉이에게 보고하기 위하여 사정 조사차로 왔었다 진술하였다.

처음에는 통신을 맡고
다음 실행차로 왔다
폭탄이 아니 와서 고대 중
다른 일이 발생된 것이다

그다음 남영득에게 대하여 종래 처벌의 유무를 물으매 없다 하였고, 1919년에 중국으로 가서 장춘, 천진 등지에 방랑하고 1921년에 김원봉을 만나서 의열단에 가입하고, 그 후 1922년 6월 중에 김한이가 폭탄을 가져오면 던질 성의가 있는 여부를 알기 위하여 경성에 와서 수창동에서 김한을 만났는데, 나는 상해로서 온 말을 한즉 김한의 말이 상해에서 편지가 왔으므로 그대가 올 줄 알았노라 하고, 폭탄을 안동현까지 가져오면 잘 받아서 일을 할 터인데 그러자면 비용이 6천 원이 든다 하였는데, 자기는 돈 염려는 말라 하고 다시 상해로 갔다. 원래 나는 여행권을 가졌으므로 의열단의 교통을 맡고 있었으므로 이런 일을 말하러 온 것이다. 상해로 가서 김원봉에게 말하니, 그의 대답이 6천 원은 너무 많다 하고 돈 2천 원을 주며 가지고 가라 하기 갖다 전하고, 안동현에 중개소를 만들고자 홍종우를 시켜 약국을 하게 하노라고 3백 5십 원을 갖다 주고,

계획이 어긋나
폭탄 던질 자가 없어

그 후 김한에게서 아무 말이 없으므로 다시 경성에 와서 물은즉, 천진에 있는 오인석에게 가는 편지를 맡아 가지고 가라 하기로 그대로 가지고 갔으나 아무 소용이

없고, 그는 할 수 없다 하므로 다시 상해에 가서 이시영을 찾아보고 말하였으나 역시 할 수 없다 하였다.

폭탄 투척법을 연습하였다

그 후 1922년 10월 20일에 김원봉이가 피고를 찾아와서 무엇을 하겠느냐 묻기로, 김한이에게 맡긴 것이 실패인 듯하니 교통은 실행할 수 없다 하고, 폭탄 던지기를 해보았으면 좋겠다 하였더니, 김원봉이가 그러면 던지는 법을 배우라 하여 배웠다. 폭탄에는 파괴와 암살이 있는데, 나는 파괴를 주장하였다. 그해 12월 27일에 이현순과 함께 경성에 와서 박완영의 집에 며칠 있었으나 폭탄이 오지 아니하므로 김원봉에게 편지를 하여도 답장이 없었다. 다시 경성을 출발하여 천진에 가서 김원봉을 보고 말하고, 나는 모험을 위하여 몸을 희생에 바친 터인즉 폭탄을 달라 하였더니 김원봉의 말이, 지금 종로경찰서에 폭탄 사건이 있은 이후로 당국의 경계가 엄중한즉 이다음 기회를 기다리라, 폭탄은 서울로 보내마 하기로 다시 나와서 그것을 기다리고 있었다. 경성에 온 후 전과 같이 운니동에 있었는데, 권정필이가 찾아와서 일을 같이 하자 하기로, 같이 권정필의 집에 가서 유시태와 인사를 하고 우리가 직접 행동으로 민족을 각성시켜야 하겠는데 내자동 이인희의 집에 가서 돈 오천 원만 내라 하였다 하매, 재판장은 "이인희가 승낙 아니하고 또 이 일을 경찰서에 고발하면 후환이 있으리라고 육혈포를 꺼내는 체 위협하지 않았는가?" 그런 것이 아니라 서로 상의하여 4일만 참아 달라 하였노라. 그 후 우리가 민족을 위하여 일하는 터인즉 아무쪼록 잘 변통하여 달라는 편지를 가지고 갔다고 경찰의 손에 잡힌 것이라 공술하고,

운동자금은 청구하였으나 협박은 한 일 없다

◇유시태의 진술◇

그다음 유시태에 대하여 물으매, 유병하와 함께 권정필에게서 육혈포와 탄자를 받아 가지고 유병하와 함께 이인희 집에 가기는 하였으나 독립운동 자금 8천 원

을 내라고 협박한 일은 없고, 자기의 취지를 말하고 그 일을 하기 위하여 이런 것을 가졌다고 육혈포를 내놓아 보이기는 하였으나 협박한 일은 없고, 이인희도 찬성하여 자기의 집을 상해 왕래의 연락소를 만들고 금전에 대하여 논밭을 팔더라도 될 것이요, 돈 만원이 시골서 올라온다는 말까지 있었다. 그래서 돈 8천 원은 정월 초사흗날까지 준비하라고, 그 후에 그가 신용하기 위하여 남영득이를 데리고 음력 정월 6일에 그 집에 가서 말을 하고 그 돈을 남영득에게 주라 하였더니, 9일에 오라 하였다.

"6일에 갔을 때에 남영득은 이인희에게 육혈포가 있는 듯이 보인 일이 있지?"

"절대로 없노라."

"경찰서에 신고하면 후환이 있으리란 말은 하였는가?"

"그런 일도 없노라."

그 후 9일에 갔을 때에도 돈이 없기로 내 말이 그만두라 하였노라, 진술하고,

권총 전달
이 외에는 아무 일 없소

◇유병하의 진술◇

유병하에 대하여, 유시태와 공모하고 이인희의 집에 가서 피고는 문 밖에서 망을 보고 있었느냐는 말에 대하여 물으매, 권정필의 청으로 육혈포 한 개를 받아서 이인희 집 근처에 가서 유시태에게 주었을 뿐이요 다른 일은 없었다 하고, 그전에 권정필이의 소개로 유시태와 조선 독립에 대해 상의한 일을 진술하고 오후 6시 반에 폐정하였으며, 재판정은 명일 계속 심리를 선언하였다.

공판 제2일

조선 독립은 불찬성
부려먹고 가두는 것은 불가

의열단의 공판은 8일 오전 9시 40분부터 삼시 재판장과 산근, 퇴목 양 배석판사와 평산 검사가 열석하고 먼저 홍종우부터 심리를 시작하니, 홍종우는 먼저 환산 경무국장, 마야 경찰부장이 우리를 신뢰하다가 이렇게 옥중에서 고생하게 하는 것은 불가하다 말하고, 이어서 자기는 원산에서 소학교를 졸업하고 일본에 유학하고 안동현에까지 갔으나 조선 독립에는 불찬성이매, 백영무가 안동현 자기 집에 김시현의 짐이라고 가지고 왔기에 아편인 줄 알고 받아두었으매, 김시현의 말도 약이라 하기로 기생을 시켜 보낼 때에도 알았으며 이오길의 집으로 갔다 둔 것도 내 집이 번화하기로 아편으로 알고 옮기었다 진술하였다.

경찰의 고문으로 부득이 한 말

◇백영무의 진술◇

그다음 백영무를 심문하매 피고는 김시현과 함께 천진 간 것은 무슨 일인지 알지 못하였고, 안동현에 온 후에 김시현이가 주는 대로 신문지에 싼 것을 주어 기생을 시켜 신의주로 보냈다. 그러나 그 내용이 무엇인지 모르고 또 황옥이의 명령으로 시키는 것이라. 황옥은 경찰부 경부인데, 그것이 무슨 일이 있겠느냐고 마음 놓고 있었으며 나타나지도 아니하였다. 그런데 경찰의 조서로 보면 내가 공산당도 되고 독립운동자도 된 것은 모두 신의주경찰서에서 몹시 때리고 물을 먹이고 별 짓을 다하여 할 수 없이 분 것이라 공술하고,

사건 발각의 단서
모르고 맡았었다

◇조동근의 진술◇

그다음 조동근에게 대하여 물으매, 조동근은 원래 조선일보 신의주지국원으로 있다는 말과 종래 처벌받은 일도 없다 하고, 금번 사건에 들어가서는 김택유라는 사람(그때 김시현인 줄 몰랐다)이 와서 이런 물건을 맡아두었다 달라 하기로 맡았는데, 그 후 그 짐을 김초운에게로 보낸 이유는 김택유가 말하기를, 김시현이가 국경 방면에 왕래하므로 무슨 금물(禁物)[14]을 가져왔나 보다 하기로 겁이 나서 그 물

건은 홍우룡이란 사람의 집으로 보내고, 경찰서로 갔다 주든지 경찰서에 통지하여 가져가게 하든지 하라고 하였단 말을 공술하여 이 사건이 발각되던 단서를 말하였다.

경관의 말이기로
폭탄도 맡고 손도 쳤다

◇조황의 진술◇

그다음 조황에게 대하여 대정12년[15] 3월 12일에 황옥의 집에서 폭탄 한 상자를 받은 일이 있느냐 물으매, 피고는 처음에 황옥의 집에 간 즉 황옥이가 상자 한 개를 주며 이 속에 폭탄 한 개가 있다 하기로 맡기를 거절하였더니 경찰관이 주는 것이니 관계치 않다 하고, 또 짐 하나가 시골서 올라올 터이니 맡아두라고 하기로 그대로 맡았으며, 그 후 나의 사종실(四從室)[16]이 내 이름으로 온 행담짝[17] 하나가 온 것을 맡았나 하였고, 그 후 황옥이가 나를 불러서 하숙옥을 영업하려면 손님 몇 분을 두라 하기로 내가 허가를 받기 전이라 주저하였더니, 경관이 시키는 것이니 어떻겠느냐 하고 말하기로 유숙시키게 되었다.

"그 후 유석현이와 이현준이가 왔던가?"

"그때는 한영길이와 정창섭이라 하고 와 있었소."

하고 피고석에 있는 유석현과 이현준을 가리키며 이 두 사람이 한영길과 정창섭이라 한 즉 두 피고는 일시에 웃었고, 방청석에서 웃음이 새어나왔다. 그 후 김형두가 왔기로 황옥이가 일본 갔다 오는 길(오해)에 폭탄 범인을 인도하여 잡으려는데 염려가 된다 하였더니, 그는 염려 없다 하고 자기가 일부를 맡아가겠다 하였다 진술하고,

---

14 법으로 매매나 사용이 금지된 물건.

15 1923년.

16 십촌뻘 되는 친척.

17 길 가는 데 가지고 다니는 작은 상자.

불온문서 배포는
황옥의 부탁뿐
◇이경희의 진술◇

그다음 이경희에게 피고는 대정12년 3월 15일에 황옥에게 조선 독립에 대한 불온문서를 받은 여부를 물으매, 당시에 신문지에 싼 것을 받았으나 사건 내용을 알고 받은 일은 아니라 하며, 돈 20원 받은 것은 황옥이가 내 생활을 동정하고 20원을 주기로 받았으며, 불온문서 받은 것은 황옥의 말대로 각 도지사와 경찰부에 부친 일이 있었으나 그것은 전혀 황옥의 말을 시행할 뿐이요, 독립사상으로 그런 것은 아니라 하였다. 이로써 피고의 심리는 마치고,

휼계(譎計)[18]로 포박함은
정치도덕에 위반이라고
포시씨 대갈(大喝)[19]
백상, 마야, 김우영 제씨를
증인으로 불러달라고 신청

심리가 마치매 포시 변호사는 재판소에서 사건을 명백히 하기 위하여 전 백상 경찰부장, 현 마야 경찰부장, 안동현 부영사, 김우영, 백윤화, 백운영을 증인으로 불러 물어 달라 하고 그 이유를 말하되, 조선 독립운동의 옳으냐 그르냐는 문제는 별문제이고 다만 이와 같은 사건의 범인을 체포하기 위하여 백상 경찰부장이 일부러 경관을 공산당에 가입케 하여 희생적 정신을 가지고는 사람들을 속여서 잡으려는 것은 정치도덕상으로 가만히 볼 수 없는 터이라고 대갈하고, 이어서 재판장은 세상의 의혹을 풀고 재판소의 권위를 보이기 위하여 신청한 증인을 일일이 당법정으로 불러 물어 달라 하였고, 이인 변호사도 여러 증인을 신청하고 피고에게 유리한 점을 묻게 하였고, 강세형 변호사는 황옥이가 이 사건이 발각되기 전에 김

18 남을 속이는 간사하고 능청스러운 계략.

19 큰 소리로 꾸짖음.

우영에게, 이번에는 큰 성공을 하겠다고 자긍하였다니 김우영을 불러 물어 달라 하였고, 이인씨는 다시 경찰부내의 내홍으로 한편에서는 시키고 한편에서는 시기하는 일이 있다고 말하고, 최진씨도 김우영을 증인으로 신청하였는데, 평산 검사는 다른 증인 신청은 모두 불필요로 인증한다 하고, 포시 변호사가 신청한 김두형은 예심정에서부터 찾아서 물어보려고 하였으나 어디 있는지 몰랐는데, 찾을 수가 있으면 불러 물어도 좋겠다 하매, 포시씨는 재판소에서 찾을 줄 알고 신청하였다 하니, 검사는 재판소에서도 찾겠지미는 변호인편에서 찾아보라 하니 포시씨는 물론 협력하여 찾아보마 하고, 강세형 변호사는 찾을 수가 있다 하고, 방청석으로 가서 물어보니 방청석에서도 아는 사람이 없다. 이때 피고석에서 황옥은 무슨 염려가 있던지 "김두형은 예심정에서부터 부르려다 못 불렀으니 물을 것이 없다." 하였다.

계속공판은 11일에 개정

오후 2시에 계속 개정하고 재판장은 변호인과 피고의 신청한 증인 중 포시 변호사의 신청한 김두형과 피고 황옥이가 신청한 형사 김진봉 외는 모두 각하한다 선언하고, 계속공판은 오는 11일 오전 8시에 열기로 하고 즉시 폐정하였더라.

007 조선 내 민심 경향 및 재외 음모 조선인의 근황

『매일신보』, 1923. 4. 26.

허다한 풍설이 돌아다니며 인심이 악화한 것같이 오해하나
사실은 그와 반대로 음모파의 기세도 부진
25일 오전 10시 경무국 발표

최근에 의열단 사건이 검거되고 그 전말이 발표된 이래로 조선 내외의 각 신문에는 단편적으로 결사대, 폭파단, 암살단 등의 모모 단체가 잠입하였다는 과장적 보도가 게재되어 일반의 질서가 무슨 위협을 받으며 민심이 크게 악화되는 것같이 와전이 되매, 경제계 공황으로부터 생활난에 빠진 불량한 무리가 무슨 주의나 가진 것같이 과격한 언동으로 이것을 과장하여 사람의 마음을 선동함으로, 사정을 자세히 알지 못하는 사람들은 조선의 근일 공기가 험악한 것처럼 오해하는 일이 없지 않은지라. 이에 외지에 있는 조선 사람 중 음모파의 최근 일반 상황과 또 조선 안에 있는 인심의 근황을 자세히 발표하여 참고의 재료로 하려 한다.

도처마다 무장 해제
러시아령과 중국령에서 쫓겨나
동중국 철도 선로 주변에서 농업 종사

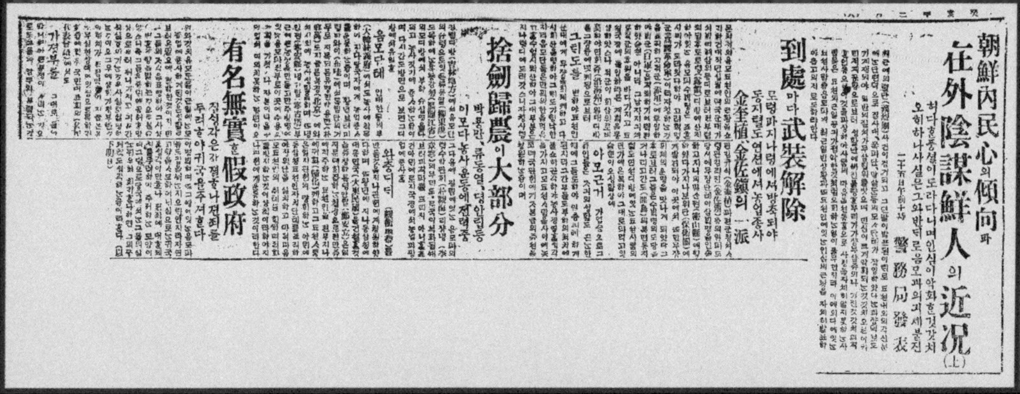
朝鮮內民心의傾向과 在外陰謀鮮人의近況(上)

警務局發表

到處마다武裝解除

金奎植, 金佐鎭의一派

捨劍歸農이大部分

有名無實흔假政府

『매일신보』, 1923. 4. 26.

김규식, 김좌진의 일파

먼저 재외 음모 조선인의 근황을 소개하건대, 작년 10월에 제국 군대[1]가 시베리아, 해삼위 등지로부터 전부 철수한 후로 러시아령 지방에 산재해 있는 음모파 수백 명은 좋은 시기가 돌아왔다 하여 고려혁명군이라 자칭하는 것을 조직하고 적

1 일본군.

군(赤軍)에 투입하여 백군(白軍)[2]을 격퇴하기에 역전하였을 뿐 아니라 그 남자의 기세로 적군의 후원을 받아 가지고 조선 국경에 돌입하려던 계획을 몽상하였으나, 적군이 해삼위를 비롯하여 연해주[3] 일대 지방을 그 장중에 넣게 됨으로부터 그 태도를 변하여, 조선인 군대에게 무장을 해제케 하고 다시 해산을 명하여 그 태도가 영락한 자라. 음모단들은 만곡(萬斛)[4]의 한을 머금고 할 수 없이 퇴산하여 그 대부분은 중국 영지에 들어갔으니, 자칭 사령관 김규식[5]과 전 군정서 사령관 김좌진[6] 등의 일파도 당시에 무장단체 이삼백 명을 인솔하고 중국의 밀산현에 향하였다가 중국 보위단에게 발견되어 이곳에서 또한 무장 해제의 운명을 만나게 되었다. 그 후로부터 그들은 수백 명의 도당을 거느리고 간도의 북면 동중국철도 연선(沿線)[7] 지방에 있는 조선 사람의 민가에 엎드려 숨어 그대로 퍼먹고 있을 뿐이요, 생활상에 아무 근거가 없으므로 그 주인들은 자기의 생활도 곤란한 때에 그들로 하여 일층 피폐하게 된지라. 그 간부들도 부하의 처지에 적지 않게 괴롭고 곤란하여 농사 경영할 생각을 가지고, 모 조선 사람을 사이에 놓고 제국 관헌에게 자본금의 주선을 청원하는 중이며,

사검귀농(捨劍歸農)[8]이 대부분

박용만, 류동열, 정안립 등이 모두 농사 운동에 전력 중

길림 지방에서 음모단의 수령으로 있던 류동열[9]도 목하에 흑룡강성의 모 지방에

---

2 적군은 러시아 혁명의 주역인 볼셰비키군을 가리키는 반면, 백군은 왕당파 또는 볼셰비키군에 대항하는 반대파를 가리킨다.

3 블라디보스토크가 위치한 지역으로, 두만강 위쪽 동해에 인접한 러시아 영토.

4 모든 것이 다 수포로 돌아감.

5 1881~1950. 1919년 파리강화회의에 한국 대표로 참석한 후 광복 때까지 해외에서 활동한 독립운동가. 1935년에는 민족혁명당을 창당하여 주석에 올랐고, 1942년에는 임시정부 국무위원을 지냈다.

6 1889~1930. 광복단, 대한정의단, 북로군정서 등에서 활동한 독립운동가. 1920년 10월 청산리 전투(청산리 대첩)에서 홍범도 부대와 연합하여 일본군 3천여 명을 살상하는 큰 승리를 거두었다.

7 기차선로를 따라 있는 땅 주위를 가리킨다.

8 무기를 버리고 농사꾼으로 돌아감.

9 1879~1950. 대한민국 임시정부의 참모총장을 지내고, 광복 후에는 초대 통위부장으로서 국군 창설에 공헌한 독립운동가이자 군인.

서 부하 수십 명을 데리고 농사짓기에 종사하는 중이며, 다시 간도 방면으로 보면 그 지방에서 유일한 음모단체인 대한통의부[10]에서도 농사에 착목하여 중국 당국자에게 농업 종사를 운동하는 중이며, 왕년부터 미국령 하와이에서 독립단의 거두로 지목되던 유명한 박용만[11]도 지금은 북경에 와서 시외(市外)에 농사 생활을 하며 또 영안현 영고탑 부근에 큰 농장을 만들고 만주 방면에 있는 음모파 전부를 이곳에 수용할 계획을 가졌으나, 자본이 나올 곳이 없어 여의치 못하는 형편이오. 그다음에 길림에 있는 음모파의 영수 박관해, 이장령[12]의 무리도 러시아가 적화될 때부터 과격파를 들이지 아니할 조건 아래에 러시아 국경 지방에서 농업과 광업에 종사할 완충지대를 만들 것을 중국 관헌에게 청원하였다 하며, 또 왕년에 중국 동삼성에 대동민국(大東民國)을 건설할 것을 주창하던 정안립[13]은 일지 문제를 해결하는 첩경으로 전 만주에 거주하는 조선인을 전부 중국에 귀화케 하고, 그 조선 사람은 일지 관헌의 양해하는 아래에 동삼성 조선인 자치단체를 조직하여 자위단을 설치하고 마적과 음모 조선인의 취체를 행하며 적화를 방지하는 것이 상책이라 하여 중국 관헌에게 운동하는 것이라 한다.

유명무실한 임시정부

집 생각은 간절하나 전죄를 두려워하여 귀국을 주저한다

이와 같이 음모단들이 근일에는 모두 농업에 종사하게 된 것은 생활로부터 온 필요에 절박한 것이지만, 그들의 자각을 표명하여 그 사상이 변한 의향을 말하는 것

---

10 1922년, 만주 지역에서 조직된 항일 무장단체이자 한국 교민의 자치를 도모한 기구.

11 1881~1928. 재미동포 단체인 대한국민회의 기관지 『신한민보』 주필을 지내기도 하였다. 1912년에는 하와이로 건너가 항일무장단체인 대조선국민군단을 조직해 독립군을 양성하였다. 대한민국임시정부의 외무총장에 선출되었으나 이승만과 독립운동 방법에서 견해차가 커 부임하지 않았다. 중국으로 건너간 그는 이승만의 노선에 반대하는 신채호 등과 함께 군사통일촉성회라는 무장 독립운동 단체를 결성하였다. 1928년 이해명의 권총 저격을 받고 사망했다.

12 1881~1932. 대한제국 육군 출신으로, 신흥학교 교관, 대한독립군단 참모총장을 지낸 독립운동가.

13 1873~1948. 대한제국에서 양성군수를 지냈으나, 한일강제병합 이후 벼슬을 버리고 항일독립운동에 투신하였다. 1910년 만주로 망명하여 항일독립운동 단체인 동삼성한족생계회를 설립, 독립운동을 전개하였다.

으로 볼 수 있으니, 즉 그들은 종래에 공허한 망상으로부터 떠나 가지고 그 분간(分揀)[14] 착실하여 가는 것은 사실로 설명하는 것이요, 그 위에 상해임시정부란 것이 형체가 점점 약하여 지금은 유명무실한 상태에 있으므로 목하 개회 중에 있는 국민대표회의[15]에서도 임시정부를 그대로 두니 마니 하여 큰 분쟁이 일어난 것으로도 그들의 암투와 분열되는 것이 명백하며, 또 그 땅에 있는 음모파들도 집을 떠난 지 오래인지라 자연 고향을 사모하여 내심으로는 귀국할 생각이 많으나, 전죄에 대한 제재를 두려워하여 주저하는 모양이라. 그러므로 당국에서는 그들이 실로 뉘우쳐 회귀한다 하면 그의 구제책도 생각하는 중이라 한다.(이하 내일)

조선 내 민심 경향 및 재외 음모 조선인의 근황(하) 『매일신보』. 1923. 4. 27.

허다한 풍설이 돌아다니며 인심이 악화한 것같이 오해하나
사실은 그와 반대로 음모파의 기세 부진
25일 오전 10시 경무국 발표

이승만의 시기상조 의견
임시정부의 대통령이 조선의 독립은 시기가 아직 이르다고

또 하와이에 거주하는 민목사와 같은 사람들은 종래에 극단된 배일론자이더니, 최근에는 번연히 깨달은 것이 있어 자기의 도제를 거느리고 조선에 와 있고자 한다 하며, 상해임시정부의 대통령 이승만은 하와이에서 말하되, 조선 사람은 먼저 교

14 사물의 옳고 그름을 가려서 앎.
15 1923년 1월 상해에서 약 5개월 동안 대한민국임시정부의 새로운 진로를 모색하기 위해 개최된 회의로, 국내외의 약 120여 개 단체가 참가하였다. 이 회의에서 창조파와 개조파의 대립이 일어났다.

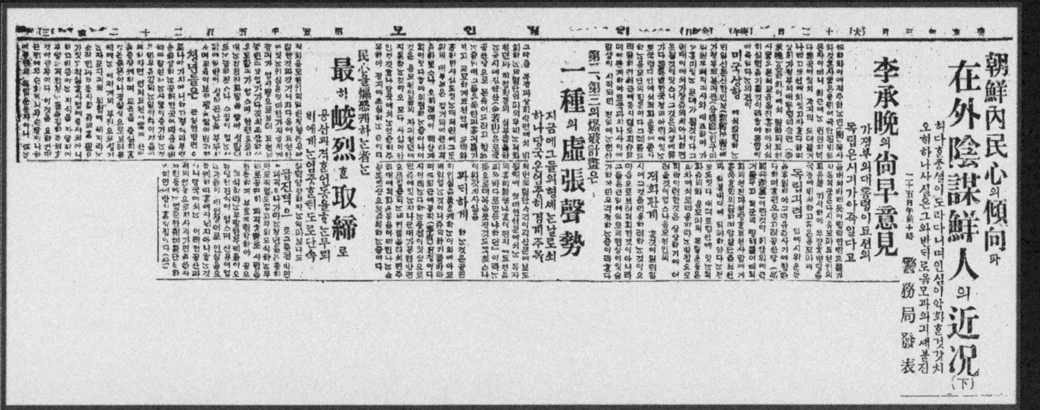

朝鮮內民心의傾向과 在外陰謀鮮人의近況(下)

警務局發表

李承晩의尚早意見

一種의虛張聲勢

『매일신보』. 1923. 4. 27.

육을 진흥하여 서서히 실력을 기를 것이라 하여 독립이 아직 이르다는 의견이 미국 샌프란시스코에서 발행하는 배일(排日)신문 『신한민보』에 임시정부의 분기관(分機關)인 구미위원부[16] 폐지 기사와 대조하여 가장 흥미 있는 문제가 될 것이다.

16 1919년에 이승만이 대미 외교 업무를 수행할 목적으로 미국 워싱턴에 설립한 대한민국임시정부의 외교 담당 기관. 그러나 대한민국임시정부의 적법한 절차 없이 이승만이 자의로 설치하고 독단적으로 운영하여 임시정부와 갈등을 겪은 끝에 1925년 4월, 임시정부에 의해 폐지가 결정되었으나 이승만이 독자적으로 운영하다가 1928년 재정난으로 폐쇄되었다.(『한국민족문화대백과사전』)

그런데 이에서 가장 주의치 아니하면 못될 것이 있으니 그것은 세상에 종류가 다른 특별한 국정의 아래에 있는 러시아 영지 안에서 적화 운동에 종사하는 음모단의 행동이다. 그 예를 들어 말하면 최근에 동중국철도 회수 문제에 관계하여 러시아와 중국 사이에 밀상(密商)[17]이 시작되매, 전일에는 헌신을 벗어버리듯이 냉담한 태도를 가지던 적군은 다시 음모파 조선인의 회유를 개시하여 무장한 병정을 국경에 배치하고 음모파의 독립기념일에 시위운동을 후원하여 그 마음을 사기에 힘쓴다 하며, 한편으로 고려공산당[18]이란 것이 해삼위에 근거를 두고 적군의 양해를 얻어 적화의 선전과 선량한 조선 사람에게 흉포한 행위를 하며 암살단을 조선과 일본 내지에 밀파하였다는 정보도 있다.

대저 러시아령 안에 있는 적화주의와 음모파의 독립운동은 피차에 서로 이용하려는 방침으로 퇴락이 연한 것은 상상하기에 어려울 것이 없으나, 음모 조선인의 적화 관계한 것이 원래 일시에 그것을 이용하려 하는 것이요, 마음으로부터 적화한 것이 아니라 그들은 근일에 일러의 협상이 있을까 하여 매우 걱정하는 중이라 한다.

제2, 제3의 폭파 계획은 일종의 허장성세

지금 그들의 형세는 날로 쇠하나 당국은 엄중 경계 주목

그다음 북경과 상해 방면에서 배회하는 의열단 일파의 무리는 적화 선전과 직접 행동의 심부름을 하는 동시에 김약산은 러시아공산당으로 돈을 얻으려고 힘쓰는 중인데, 그들은 폭탄과 흉기를 가지고 교묘하게 조선 안에 들어와 흉해(凶害)한 사실도 있는데, 저번에 그 단원의 대부분은 검거되어 큰 타격을 받았으나 오히려 제2, 제3의 계획이 있다 하여 위협하는 중이나, 이것은 음모 조선인들의 자기선전에 지나지 못하는 것이요 모두 사실이 아닌 것 같으나, 당국에서는 엄중히 주목하여

---

17 비밀 협상.

18 1921년 5월 중국 상해에서 조직된 독립운동 단체로 이동휘가 주도하였으며, 국내와 만주, 블라디보스토크 등에서 대표가 참여하였다.

경계에 조심하는 중이다. 저번의 의열단 사건이 각 신문에 보도될 때에 어떠한 신문에서는 독자의 흥미를 끌려 함이던지 "조선을 피의 바다로 만들러 하던"이라는 뜻으로 제목을 붙인 것도 있었으나, 이와 같이 사실을 과대하게 하는 것은 공연히 인심을 불온케 하는 이외에 아무 이익 없는 것이니 주의하기를 바라며, 또 최근에는 봉직(奉直)전쟁[19]이 다시 일어난다 하는 풍설이 있으므로 만주에 있는 중국 군대가 봉천 방면으로 집중되는 바, 이 틈을 타서 만주 일대에 적화 운동을 일으킨다는 소문도 있으므로 주목하는 중이다.

민심을 선동 현혹케 하는 자는
가장 강력한 통제로
공산 과격한 언동을 하는 무뢰배에게는 엄중한 태도로 단속

재외 음모 조선인의 일반 정형은 앞에 말한 것과 같거니와, 다음에 조선 안에 있는 인심은 어떠한가. 지금 재계 경기가 없이 됨으로부터 조선의 농민과 상업가가 다 같이 조잔하여 활기가 없으며, 한편으로 시대는 점점 진화됨을 따라 생활 태도는 높아졌으나 수입이 없는 까닭에 일반이 생활 곤란을 부르짖으며, 교육이 보급됨을 따라 변개(變改)[20]한 청년들은 근실한 방면으로 나아가지 아니하고 형색과 부명(富名)을 숭상하는 공허한 곳에 마음을 버려, 탈선하는 사람이 증가하는 것은 매우 유감되는 일이다. 이것을 방지하자면 먼저 조선 사람들의 산업을 증강케 하며 교육을 충실히 할 것은 물론이나, 경찰청으로부터 볼 때에는 이 재계의 부진으로 생기는 자포자기의 위험에 빠지려는 소작민과 노동자를 주의할 필요가 있고, 착실한 사업에 종사치 아니하고 반쯤 아는 지식을 자긍(自矜)[21]하여 부랑 과격한 청년들을 깊이 주의할 것이 급선무이다. 이것을 요하건대, 근래에 무슨 회니 무슨 당이니 하여 종래의 독립운동자나 또는 실력 양성 하자는 일파보다도 급진적으로

19 1922년과 1924년, 중국에서 일본의 지원을 받은 봉천 군벌 장작림과, 영미의 지원을 받은 직례 군벌 오패부 사이에 일어난 전쟁을 가리키는데, 오패부가 승리했다.

20 새롭게 바뀜.

21 스스로 자랑함.

그릇된 방면에 과격히 나가려는 청년들은 모두 아무 직업도 없고 무위도식하는 무리로, 공연히 과격한 말로 사람을 선동하며 부호를 협박하여 공으로 의식하려는 부랑한 무리들이요, 일정한 견식이 없으며 신용이 없는 자들이 대언장어(大言壯語)[22]로 인심을 요동케 하려 함에 지나지 아니하는 것이니, 당국에서는 이러한 공산 과격의 언동으로 지사의 가면을 쓴 자의 행동에는 엄준한 취체[23]를 단행하여 미연에 방지할 방침이다.(끝)

22 호언장담.
23 단속.

008

김원봉 일파 국내 침투

『매일신보』. 1924. 1. 8.

김원봉이 나타나지 않았는가
뒤를 이어 생기는 중대 사건과 경기도 형사과의 열광적 활동

동경 이중교[1]의 폭탄 사건이 발생하고 또 경성 시내에는 모 단원 다섯 명의 검거가 있었음인지, 지난 7일 아침부터 경기도 형사과에서는 이왕 각 사건의 미체포자를 조사하느라고 구 문서를 내놓고 눈에 불이 번쩍 나게 조사하고 있었으며, 따라서 신년 벽두에 공기가 매우 긴장하였는 바, 어느 방면으로 들은 바에 의하면 의열단장 김원봉의 일파가 침입한 듯하여 계속 활동을 개시하는 모양이며, 개중에는 작년에 시내 무교정 모 판사의 집에 침입하였던 잔당도 이번에 참가한 모양이더라.

1 의열단원 김지섭이 일으킨 사건. 128페이지 「김지섭 사전」 참조.

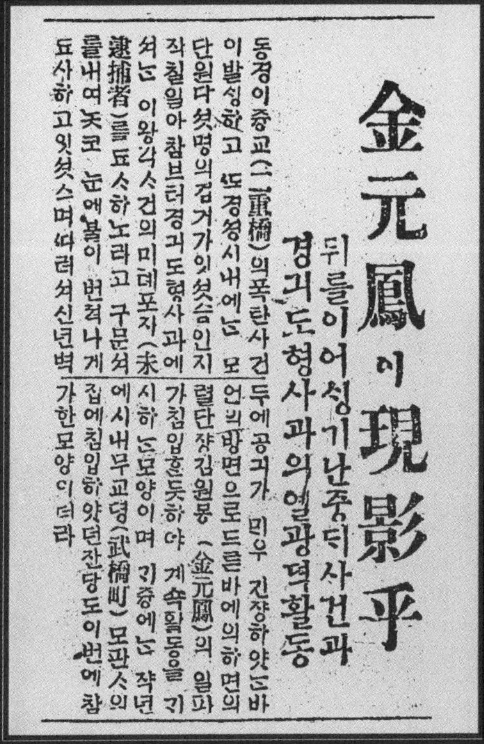

金元鳳이現影乎

뒤를이어싱기난중대사건과 경긔도형사과의열광뎍활동

동경이중교(二重橋)의폭탄사건이발싱하고 또경셩시내에는 모단원다섯명의검거가잇섯슴인지작칠일아참브터경긔도형사과에셔는 이왕각ᄉ건의미톄포자(未逮捕者)를됴ᄉ하노라고 구문셔를내여놋코 눈에불이 번젹나게됴사하고잇섯스며따려셔신년벽두에공긔가 미우 긴쟝하얏는바언의방면으로드른바에의하면의렬단쟝김원봉 (金元鳳)의 일파가침입훈듯하야 계속활동을 긔시하는모양이며 긔중에는 쟉년에시내무교뎡(武橋町) 모판ᄉ의집에침입하얏던잔당도이번에참가한모양이더라

『매일신보』. 1924. 1. 8.

009

김정현 사건

『동아일보』. 1924. 2. 14.

김정현 사건은

금일 오전 공판 개정

김정현, 구여순 외 네 사람에 대한 사건은 예정과 같이 금 14일 오전 11시경에 경성지방법원 제7호 법정에서 영도 판사와 평산 검사가 입회한 후 제1회 공판을 연다는데, 피고들의 주소와 성명은 다음과 같다더라.

본적 경남 진주군 진주면 중안동 192
주소 북경 기하로 지화 공우방
구여순(32)

본적 경기도 고양군 숭인면 안암리 127
주소 동상
한성은행원 오세덕(28)

본적 경북 안동군 풍북면 현애동 347
주소 북경 은문진업 공우방 김재현 사(事)

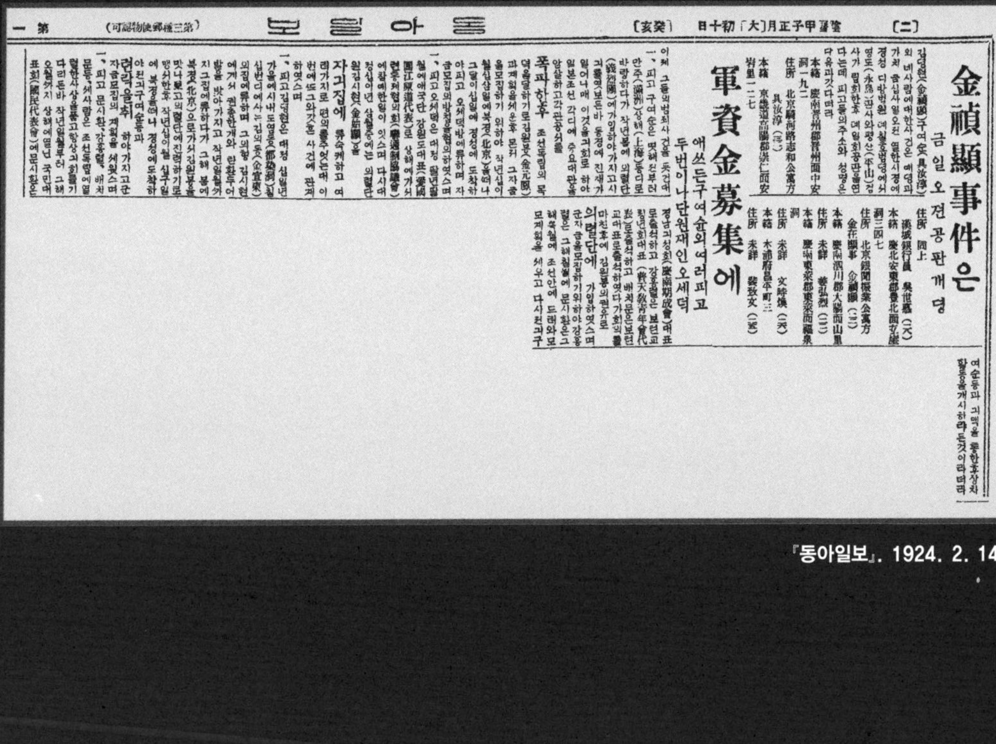
〔二〕 東亞日報 甲子正月「大」初十日 〔癸亥〕

金禎顯事件은

금일오전공판개뎡

김뎡현(金禎顯)구여순(具汝淳)외 네사람에대한사건은 예뎡과가치 금십사일오전 열한시경에 경성디방법원 뎨칠호법뎡에서 영도(永島)판사와평산(平山)검사가 립회한후 뎨일회공판을열게다는데 피고들의주소와 성명은 다음과갓다더라

軍資金募集에

애쓰든구여순외여러피고 두번이나단원재인오세덕

『동아일보』. 1924. 2. 14.

김정현(22)

본적 경남 사천군 대양면 산리
주소 미상
강홍렬(22)

본적 경남 동래군 동래면 복천동
주소 미상
문시환(26)

본적 목포부 창평정 3
주소 미상
배치문(25)

군자금 모집에
애쓰던 구여순 외 여러 피고
두 번이나 단원인 오세덕
이제 그들의 범죄 사건을 듣건대

一, 피고 구여순은 몇 해 전부터 만주 상해 등지로 방랑하다가 작년 봄에 의열단에 가입하여 가지고 시기를 엿보던 바, 동경에 진재(震災)[1]가 일어나매 이것을 기회로 하여 일본 조선 각지에 중요 대관을 암살하고 각 관공서를 폭파한 후 조선 독립의 목적을 달성하기로 김원봉과 계획을 세운 후 먼저 그 자금을 모집하기 위하여 작년 12월 13일에 북경을 떠나 그달 20일에 경성에 도착하여 피고 오세덕 방

1 1923년 9월 1일 오전 11시 59분에 발생한 관동대지진을 가리킨다. 관동대지진은 사망자와 행방불명자가 40여만 명에 이른 대참사였는데, 이로 인해 백성들의 불평과 혼란이 극에 달하자 일본 정부에서는 이들의 불만을 외부로 돌리기 위해 조선인과 사회주의자들이 폭동을 일으키려 한다는 소문을 퍼뜨렸고, 이때부터 일본인들은 일본 각지의 조선인들을 무차별 학살하였다.

에 머물며 자금 모집 방침을 협의하였으며,

一, 피고 오세덕은 1919년 8월에 애국단 강원도 대표로 상해에 가서 연통제[2] 협의회에 참예한 일이 있으며, 다시 1923년 3월 중에는 의열단원 김시현을 자기 집에 유숙케 하고 여러 가지로 편의를 주었는데, 이번에 또 그와 같은 사건에 관계하였으며,

一, 피고 김정현은 1922년 가을에 시내 도렴동 70번지에 사는 김의동의 집에 머물며 그의 형 김시현에게서 권총 한 개와 탄환 두어 발을 받아 가지고 작년 1월까지 그 집에 머물다가, 그해 봄에 북경으로 가서 김원봉을 만나 보고 의열단에 진력하기로 맹세한 후, 작년 12월 19일에 북경을 떠나 경성에 도착하여 전기 구여순 등과 연락을 취하여 가지고 군자금 모집의 계획을 세웠으며,

一, 피고 문시환, 강홍렬, 배치문 등 세 사람은 조선 독립에 열렬한 사상을 품고 항상 기회를 기다리던 바 작년 1월부터 그해 5월까지 상해에 열린 국민대표회의[3]에 문시환은 경남기성회 대표로 출석하고, 배치문은 보천교 대표로 출석하였다가 회의를 마친 후에 김원봉의 권유로 의열단에 가입하였으며, 군자금을 모집하기 위하여 강홍렬은 그해 7월에, 문시환은 그해 6월에 조선 안에 들어와 모모 계획을 세우고 다시 전기 구여순 등과 기맥을 통한 후 장차 활동을 개시하려던 것이라더라.

---

2 대한민국임시정부의 국내외 업무 연락을 위한 지하 비밀행정조직.

3 94페이지 주 참조.

어제 오전 11시 지방법원에서
피고 구여순의 공술한 말의 일절
공개된 의열단 사건

김정현 사건은 예정과 같이 어제 14일 오전 11시경에 그 공판이 열렸다. 시간이 되매 피고 여섯 사람은 우선 얼굴에 그 무슨 저주와 불만의 빛을 띠고 법정에 나왔으며, 다시 영도 판사와 평산 검사와 기타 배석판사 및 서기가 입회하여 심리를 개시하였는데, 방청석에는 피고들의 가족과 친구 및 기타 사람들이 모여들어 매우 복잡을 이루었으며, 오히려 방청석에 들어오지 못하고 섭섭히 돌아간 사람도 적지 아니하였다.

의열단 가입까지 경로는 이러하다

피고 일동의 주소 성명의 질문이 있은 후 재판장으로부터 피고들에게 송달된 예심종결서와 사실이 틀리는 것이 있느냐 물으매, 피고들은 대개 사실이 틀린다고 대답하였다. 먼저 구여순부터 사실을 심문하였는데, 전과 유무의 질문이 있은 후 재판장으로부터 독립 사상을 지금도 품었느냐 하매, 피고는 지금이라도 조선 독립이 된다면 다른 것은 물론하고 생명까지 바치겠다고 힘 있는 대답을 하였다. 그 후 1922년에 피고가 조선을 떠나 상해에 가서 주유(周遊)한 경과의 문답이 있었으며, 다시 이상일의 권유로 의열단에 참가하였다는 문답이 있은 후,

물질 파괴뿐 아니라 제도와 인습까지

의열단의 취지가 무엇이라든가?

조선 독립이 되기까지 전혀 파괴라고 합니다. 파괴라 하면 인명 살해와 건물 파괴뿐이 아니요, 모든 제도와 모든 인습을 파괴하는 것이라 합니다.

그것이 이상일의 말이지!

네 그렇소!

동아일보

「朝鮮獨立을爲하야 生命犧牲도不辭」

公開된義烈團事件

義烈團加入

物質破壞

伊人이爆彈製造

赤旗團과提携

自己責任은

軍資募集은

吳世德家留宿은

具汝淳終審後

◇의열단공판 ===선 사람이 구여순===◇

『동아일보』. 1924. 2. 15.

의열단 공판-선 사람이 구여순.

의열단 가입의 수속은 어떤가?

단원 세 사람의 보증이 있어야 합니다.

피고는 누구의 보증으로 입단하였는가?

이상일, 양건호, 송호 등 세 사람의 보증으로 입단하였소.

피고는 언제 단원이 되었는가?

1923년 첫 여름이외다.

그 후 김원봉과 여러 가지로 장래 방침을 의론하다가 그의 무력주의 만능에 의견이 맞지 아니하여 북경으로 갔다는 문답이 있었는데, 그는 원래 의열단 선전부에 입단하였으나 선전부는 말뿐이므로 의열단에서 탈퇴한다는 선언을 하고 북경으로 갔다고 대답하였다.

자기 책임은 군자금 모집뿐

그 후에 김원봉이 다시 피고를 찾아왔다지?

그렇소.

그때 김원봉의 말이 의열단이라는 것은 모든 계급을 초월하여 단장이라는 것은 자못 이름뿐이니 이것을 양해하라고 한 후에, 의열단의 목적이 전에는 조선의 각 중요 관리를 암살하고 각 관공서를 파괴하는 것이 목적이었으나, 지금은 그 범위를 확장하여 일본에까지 암살 파괴의 목적을 달성하랴 하는 터인 바, 지금 일본에 진재가 일어나서 민심이 매우 동요된즉 이때를 이용하여 크게 활동을 하자고 하였다지?

그렇지 않소.

피고가 예심정에서는 그런 말을 공술하지 아니하였는가?

네. 그때 의열단의 목적을 묻기에, 의열단의 일부분 중에는 그러한 사람이 있으나 자기는 군자금만 모집하러 왔다고 대답하였소.

그러면 그때 피고는 두 번째 입단하였는가?

아니오. 다만 김원봉의 신임장을 받았을 뿐이오.

그러면 의열단을 위하여 자금을 모집한다고는 하였지?

이태리인이 폭탄 제조

수입 방법은 외국인을 이용

그 자금으로 삼천 원이 필요

네, 그렇소. 그러나 그 자금은 자못 의열단 중에 있는 선전부를 위하여 모집한다고 하였소.

그때 김원봉의 말이 모든 것을 파괴하려면 권총과 폭탄이 필요한데, 폭탄은 지금 북경에 있는 이태리 사람에게 부탁하여 제조하는 중인 바, 조선 안에는 이태리 사람으로 하여금 수입케 하고, 일본에는 중국 혁명부 사람으로 하여금 수입케 할 터인데, 이 목적을 원만히 달성하려면 자금 3천 원이 든다고 하였다지?

그렇지 않소. 작년 10월에 내가 조선일보 만주지국장 신명주에게 초대를 받아 동사공우[4]라는 곳에 들어가니까 그곳에는 여러 단원이 있는데, 그곳에서 처음 그 말을 들었소.

1923년 10월 15일에 의열단 간부 15명이 상해에 모여 인원 선거와 파괴 목적에 대하여 의론한 일이 있다지?

그런 일 없소!

그때 김원봉의 말이 1924년 봄까지 일본에 폭탄을 수입하여 가자고 하였다지?

적기단과 제휴되게 활동하자고

그렇지 않소. 적기단[5]과 제휴하여 크게 활동하자는 말을 들었으나 그런 말은 듣지 못하였소.

작년 10월 15일에 상해에서 열린 의열단 간부회에서 피고를 간부로 선고하였다지?

그렇지 않소.

---

4 공우는 한자로 公寓로, 중국의 월세 여관 또는 아파트 등 여러 사람이 함께 거주하는 곳을 가리킨다.

5 1923년경 여러 분야의 독립운동가들이 모여 조직한 단체.

그러면 피고는 김원봉이 말한 폭탄 운반의 자금 3천 원을 모집하기 위하여 조선에 왔는가?

아니오! 나는 다만 선전부 자금을 모집하러 왔소.

피고 외에도 양건호 등 다수한 사람이 조선에 온다는 것을 알았는가?

네, 김원봉에게서 먼저 조선에 가서 인심의 상황을 조사하여 보내면 기밀부, 실행부의 사람도 보낸다는 말을 들었습니다.

피고가 자금을 모집하면 한성은행, 한일은행을 경유하여 북경에 있는 우편함으로 김원봉에게 보낸다고 하였다지!

아니오. 내가 자금을 모집하면 전기 은행을 거처 선전부로 보낸다고 하였소. 선전부에는 이상일이 있는데, 피고 배치문, 강홍렬, 문시환 등과 의론하여 그 모집한 돈을 상해 우편함으로 보낸다고 하였소.

오세덕 방 유숙(留宿)은
친구 김정우 소개로

그 후 신임장에 관한 문답이 있은 후 작년 12월 13일에 북경을 떠나 그달 18일에 경성에 도착하여 피고 오세덕 방에 유숙하였다는 문답이 있었으며, 다시 피고가 오세덕 방에 유숙하였으나 별로 목적을 말한 일은 없고, 피고가 그때 여비가 없기 때문에 오세덕의 친구인 김천우의 소개로 그 집에 머물렀을 뿐이라고 문답이 있은 후에,

그때 오세덕의 말이 김시현도 한성은행 등을 파괴하고 금전을 강탈하려다가 그만 체포되었는데, 그대도 그러한 의사가 있느냐 하매 그러한 의사가 있다고 하였다지?

그렇지 않소.

군자금 모집은
개인에게는 어렵고 종교단체를 신뢰했다

경찰서에서나 예심정에서나 그러한 공술을 하지 아니하였는가?

아니오, 그렇지 않소! 오세덕과 여러 가지 이야기를 하다가 지금에 개인에게서 돈을 모집할 수는 없는즉 각 종교(시천교, 천도교, 보천교 등) 단체에서 모집이나 하여 볼는지, 그렇지 아니하면 모험적으로 은행을 파괴하여 금전을 강탈할 외에는 다른 방침이 없다고 자못 이야기만 하였을 뿐이오.
종교단체 중에는 보천교밖에 돈이 없는즉 그 교회의 본부인 정읍을 찾아가야 하겠다 하였다지?
그런 이야기만은 있었소.
오세덕이 피고를 의열단 모집원으로 생각하였는가?
아니오. 내가 의열단이라는 말을 하지 아니한즉 그렇게 생각을 하였는지 아니하였는지 알지 못하오.

구여순 종심 후
1시 20분경 휴게

피고 구여순에 대한 심문은 이것으로 끝을 마치고 동 1시 20분경에 잠깐 휴식하였더라.

한성은행 습격 계획은 『동아일보』. 1924. 2. 16.

경비 엄중으로 못하게 되고
구여순과는 본래 몰랐다고
의열단 공판 속보
오세덕 답변 내용

14일 오후 2시 반에 공판은 다시 계속되어, 구여순에게 몇 마디 문답이 있은 후에 오세덕에 대한 심문이 열렸다. 피고는 1919년에 김상덕이라는 사람에게 권유를 받아 애국단 강원도단에 가입 여부에 대한 문답이 있은 후에, 다시 그해 가을에 상해에 열린 연통제 회의에 참예한 일이 있느냐 하는 문답이 있었는데, 피고는 그 연통제 강원도 대표로 출석한 것이 아니요, 다만 상해의 사정을 알기 위하여 박홍병이라는 사람과 함께 그곳에 갔다고 대답하였다.

출발 시에
만세 고창
상해정부를 위하여

피고가 그때 상해로 출발할 때 만세를 불렀다지?
그렇소. 그러나 그것은 단원의 권유에 의하여 상해임시정부의 성립을 축하하는 뜻으로 만세를 불렀소.

그 후에 피고가 상해를 갔다가 다시 경성에 들어와 경기도청과 한성은행에 근무하였다는 문답이 있은 후,

김원봉과는 상해 있을 때 알았다

피고가 상해에 갔을 때에 김원봉과 한곳에 있었다지?
아니오. 다만 한 동리에 있었을 뿐이오.
그가 의열단 단장인 것을 알았는가?
몰랐소. 몇 번 상종한 일은 있으나 도시 그가 어떤 사람인 것은 알지 못하였소.
상해에 있을 때 의열단이 어떤 것인 것을 알았는가?
모험 단체라는 것만 알았소.
조선에 와서는 어느 때에 의열단이 어떤 것이라는 것을 알았는가?
김시현 사건 후에 알았소.

구여순 회견은
한성은행 내에서
유숙케 하던 경로

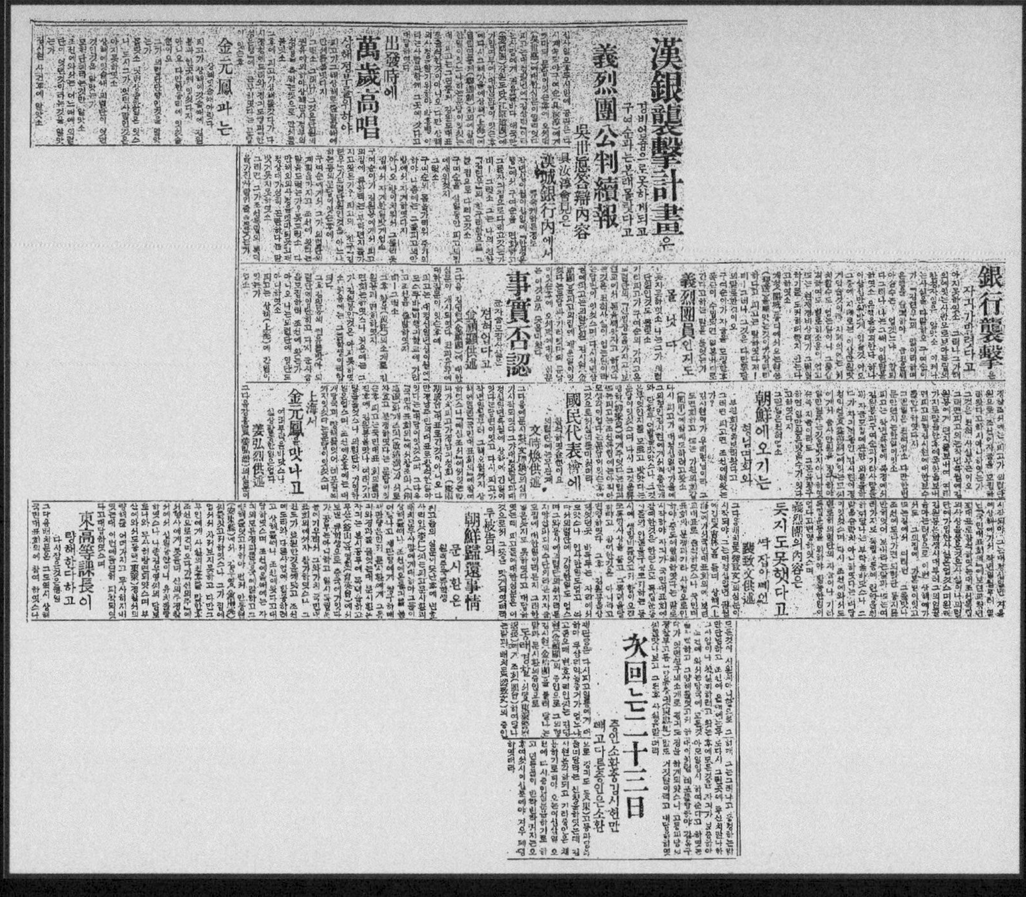

漢銀襲擊計畫은

경비엄중으로못하게되고 구여순과는본래몰랏다고

義烈團公判續報

吳世德答辯內容

出發時에 萬歲高唱

金元鳳과는

漢城銀行內에서 具汝淳會見은

事實否認

銀行襲擊 자기가말렷다고

義烈團員인지도 몰낫다

朝鮮에 오기는

國民代表會에

上海서 金元鳳을 맛나고

朝鮮歸還事情

東高等課長이

次回는 二十三日

『동아일보』, 1924. 2. 16.

작년 12월 20일에 한성은행에서 구여순을 면회하고 그를 자기 집으로 데리고 갔는가?

네, 그렇소. 그는 나의 친한 김천우의 친구라 하므로 그를 집으로 데리고 갔소.

구여순을 3일 동안 피고의 집에 재웠었지?

그렇소.

구여순의 몸을 가려 주기 위하여 나중에는 그를 피고의 안방에서 자게 하였다지?

아니오. 방이 추워서 그를 이웃집에서 자게 한 일밖에 없소.

구여순이가 김원봉에게서 피고의 집에 유숙하라는 부탁 편지를 가지고 왔던가? 피고의 친구 김천우가 의열단인 것을 아느냐 하는 등의 문답이 있은 후에

구여순에게서 그가 의열단의 계획을 가지고 조선에 왔다는 말을 들었는가?

못 들었소. 다만 해외의 사정을 몇 마디 듣고 재정 상태가 심히 곤란하다는 말밖에 듣지 못하였소.

그러면 그가 조선 독립의 목적을 가진 사람인 줄을 몰랐는가?

은행 습격은 자기가 말렸다고

알지 못하였소. 그러나 그가 해외에 있는 사람으로 보아 독립의 찬성자임은 알았소. 이제 나는 사실을 다 말하오. 구여순이가 김천우의 말이라 하며 은행을 습격하여 금전을 빼앗을 수는 없겠느냐 합디다. 그러나 나는 그때 이런 말을 하였소. 은행을 습격한다 하나 2, 30만 원밖에 없을 것이오. 그중에 지폐로는 2, 3만 원밖에 없을 것이라, 지폐 외에는 처치할 수도 없는 일이니 그를 습격하여도 별로 소용이 없고, 또는 현재 경비 상태가 그런 일하기를 도저히 허락지 않는다고 하였소.

개성 등지에서 오는 현금 운송을 빼앗는 것이 가장 편리하다고 피고는 말하였다지?

네, 그러나 그것은 다만 농담의 말로 한 것이오.

구여순이가 자금을 모집한 후 폭탄이 수입되면 일본 내지로 간다고 하는 말을 들었는가?

의열단원인지도 몰랐다

듣지 못하였소. 나는 그가 의열단원인 것도 몰랐소.

기타 피고가 구여순이 가지고 온 의열단의 신임장을 가지고 보천교에서 돈을 빼앗자고 하였다는 것은 전혀 사실이 없는 일이라는 답변이 있었으며, 다시 작년 3월에 피고는 의열단원 김시현을 피고의 집에 재운 일이 있었다는 문답과 기타 몇 마디 문답이 있은 후에 오세덕에 대한 심문은 이것으로 끝을 마쳤다.

사실 부인

군자금 모집 사실은 전혀 없다고

김정현 공술

그다음 김정현에 대한 심문이 개시되었다. 전과 유무에 대한 질문이 있은 후에 피고는 1922년 12월에 모스크바 비행기학교에 가려고 조선을 출발하였지?

네, 그렇소.

그 후 황옥의 소개로 김원봉과 면회하였지?

면회는 하였으나 처음에는 그가 김원봉인 것을 알지 못하였소. 처음에는 그를 학생이라 합디다.

그 후 김원봉의 권유를 받아 의열단에 입단하고, 다시 군자금을 모집하러 조선에 왔는가?

아니오. 나는 의열단에 입단도 아니하였소.

피고는 상해에 간 일이 있는가?

없소.

경찰조서에는 피고가 의열단으로 조선에 자금을 모집하러 왔다고 하지 아니하였는가?

그것은 전혀 사실 무근이오.

그러면 피고는 작년 6월에 김원봉에게 편지를 보내 여러 가지로 말을 한 후에 폭탄을 보내면 피고의 형 김시현에 대한 복수를 한다 하였다지?

그런 일은 전혀 없소. 다만 한번 문안편지는 한 일이 있소.

피고는 작년 6월에 북경에서 김원봉, 구여순과 기타 사람들과 자금 모집에 관한 의론을 하다가 자기의 형인 김시현이 경성 익선동에 있는 모씨에게서 금 4만 원을 청구하여 1만 원 주는 것을 받지 아니한즉 지금이라도 그 돈을 청구하면 1만 원 받을 수가 있다고 하였다지?

그런 일은 전혀 없소.

조선에 오기는 형님 면회와 부친 회갑을 보러 왔다고

그러면 피고는 조선에 왜 왔는가?

김시현이가 우리 형님이라 그도 면회하고 또는 가친의 회갑에 참예도 하려고 왔소.

다시 피고가 1922년 가을에 그의 형인 김시현에게서 권총 한 개와 탄환 두어 발을 받았으나 그것은 무엇인지를 모르고 받았다는 문답이 있었으며, 다시 그것을 유병하에게 주었다는 말과 피고는 조선 독립에는 아직 아무 생각이 없다는 문답이 있은 후에 그것으로써 심리를 마쳤더라.

국민대표회의에 참석하였을 뿐이요 의열단에는 무관계 문시환 공술

그다음에 문시환의 심리가 시작되었다. 그가 1919년과 1922년 6월에 상해에 간 일이 있다는 답변이 있고, 다시 피고가 작년 1월부터 그해 5월까지 상해에서 열린 국민대표회의에 참여하였으나 예심 조사에 써 있는 말과 같이 피고가 경남기성회 대표로 간 것이 아니요, 다만 경남 주민의 대표로 참석한 일이 있다는 대답이 있었으며, 그다음 국민대표회의에서 창조파와 개조파가 서로 싸우고 분쟁하였다[6]는

6 대한민국임시정부 내의 구성원들 사이에 일어난 의견 대립. 무장 독립투쟁을 중시하고 북경을 중심

문답이 있은 후 피고는 국민대표회의를 마친 후에 김원봉을 만나 여러 가지 말을 들었으나 의열단에 가입한 일은 없으며, 조선에 온 후에는 대개 당국과 양해를 얻어 체포될 때까지 있었다는 문답이 있었으며,

상해서
김원봉을 만나고
여러 부탁을 받았으나
실상 활동한 일은 없다
강홍렬 공술

그다음 강홍렬의 심문이 시작되어, 그는 1922년 겨울에 상해에 가서 작년 1월부터 열린 국민대표회의에 보천교[7]청년회 대표로 참석하였는데, 조선 독립의 사상을 품은 것은 사실이나 의열단에 가입한 사실은 없었으며, 원래 김원봉은 학생 시대부터 그의 얼굴을 아는 터이므로 이번 상해에 가서도 그의 집에 가본 일이 있고, 또는 길에서 여러 번 그를 만나 조선에 돌아가면 의열단 동지를 많이 얻어 보내라는 말과 여러 가지로 독립운동에 연락을 위하여 와 달라는 부탁을 받았으나 그 말을 승낙치 아니하였다는 대답이 있었으며, 다시 조선에 와서도 별로 의열단의 자금이나 기타 독립운동을 위하여 활동한 일이 없다고 변명하였으며,

의열단의 내용은
듣지도 못했다고
딱 잡아 떼인
배치문 공술

그다음 배치문의 심문이 시작되어, 1922년 8월에 길림을 들러 상해에 가서 국민

으로 활동해 온 창조파는 임시정부를 새로이 구성하여야 한다고 주장한 반면, 개조파는 상해임시정부를 개편하는 것만으로 충분하다고 주장했다.

7 동학혁명 당시 접주로 활동하다 처형당한 차치구의 장남 차경석이 창시한 증산교 계통의 신흥종교로, 교세가 한창일 때는 신도 수가 수백만에 달하였다.

대표회의에 보천교 대표로 출석하였으나 국민대표회의 분쟁과 기타 사정으로 인하여 중도에 탈퇴하였다는 말로 시작하여, 자기가 국민대표회의에 참예(參預)한 것은 한편으로 독립운동가들의 인물을 구경코자 하는 동시에 생활비를 얻고자 함이요, 결코 독립 사상을 품고 그 목적을 달성하려고 참여한 것은 아니라고 변명하였다. 그 후 김원봉을 상해 어떤 곳 바둑 두는 자리에서 보았으나 인사한 일도 없고 따라서 의열단에 가입한 일도 없으며, 그와 동시에 의열단의 취지라든지 암살 파괴의 수단이라든지 자금 모집에 대한 일이라든지 그러한 일은 듣지도 못하였다고 대답하였는데, 피고들에 대한 심문은 이것으로써 그 끝을 맺게 되었더라.

두 피고의 조선 귀환 사정 문시환은 원래 중국 유학생

피고들의 심문이 끝난 후에 변호사 이인 씨는 문시환과 배치문 두 사람에 대하여 그들이 상해를 떠 조선에 온 동기를 물어달라고 재판장에게 청구하매, 재판장은 먼저 문시환에게 그 동기와 경과를 물었는데, 문시환은 자기는 본시 공부에 목적을 하고 부산 육영회에서 보낸 유학생으로 중국에 가 있다가 공부는 아니하고 일시 독립운동에 기울어서 그와 같이 국민대표회의에까지 참가하였으나, 그 전도가 요원한 것을 깨닫고 조선에 돌아와 다른 사업에 활동하려고 상해를 떠나 조선에 올 때에는 자기의 모든 경과를 당국에 말하고 그 양해를 얻고자 하여 먼저 안동현에서 김우영 씨를 찾고자 하였으나 그가 집에 없어서 찾아보지 못하고, 다만 그 부인에게 사실의 전후를 말한 후 조선으로 건너오다가 신의주에서 형사에게 붙들려 신의주경찰서에서 10일 동안이나 유치를 당하였으나 나중 김우영 씨의 담보로 나와 무사히 방면되었으며, 부산에 와서도 동래경찰서의 양해를 얻어 가지고 무사히 지냈는데 이번에 돌연히 피착되었다고 대답하였으며,

동 고등과장이
양해한다 하고
다시 잡은 것은 웬일

그다음 배치문은 그도 역시 상해 국민대표회의에 참여하였으나 모든 것이 시원치 아니하므로 그만 단념하고 조선에 올 때에 무슨 사업이나 착실히 하려고 왔는데, 조선에 와서는 당국에 모든 것을 자백하고 그 양해를 얻고자 하다가 어떤 친구의 소개로 경기도경찰부 고등과장 동충기 씨를 만나 보고 그 전후 사실을 말하매, 그는 그러냐고 동정하는 말로 다시 그런 곳에 투신치 말라 한 후에 모든 것을 자기가 보증하여 아무 일 없이 하여 준다고 하였는데, 이처럼 체포를 당하여 감옥 구경을 하게 되었으니 고등과장의 말도 거짓말이라고 대답을 하였더라.

차회는 23일
증인 소환 중 김시현만 빼고 다른 증인은 소환

재판장은 다시 피고 일동에 대하여 무슨 이익될 증거가 없느냐고 물으매, 변호사 이인 씨는 김정현의 증인으로 그의 형 김시현을 불러달라는 말과, 문시환의 증인으로 동래경찰서장에게 조회하여 달라는 말과, 배치문의 증인으로 경기도 동 고등과장을 불러 달라는 신청을 하였는데, 김시현은 각하되고 기타 증인은 채용하기로 하여 오는 23일 오전에 다시 증인 심문을 하기로 하고 전등불이 반짝반짝 켜지는 오후 6시 20분에야 겨우 폐정하였더라.

010 귀순자 날로 증가 —재외 조선인의 형편

「매일신보」, 1924. 2. 22.

아편 밀매는 한심한 상태인즉 적당한 직업을 주어야 하겠다
마야(馬野) 경기도경찰부장 담화

시베리아와 중국에 거주하는 조선인에 대한 총독부의 공공시설 상황과 생활 상태를 시찰하기 위하여 지난 1월에 출장하였던 경기도 마야 경찰부장은 지난 19일 밤 열차로 귀임하였는데, 다음과 같은 감상담을 이야기하더라.

조선의 독립운동은 종래로 5, 6년을 계속하여 맹렬히 운동하였으므로 당국에서 고민한 사건도 없지 않은 바, 그들도 근래에는 당국의 시설에 감화되어 점차로 온순하여감은 사실이다. 그 일례로 현재 하얼빈에 주재하여 있는 산기(山崎) 총독부 사무관에게 본국으로 돌아올 일과 취직 등에 대하여 주선을 청하는 자가 다수한데, 시베리아와 만주 방면의 주의자(主義者)는 순진순미(純眞純美)한 성심으로 통절히 공손한 사의를 표시하여 당국의 시설에 감동함은 사실이나, 아직도 상해 방면에 있는 여당(餘黨)[1]은 회과(悔過)[2]치 아니한 현상으로 더욱이 의열단은 오히려 대단히 파괴적 행동을 계획하고 있는 모양인데, 그들의 단원은 풍설에는 백 명이니 이백 명이니 하나 사실은 그와 같이 위세가 되지 못하며, 더욱이 독립운동의 생

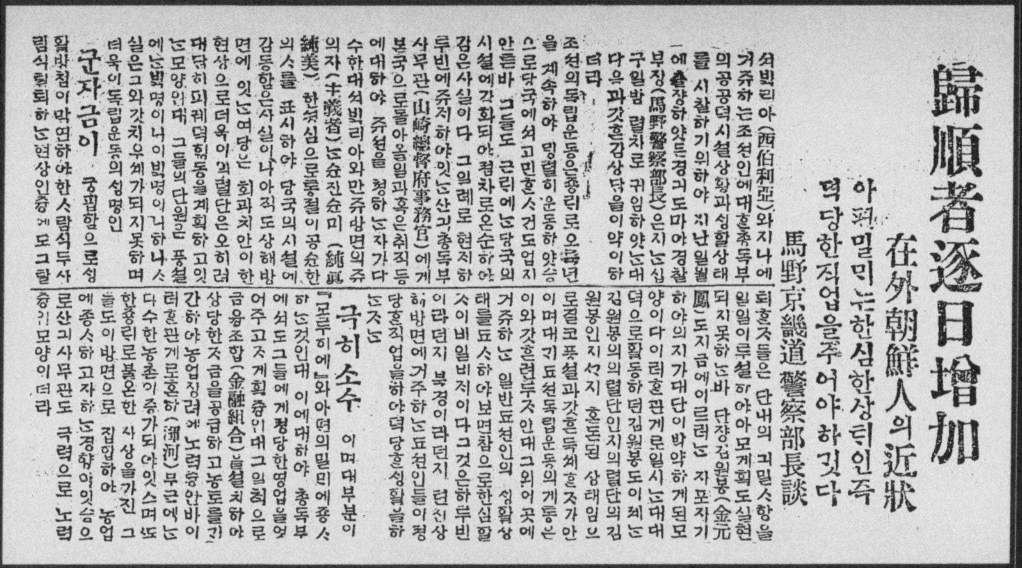

歸順者逐日增加

在外朝鮮人의近狀

아편밀미누한심한상틔인즉

뎍당한직업을주어야하깃다

馬野京畿道警察部長談

『매일신보』. 1924. 2. 22.

명인 군자금이 궁핍하므로 생활 방침이 막연하여 한 사람씩 두 사람씩 탈퇴하는 현상인 중에도, 그 탈퇴한 자들은 단 내의 기밀사항을 일일이 누설하여 아무 계획도 실현되지 못하는 바, 난장 김원봉도 지금에 이르러는 자포자기하여 의지가 대단히 박약하게 된 모양이다.

---

1 잔당.

2 과오를 반성함.

이러한 관계로 일시는 대대적으로 활동하던 김원봉도 이제는 김원봉의 의열단인지, 의열단의 김원봉인지까지 혼돈된 상태이므로 결코 풍설과 같은 득세한 자가 아니며, 대개 조선 독립운동의 계통은 이와 같은 연루자인데, 그 외 이곳에 거주하는 일반 조선인의 생활 상태를 조사하여 보면 참으로 한심할 자가 비일비재이다. 그것은 하얼빈이라든지 북경이라든지 천진, 상해 방면에 거주하는 조선인들이 정당한 직업을 하여 적당한 생활을 하는 자는 극히 소수이며 대부분이 '모루히에'[3]와 아편의 밀매에 종사하는 것인데, 이에 대하여 총독부에서도 그들에게 정당한 영업을 얻어주고자 계획 중인데, 그 한 가지 방책으로 금융조합을 설치하여 상당한 자금을 공급하고 농토를 개간하여 농업 장려에 노력 중인 바, 이러한 관계로 혼하(渾河)[4] 부근에는 다수한 농촌이 증가되어 있으며, 또한 종래로 불온한 사상을 가진 그들도 이 방면으로 진입하여 농업에 종사하고자 하는 경향이 있으므로 산기 사무관도 극력으로 노력 중인 모양이더라.

3 모르핀. 아편은 그 제법에 따라 아편연, 모르핀, 헤로인의 세 가지로 나눌 수 있다.
4 랴오허의 지류 중 하나. 중국 랴오닝 성을 흐른다.

011

군산 의열단 사건

「매일신보」. 1924. 4. 16.

의열단원 체포
아직도 여섯 명이 조선에 잠복
피해자가 각처에 상당히 많다
각지에 수배 엄히 탐색 중

최근에 군산에 의열단 수 명이 침입하여 이곳을 중심지로 삼고 옥구군 임피면 방면으로 군자금을 모집하고자 비밀히 활동한다는 사실을 탐문하고, 동대문경찰서에서는 전회에 독립단 체포에 성공한 특별한 수완이 있는 산내(山內) 형사과장 외 민첩한 형사 한 명을 동지(同地)에 파견하여 수색한 결과, 혐의자로 본적을 충청남도 청양군 목면 송암리에 두고 주소가 미상한 무직업자 이홍식(46)을 체포하여 가지고 돌아왔는데, 이 혐의자는 원(元) 한국시대[1]에 보병부위(步兵副尉)를 지내고 1907년에 군대를 해산할 즈음에 퇴직한 자로 극단한 배일사상을 품고 있던 터인데, 1919년 3월에 조선독립운동 사건이 발생된 이래로 모 계획을 달하고자 시기를 기다리는 중이더니 작년 10월에 충남에서 체포되어 제1심에서 징역 7년의

1 한일강제병합이 이루어지기 전의 대한제국. 원(元)은 우리 표현으로 '전(前).'

義烈團員逮捕

아즉도여섯명이됴선에잠복 피히자가각처에상당히만타

各地에手配嚴探中

최근에군산(群山)에 의렬단(義烈團)수명이침입하야 이곳을중심디로삼고 옥구군림피면(沃溝郡臨陂面)방면으로 군자금을모집하고자 비밀히활동한다는사실을탐문하고 동대문경찰서(東大門警察署)에셔는 편회에독립단데포에첫공로한수완이잇는산내형사과장(山內刑事課長)외 민첩한형사한명을동디에파견하야수식한결과 혐의자로 본적을충청남도청양군목면 송암리(靑陽郡木面松岩里)에두고 주소가미상한무직업자리홍식(李弘植)(二十)을톄포하야가지고도라왓는데이혐의자는원

한국시대(韓國時代)에

보병부위(步兵副尉)를지내고명치사십년에 군대를 해산할지음에뎍직혼자로국단혼번일사상을품고엇든터인데대정팔년삼월에되처독립운동스건이발생된이리로모계획을맘하고조시긔를기대하든중이더니 작년십월에 충남에셔데포되야데일심(第一審)에셔징역칠년의판결을밧고복하대구복심법원(大邱覆審法院)에셔심리중인리내수(李來修)와목하삼년의징역에복역중인의렬단원리경희(李慶熙)송홍빈(宋鴻斌)리태춘(李泰春)의의파괴계획을대정십년일월에충남청양(靑陽)에셔지산가 김럽수(金鍾洙)송영직(宋榮直)등을

협박하고 군자금을모집하얏는명목하에셔다수혼금품을강탈하얏스며다시십일년네봄에보텬교도(普天教徒)리문두(李文斗)를동지자로하야대뎐보텬교진정원장(大田普天教眞正院長)라상현(羅相鉉)을협박하고보텬교본부에 대하야 오십만원을 대공하라고강청하다가 목뎍을 달치못하고 다시금년삼월 이십칠일경에는자긔단독으로라상현을옥구군림피면산중으로유인하야지나소주(蘇州)로브터의렬단장김원봉(金元鳳)이하수명이일본내디에잠입할목뎍으로 목포로왓하야 현재상륙하얏다가 너디로출발하얏는대려장과기라

미향항에 필요한준비금

이업슴으로이에상당한금품을출자하야달나고 강청하얏스나 라상현은소지금이업다고거절하얏슴으로다시수일후에만나자약속하고각각도라갓는바본인은리경희(李慶熙)의셔명놓인훈군자금납부셔를휴대하얏슨즉의렬단원인것이명백하며이외에도련두자가일곱명이잇다는바임의한명은경성에셔데포되야엄중히취됴중이나다른 여섯명은교묘히 종적을감추엇슴으로엄중히수색중이라는대이일파는아즉도

무삼계획을하는지미가

엇슴으로필사덕활동을하얏고어쿠범인들데포코저로력중이라하며또히얼마전에도이일파가권총을가지고군자금을모집할계획을하다가맛참너목뎍을달치못하고동대문경찰서에셔압수를당한두자루의권총과탄환에대하야도그당시에판명된스실이외에여러가지새로운스실이발견되얏는데피해자가상당히만은모양임으로각방면에 수비하야 대활동중이라더라

『매일신보』. 1924. 4. 16.

판결을 받고 목하 대구복심법원에서 심리 중인 이래수와 목하 3년의 징역에 복역 중인 의열단원 이경웅, 송종빈, 이래춘의 일파와 연락하던 중, 1921년 1월에 충남 강경에서 재산가 김철수, 송병직 등을 협박하고 군자금이라는 명목 하에서 다수한 금품을 강탈하였으며, 다시 1922년 여름에 보천교도 이문루를 동지자로 하여 대전 보천교 진정원장 나상현을 협박하고 보천교 본부에 대하여 50만 원을 제공하라고 강청하다가 목적을 달치 못하고, 다시 금년 3월 27, 28일경에는 자기 단독으로 나상현을 옥구군 임피면 산중으로 유인하여 중국 소주로부터 의열단장 김원봉 이하 수 명이 일본 내지에 잠입할 목적으로 목포로 향하여 현재 상륙하였다가 내지로 출발하였는데, 여장(旅裝)[2]과 기타 밀행함에 필요한 준비금이 없는즉 이에 상당한 금품을 출자하여 달라고 강청하였으나 나상현은 소지금이 없다고 거절하였으므로 다시 수일 후에 만나자 약속하고 각기 돌아간 바, 본인은 이경희의 서명 날인한 군자금 납부서를 휴대한즉 의열단원인 것이 명백하여 이 외에도 연루자가 7명이 있다는데, 이미 한 명은 경성에서 체포되어 엄중히 취조 중이나 다른 여섯 명은 교묘히 종적을 감추었으므로 엄중히 수색 중이라는데, 이 일파는 아직도 무슨 계획을 하는 기미가 있으므로 필사적 활동을 하여 기어코 범인을 체포코자 노력 중이라 하며, 또 얼마 전에도 이 일파가 권총을 가지고 군자금을 모집할 계획을 하다가 마침내 목적을 달성치 못하고 동대문경찰서에서 압수를 당한 두 자루의 권총과 탄환에 대하여도 그 당시에 판명된 사실 이외에 여러 가지 새로운 사실이 발견되었는데, 피해자가 상당히 많은 모양이므로 각 방면에 수배하여 대활동중이라더라.

2 여행할 때의 차림.

012

김지섭 사건 (이중교 폭파 사건)

「동아일보」. 1924. 4. 25.

이중교 폭탄 범인은
의열단원 김지섭
9월 1일 진재 때 조선인 학살이 도화선으로
일본 상하를 경악케 한 대사건 발표

금년 1월 5일 오후 7시에 동경 이중교 앞에서 돌발한 폭탄 사건은 일본의 상하를 경악케 한 대사건인 바 당국에서 신문 게재를 일체 금지하고, 이래 동경지방재판소의 석전 검사와 평산 예심판사의 손으로 수사를 진행하던 중, 일전에 예심이 결정되고 어제 오후 2시에 당국의 해금 통지가 있기로 피고 김지섭 외 4명은 전부 유죄로 공판에 부친 예심결정서대로 보도하노라.

경상북도 안동군 풍북면 상미동
김지섭(40)

원적 좌하현(당시 상해 거주)
무직 원(元) 동경정진회원(출판종업원조합) 원(元) 동경 모 신문기자
수도광이(33)

사진은 김지섭.

『동아일보』. 1924. 4. 25 .

장기현 남고래군 구진촌(당시 상해 거주)
이발직인[1]
소림개(20)

동현 동군 동촌
선원
흑도리경(31)

동현 동군 동촌
선원
소림관일(23)

전기 김지섭, 수도광이, 소림개는 폭발물취체벌칙 위반과 선박침입죄, 흑도리경, 소림관일은 선박침입방조죄인 바 범죄 사실은 아래와 같더라.

극동민족대회에서 직접 행동을 결의했다

김지섭은 1922년 여름에 상해의열단에 가맹하여 단장 김원봉 등과 함께 극히 과격한 방법으로써 조선 독립을 계획하였는데, 군자금이 결핍하여 뜻과 같이 운동이 되지 못하였다. 이때에 러시아공산당이 조선인에게 대하여 성대하게 적화 운동을 시작하고 다수한 조선 사람이 이에 공명하여 고려공산당과 한족(韓族)공산당이라는 두 단체가 되었는데, 한족공산당이 러시아공산당으로부터 수십만 원의 적화선전비를 받아서 단원 중 김립이가 그 대부분을 썼으므로[2] 러시아공산당은

---

1 이발사.

2 김립은 이동휘의 심복으로, 모스크바에서 받은 자금을 임시정부에 지급하는 대신 비밀리에 보관하다가 공산주의 운동에 사용하였는데, 이 조직이 이동휘가 이끄는 상해파 고려공산당이다. 그 후 상해파 고려공산당과 노선을 달리하는 세력이 새로운 고려공산당을 결성하였는데, 이를 이르쿠츠크파 고려공산당이

그 후 선전비를 내지 아니하여, 그해 11월경에 모스크바에서 극동민족대회[3]가 개최되어 조선인도 다수 출석하고 김지섭도 이에 참가하여 "극동 민족은 아직 유치하여 언론과 문장을 가지고는 이를 각성시킬 수가 없다. 차라리 관공서를 파괴하고 요로의 대관을 암살하고 민족을 각성시키고 혁명을 일으키어 공산주의를 선전"한다는 취지를 결의하였다.

경성 실패에 비추어
동경에서 파괴 행동을 획책

이 일이 있기 전 1922년 4월경 고려공산당원으로 의열단원인 장건상이 상해에 돌아올 때에 김지섭은 그와 상의하고, 러시아공산당의 뜻을 받아 막대한 선전비를 얻고자 그해에 우선 조선 안에서 파괴적 사업을 행하고자 그해 10월경으로부터 계획 중이었는데, 필경 조선 내지에 폭탄을 수입하기를 계획하고 1923년 3월경에 조그맣게 생긴 폭탄 30개(살인하는 데 쓰는 것) 크게 생긴 폭탄 6개(집을 깨트리는 데 쓰는 것)를 상해에서 천진으로 수송하였는데, 안동현과 신의주 사이의 국경 경비가 극히 엄중하여 용이히 조선 내지에 수송할 수가 없기 때문에 안동현에 중계소를 만들고, 당시 경기도경찰부 경부 황옥을 중간에 넣어 우선 동지 김시현, 유석현 등과 함께 신의주에서 두어 명의 기생을 불러서 유흥을 한 후, 그 폭탄의 일부를 기생이 돌아가는 길에 인력거 속에 감추어 국경의 경비를 돌파하고 신의주에 수입하고, 폭탄의 일부분은 황옥 자신이 이를 휴대하고 경성으로 가져왔다. 그리하여 3월 15일에 기어코 일을 시작하려다가 발각되어 황옥 등 13명은 잡혀 계획은 드디어 실패에 돌아갔다. 이때 김지섭은 김원봉, 장건상과 함께 도망하여 상해로 가서 금번 계획이 실패에 돌아간 것을 분히 여기어 차라리 일본의 수도에서 그 계획을 실행하기로 결의하였는데,

---

라고 한다. 위 기사에서는 이동휘가 이끄는 세력을 한족공산당이라고 부르고 있다.

3 앞서 살펴본 바 있듯이 극동민족대회는 1922년 1월에 개최된 바, 위 신문기사의 내용과는 다르다.

삼정사(三井社)[4] 선박에 은신하여 10일 만에 일본에 도착 일본인으로 변성명 後

마침 9월 1일에 큰 진재가 있어서 다수한 조선 사람이 일본인에게 학살되었다는 말을 듣고 더욱 분함을 이기지 못하여 이에 김자영, 김옥 외 1명의 동지와 결사대를 조직하고, 김지섭은 의열단 특파원으로 선발하게 되어 의열단 기밀부로부터 여비 백 원을 받아 당시 상해에서 러시아공산당과 상해공산당과의 연락의 길을 맡고 있는 수도광이와 이발직인 소림개 두 명과 상의하고, 삼정물산회사에서 쓰는 배(석탄 운수하는 배) 천성환의 선원 흑도리경, 소림관일(소림개의 형) 등에게 대하여 일본으로부터 코카인, 아편을 중국에 밀수입하면 막대한 이익이 있을 터이니 그 이익을 분배하리라고 속여, 조그만 폭탄 세 개와 일본 관헌이 수상히 알 때의 준비로 중촌언태랑이라는 거짓 이름으로 명함 30장을 가지고 소림개와 함께 12월 20일 밤 상해로부터 천성환을 타고 창고에 잠복하여 있었다. 이리하여 그 배는 대동강을 역류하여 오기 때문에 대략 10일을 지나서 그달 30일에 일본 복강현 팔번제철소의 안벽에 도착하여 김지섭은 깊은 밤에 은밀히 상륙하여 그곳 여관 비전옥에 투숙하고, 1월 3일까지 그 집에 묵다가 백 원의 여비는 선원 등에게 주고

여비 곤란으로 회중시계를 잡혀

나머지가 없어서 숙박요금을 지불하기가 어렵게 되기 때문에 흑도에게 의뢰하여 회중시계와 덮고 자던 담요를 전당잡히어 숙박요금을 지불하고, 3일 밤 그곳을 출발하여 5일 아침 품천역에 도착하였는데, 일찍이 일본에 유학한 조선 학생으로부터 고전마장역 근처 하숙옥 심설관에는 조선 학생이 많이 유숙한다는 말을 들었기 때문에 품천역에서 성선 전차를 바꾸어 타고 고전마장역에서 내리어 심설관에 갔으나 유숙은 거절되었으므로, 부득이 부근 여관에서 아침밥을 먹고 곧 그 집에서 나왔다.

---

4 오늘날의 일본 미쓰이 그룹.

대관 암살은
의회 휴회로 못하게 된 후

김지섭은 일본에 상륙하자 당시 제국의회 개회 중에서 조선총독을 위시하여 요로의 대관은 의회에 출석하였기 때문에, 방청석에서 의장에 폭탄을 던지어 단번에 당국 대관과 다수한 대의사를 몰살하려고 결의하였는데, 대판에서 신문으로 의회는 휴회되고 언제 개회될는지 알 수 없게 된 줄 알고,

이중교에 투척 결의
동경 지도를 사 가지고 획책

이렇게 되고 보면 일본인이 숭배하는 황성 부근에서 폭탄을 던져 관민을 놀래게 하여 울적한 분을 풀리라 생각하고, 그날 동경시의 지도를 사들여 일비곡 이중교 매전문 부근에서 배회하여 이중교가 황성[5] 정문인 줄을 확실히 알고, 날이 저물기를 기다려 마침 지나가던 구경꾼 두 사람과 동행처럼 차리고 이중교에 가까이 왔는데,

우선 순사에게 하나를 던져

순사가 누구냐고 묻기 때문에 순사를 향하여 폭탄 한 개를 던졌는데 뇌관이 발화하였을 뿐이요, 도화선에 고장이 있어서 폭발치 아니하였다. 김지섭은 시각을 머무르지 아니하고 순사를 떼밀고 다리의 중앙까지 돌진하였으나 드디어 위병에게 잡혔으므로 엄중한 취조를 받아 모두 자백하고 다른 네 명도 상해 혹은 일본에 잠복 중인 것을 체포된 것이다. 체포될 때에 김지섭은 금 3전과 전기 명함을 품속에 가졌더라.

김자영도
유죄 결정

상해에 거주하는 의열단 간부(목하 도주 중) 김자영은 수도광이의 선배로 김지섭의

5 일본 왕이 머무는 성.

부탁을 받고 수도와 소림에게 의뢰하여 김지섭이 일본 건너가는 데 편의를 주고 부두까지 전송하였으므로 폭발물취체규칙 위반과 잠복침입방조죄로 유죄로 결정되었다.

처참한 현장 광경

그날 밤에 생긴 제반 현상

당일 현장의 광경을 보건대 그날 오후 6시부터 궁성 이중교 부근으로 배회하는 남자 세 명이 있었는데, 밤이 되어도 어디로 가지 아니하므로 부근을 경계하던 경관은 밤이 되면 배관(拜觀)[6]을 할 수가 없는즉 돌아가라고 하였더니, 그 말을 들은 세 명은 즉시 그 자리를 떠났으나 그중에 한 명은 그 후 다시 이중교로 와서 여기저기 거닐게 되었는데, 그는 24, 25세가량 되는 청년으로 양복에 중절모자를 쓰고 오버코트를 입었으며, 그의 행동이 심히 수상함으로 이중교의 입구를 경계하던 일비곡경찰서 순사 강본번영은 그를 체포하려 한즉 그는 아무 말도 아니하고 이중교 중앙으로 벼락같이 뛰어 들어가므로, 문간을 지키던 근위의 보초는 총을 겨누고 길을 막으며 그가 문으로 들어가기 전에 다른 보초 한 명과 순사와의 후원을 얻어 그 자를 체포한 후 이중교 밖으로 끌어냈는데, 그때에 다리 위에는 폭탄 두 개가 떨어진 것을 발견하였으나 그는 순사와 보초의 손으로부터 도망하려고 격투를 하며 또 한 개의 폭탄을 다리 중앙에 내던졌다. 그때 폭탄은 권총을 발사하는 듯한 소리를 내며 폭발하였으나 순사와 보초는 권총을 발사한가보다 생각하고 그를 일비곡경찰서로 끌고 갔는데, 사법성에서는 영목 검사총장 이하 검사정과 예심판사와 검사가 일비곡서에 출장하여 엄중한 취조를 개시하였는데, 그는 그날 밤에 폭탄으로써 이중교를 파괴하고 혼잡한 틈을 타서 궁성 안에 침입하려던 것이라.

이 사건이 생기자 당시 청포(清浦)[7]는 내각 조직을 중지하고, 근신하던 산본

---

6 삼가 절하고 봄.

7 그 무렵 총리였던 일본의 정치인 키요 우라(清浦奎吾)를 가리킨다.

내각은 긴급 각의를 열고, 신문기자가 탄 수십 대의 자동차는 동치서분[8]하여 매우 소란하였다.

경북 안동 출생으로 유교 교육에서 사회주의자에

폭탄 범인 김지섭은 개국 4218년[9]에 경상북도 안동군 풍북면 오미동에서 출생하였다. 일찍이 유교 교육을 받아 사서삼경에 통하였고, 최근에 이르러서는 사회주의 사상에 공명하여 현재의 모든 제도를 부인하는 급진적 사회주의를 주창하게 되었다. 그는 독립운동과 사회주의 운동에 돌아다녔으며, 일찍이 이르쿠츠크에서 열린 극동민족대회에 참렬하였으며, 상해에서 열린 국민대표회의에도 출석하였는데, 그의 얼굴은 꼭 다문 입, 많지 않은 윗수염, 시력 강한 눈, 모든 것이 이상스러웠다.

3탄이 다 안 터졌다 황궁서장의 말

이에 대하여 시존 황궁 경찰부장의 말을 들으면 다음과 같더라.

자기는 5일 밤 7시를 지나서 황궁경찰부로부터 온 전화를 받고 급히 출서하였으므로 현장의 광경은 보지 못하였으며, 사실인즉 나이 40세가량 되는 사람이 이중교 부근으로 배회하므로 일비곡 순사는 누구냐 물은즉, 그는 몸에서 폭탄을 꺼내 순사를 겨누고 던졌으나 그 폭탄은 이중교 중앙에 떨어지며 폭발은 되지 아니하였고, 그때 근위 제1연대 제11중대 일등 졸병 세정청은 그 광경을 보고 그를 향하여 총을 겨눈즉, 그는 제3차로 다시 폭탄을 던졌으나 이번도 역시 폭발되지 아니하였는데, 그때 근위보초병 천원장차랑은 수위대 본부에 종을 눌러 3, 4명의 보초병이 달려와서 겨우 그를 체포하여 일비곡경찰서에 인치한 것이다.

---

8 동분서주.

9 단기 4218년으로 1885년.

013

의열단장 피신

『매일신보』, 1924. 5. 23.

생활난에 쫓기는 당원들의 협박을 받아 광동에 피신 중

모처에 도달한 확실한 정보에 의할진대, 상해임시정부는 재정이 극도로 궁박하여 당원의 급료는 고사하고 집세조차 지불할 길이 막연하여 간고한 참상이 이루 형용할 수 없는 형편이므로, 견디다 못하여 광동정부[1]에 최후의 구원을 애걸하여보기로 결정하고, 의열단장 김원봉이가 단신으로 광동에 이르러 간신히 생활비로 약간의 원조를 받아 가지고 이즈음 상해로 돌아왔는데, 이 기색을 탐지한 임시정부원 등과 의열단원들은 그 길로 김원봉에게 생활비 지출을 요구하였으나 근본이 얼마 안 되는 금액이므로 그들의 요구하는 다수의 금액을 지출할 방침이 없으므로 김원봉은 할 수 없이 몸을 숨기어 행적을 감추었던 바, 이것이 임시정부원과 의열단원의 탐지한 바 되어 일대 참극이 일어나려 하였는데, 김원봉은 천신만고로 그곳을 빠져나와 광동 방면으로 도망하여 목하 광동에 잠복하여 그곳 관헌에게 자기의 장래 처신에 대하여 탄원하고 있는 중이라더라.

1　1917년 중국 신해혁명 이후 손문이 이끄는 중국국민당이 광동에 수립한 정부로, 북경을 중심으로 한 군벌 정권에 대항하는 정부의 성격을 띠고 있었다.

義烈團長避身

새활난에쫏기는당원들의 협박을바다광동에피신중

무최에도달한 확실한 정보에의일진던상히가정부(上海假政府) 당원드지경이극도로 궁박하야 당원(黨員)의급료는고사하고집세조차지불홀길이막연하야간고한참상이々로형용할수업는형편임으로견되다못하야광동정부 (廣東政府)에최후의구원을 애걸하야보기로결뎡하고의렬단장김원봉(義烈團長金元鳳)이가 단신(單身)으로광동에 이르러간신히십원비로 약간의원조를 바다가지고이즈음상해로도라왓는대이긔뎌을탐지한가정부원(假政府員)々동파의렬단원들은그길로김원봉에게 싱활비지출을 요구하얏스나근본이얼마々되는금액임으로그들의요구하는다수의금익을지출홀마침이 업슴으로 김원봉은홀수업시몸을숨기여행적을감초윗던바이것이가정부원과의렬단원의탐지한바되야일대참극이々러나려하얏는데김원봉은천신만고로 그곳을버셔나와서 광동방면으로도망하야목하광동에잠복하야그곳관헌에게자긔의장린최신에대하야탄원하고잇는중이라더라

『매일신보』. 1924. 5. 23.

014

독립운동 단체 동정

「매일신보」. 1924. 10. 12.

중국의 대동란과 과격 조선인의 동정

◇각기 유리한 편에 가담하여 장래의 방침을 정하려 한다◇

중국의 동란은 봉천군(奉天軍)[1]이 연전연승하는 모양인데, 남북 만주에 산재한 조선 사람의 과격파들은 이 상하가 난마같이 어지러워진 기회를 이용하여 각기 자기의 유리한 편에 가담하여 장래의 방침을 정하려고 활동을 개시하는 중이라는데, 그중 김좌진은 동경 부근의 촌간에 숨어 있어 농사에 종사하며 다만 시절을 관망하고 있다는 바, 이제 그들의 동정과 소속 인원을 기록할진대 다음과 같다더라.(전통電通)[2]

의열단

단장 김원봉은 상해에 있는 듯

1 봉천군은 만주에 기반을 둔 장작림이 이끄는 중국의 군벌로, 오패부가 이끄는 직례파와 때로는 대립하고 때로는 협조하면서 1920~1930년대 중국을 지배했다. 그러나 마지막에는 장개석이 이끄는 국민당 정부와 일본이 세운 꼭두각시 정부 만주국에 밀려 역사 속에서 사라졌다.

2 전보를 통해 온 통신문.

支那의大動亂과 過激鮮人의動靜

◇각기유리한편에가담하야◇

◇쟝래의방침을뎡하랴한다◇

지나(支那)의동란은봉텬군(奉天軍)이련전련승하는모양인데남북만쥬에산재한됴선사람의과격파들은이상한가란마갓치어지러워진긔회를리용하야각기자긔의유리한편에가담하야장래의방침을뎡하랴고활동을개시하는중이라는데그중김좌진(金佐鎭)은동경(東京)부근의촌간에숨어잇서농사에종사하며다만시졀을미망하고잇다는바이제그들의동정과소속인와을과목표진된다음과갓다더라(電通)

義烈團

단장김원봉은 상히에잇는듯

의렬단(義烈團)은 김원봉(金元鳳)이가 단장이 되고 간부에김상윤(金相潤) 양근호(楊根浩)등으로최초에본부를북경(北京)에두엇다가그후남상(南翔)으로옴겻다가이번소절전쟁(蘇浙戰爭)에의하야다시 상히(上海)로가셔오패부(吳佩孚)측에가담하야활동하는모양인바단원은팔십여명이라하나기실은사십명에불과하다더라

大韓統義府

잔두에웅거하야 봉직전쟁을관망

대한통의부(大韓統義府)는지간에내홍이끈어지지안이하야각파로분리되얏는데그중뎨일세력이라하다하는소위중앙파(中央派)는김동삼(金東三)이가단원삼백여명을통솔하야칠개중대를편성하고본부를서간도(西間島)에두고봉직전(奉直戰)을관망하는중이라더라

光正團과義成團

모다직예파에가담

광정단(光正團)은 단장윤덕보(尹德甫)와부단장강건(姜健)이가단원약이백여명을통솔하고무송(撫松)에잇셔셔봉텬군(奉天軍)의방비가 허수한틈을엿보고잇다하며의성단(義成團)은단장편강렬(片康烈)이가얼마전에체포되야 목하신의쥬(新義州)디방법원에수감중인데그후부단장림무(林武)가단장령을대신하야단원삼십여명을통솔하고목하길림(吉林)에 근거를두고 직예군(直隸軍)과긔맥을통하고장작림(張作霖)의 셰력아래에 잇는각처로도라다니며치안을어지럽게하는중이라더라

義勇團은

봉직전쟁을관망

의용군(義勇軍)은 대한통의부(大韓統義府)의분리파로최근수삼월을당한바 백광운(白狂雲)의간부로서중앙파(中央派)에반대하고독립한것인데뎐세웅(田世雄)이가백광운의뒤를이여삼위슈령대를련솔하고각처로활동중인데본부는즙안현(輯安縣)에두고봉직전을관망하는중이라더라

軍政府

軍政府=독판(督辦)리셕슈(李石洲)부독판(副督辦)강남오(姜南五)등약팔십명의부당을인솔하고화뎐(樺甸)디방에갓다하나엇더한유력한면으로브터뎐하는말을듯건대근일에임의해산이되야단원들은모다각산진비하얏다더라

大韓軍團과 大韓獨立軍

김좌진은령락하고 김규식은一시활동

독립군단(獨立軍團)은 김좌진(金佐鎭)총사령으로하고그아래셔일(徐一)김규식(金奎植)강남일(姜南一)등의간부가잇셔한때는큰세력을가지엿섯스나최근에이르러는 형세가점차로 쇠퇴하야지금은겨오오십명의동지와갓치동경(東京)부근촌락에숨어잇다는데그중김규식은따로히일파를꾸우어대한독립군이라일흠하고북만주동빈현(北滿州同賓縣)에근거를두고오패부(吳佩孚)와긔맥을통하야적지안은군자금을오패부에게셔어든모양이며단원중유슈호최명록(崔明錄)은본지거보와갓치 봉텬군에게 톄포되얏다더라

『매일신보』. 1924. 10. 12.

의열단은 김원봉이가 단장이 되고 간부에 김상윤, 양근호 등으로 최초에 본부를 북경에 두었다가 그 후 남상으로 옮겼다가 이번 소절전쟁(蘇浙戰爭)[3]에 의하여 다시 상해로 가서 오패부 측에 가담하여 활동하는 모양인 바, 단원은 80여 명이라 하나 기실은 40명에 불과하다더라.

대한통의부
간도에 웅거하여 봉직전쟁을 관망

대한통의부[4]는 저간에 내홍이 끊이지 아니하여 각파로 분리되었는데, 그중 제일 세력이 강하다 하는 소위 중앙파는 김동삼이가 단원 3백여 명을 통솔하여 7개 중대를 편성하고 본부를 서간도에 두고 봉직전(奉直戰)[5]을 관망하는 중이라더라.

광정단(光正團)과 의성단(義成團)
모두 직예군에 가담

광정단[6]은 단장 윤덕보와 부단장 강건이 단원 약 2백여 명을 통솔하고 무송에 있어서 봉천군의 방비가 허술한 틈을 엿보고 있다 하며, 의성단[7]은 단장 편강렬이 얼마 전에 체포되어 목하 신의주 지방법원에 수감 중인데, 그 후 부단장 임무가 편강렬을 대신하여 단원 30여 명을 통솔하고 목하 길림에 근거를 두고 직례군(直隸軍)과 그 맥을 통하고 장작림의 관할 아래에 있는 각처로 돌아다니며 치안을 어지럽게 하는 중이라더라.

---

3 중국의 군벌 직례파를 이끄는 오패부가 주변 군벌들과 벌인 많은 전쟁 가운데 하나.

4 1922년 8월 만주에서 조직한 독립운동 단체로, 한인 교민의 자치와 항일 무장투쟁을 전개하였다.

5 봉천파를 이끄는 장작림과 직례파를 이끄는 오패부 사이의 전쟁. 두 차례에 걸쳐 일어났는데, 첫 번째는 오패부가, 두 번째는 장작림이 승리했다.

6 1922년 4월 장백현을 중심으로 활약하던 대한독립군비단·흥업단·대진단·태극단·광복단의 5개 단체가 연합하여 조직한 무장 독립운동 단체. 『한국민족문화대백과사전』에 따르면 한자 명칭이 匡正團이다.

7 1923년 11월 만주에서 조직된 독립운동단체로, 조국의 광복과 자유독립국가 완성을 목적으로 하였다. 주요 인물은 편강렬, 양기탁, 남정.

의용단은 봉직전쟁을 관망

의용군은 대한통의부의 분리파로 최근 사살을 당한 백광운의 간부로서 중앙파에 반대하고 독립한 것인데, 전세웅이 백광운의 뒤를 이어 3개 중대를 영솔하고 각처 활동 중인데, 본부는 집안현에 두고 봉직전을 관망하는 중이라더라.

군정부

독판(督辦)[8] 이석주 부독판 강남오도 약 80명의 부당을 인솔하고 화전 지방에 있다 하나 어떠한 유력 방면으로부터 전하는 말을 듣건대, 근일에 이미 해산이 되어 단원들은 모두 각지로 흩어졌다고 하더라.

독립군단과 대한독립군
김좌진은 영락하고 김규식은 다시 활동

독립군단[9]은 김좌진을 수령으로 하고 그 아래 서일, 김규식, 강남일 등의 간부가 있어 한때는 큰 세력을 가졌으나, 최근에 이르러는 형세가 점차로 쇠퇴하여 지금은 겨우 50명의 동지와 같이 동경 부근 촌락에 숨어 있다는데, 그중 김규식은 따로 일파를 이뤄 대한독립군이라 이름하고 북만주 동빈현에 근거를 두고 오패부와 그 맥을 통하여 적지 않은 군자금을 오패부에게서 얻은 모양이며, 단원 중 우수한 최명록은 본지 기보(旣報)[10]와 같이 봉천군에게 체포되었다더라.

---

8 독판은 대한제국 말에, 통리교섭통상사무아문의 으뜸 벼슬을 가리키는 바, 그 명칭을 이어서 사용한 듯하다.

9 1924년 9월, 항일무장독립군 부대를 통합한 독립군단을 만들기 위해 군사연합회의준비회가 조직되고 김좌진이 총사령관을 맡았는데, 이 조직을 가리키는 듯하다.

10 이미 보도함.

015

의회 저격 계획

「매일신보」. 1924. 11. 20.

의열단장 김원봉

의회 저격을 계획

오패부의 밀사가 되어 돈 십만 원을 얻어 가지고

【동경】조선의 독립을 계획하고 있는 의열단의 수령 김원봉은 벌써부터 일본 대관(大官)의 암살과 관공서의 파괴를 표방하고 각종 운동을 계속하여 오던 바, 최근에 중국동란을 기회로 하여 한 번에 거사하여 볼 작정으로 상해조계에 있는 본부를 천진으로 옮기고 오패부와 그 맥을 통하여 오 씨의 밀사가 되자 경비 십만 원을 얻어 가지고 금년 겨울의 의회를 저격하려는 것이 관헌에게 탐지되었으므로, 목하 헌병대에서는 경계 중이라더라.

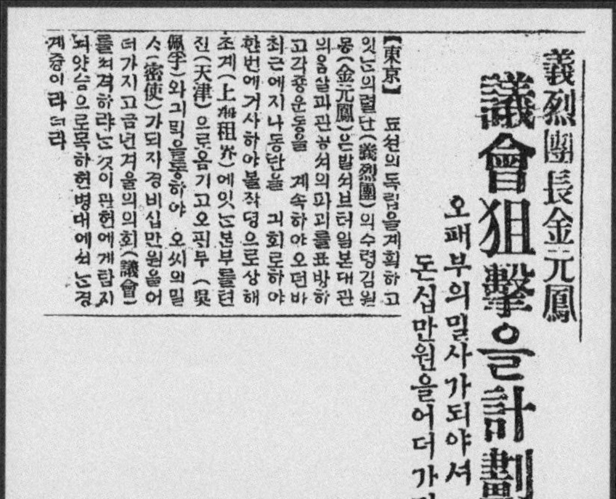

義烈團長金元鳳

議會狙擊을計劃

오패부의밀사가되야서 돈십만원을어더가지고

【東京】 됴션의독립을계획하고 잇ᄂᆞᆫ의렬단(義烈團)의수령김원봉(金元鳳)은발써브터일본대관의암살파관공셔의파괴를표방하고각종운동을 계속하야오던바 최근에지나동란을 긔회로하야 한번에거사하야볼작뎡으로상해조계(上海租界)에잇ᄂᆞᆫ본부를텬진(天津)으로옴기고오픽부(吳佩孚)와긔맥을통하야 오씨의밀ᄉᆞ(密使)가되자경비십만원을어더가지고금년겨울의의회(議會)를습격하랴ᄂᆞᆫ것이 관헌에게탐지되얏슴으로목하헌병대에셔ᄂᆞᆫ경계중이라더라

『매일신보』. 1924. 11. 20.

016 결사대 입국

『동아일보』. 1924. 12. 2.

대규모의 운동
결사대 속속 침입?
각지서 오는 정보에 놀라
경찰당국은 대응책을 협의

김원봉을 수령으로 한 의열단에서는 이번에 가장 조직적, 급진적으로 대규모의 독립운동 계획을 세워 일거에 국권 회복의 목적을 달성하고자 본부를 천연의 요새 지대 같은 지리를 얻은 ○○지방에 옮기고, 단원 중 가장 용기 있고 지략이 있는 사람 ○○명을 뽑아서 조선 내지에 침입케 하였다는 정보가 연이어 경무당국에 도착하므로, 국경 방면은 물론 전선 일대에 엄중한 경계망을 치고 대 경계 중인데, 어제 이르러 제1결사대가 들어온 형세가 있다는 급전이 와서 경찰당국은 극도로 신경을 긴장시켜 경계 중인데, 들은즉 그 파에서는 1대는 압록강으로, 1대는 두만강으로 들어간다고 굉장히 선전만 하여 놓고 실상은 상해, 봉천을 거쳐 일본에 들어왔다가 부산, 인천을 거쳐 속속 입경하는 모양인데, 아직 당국의 경계가 너무 엄중하므로 거사치 못하고 있는 듯하다고 관측되더라.

大規模의 運動

決死隊續續侵入?

각디서오는경보에놀내여

경찰당국은대응책을협의

[illegible]

馮玉祥과連絡한 의혈단도침입

[illegible]

靑年二名

경계망을돌파

[illegible]

鐵路署의 特別警戒

밤을새우면서경계

[illegible]

季節的警戒

[illegible]

對應策協議

[illegible]

『동아일보』, 1924. 12. 2.

풍옥상과 연락한

의성단도 침입

의열단의 침입설에 전후하여 또 의성단의 침입 정보가 도달하였으므로 경무당국은 대경실색하여 어쩔 줄 모르는 판인데, 원래 의성단은 금번 일어난 중국동란 때에 풍옥상[1] 일파의 직례파와 비밀히 계약을 맺고 조선 독립에 대한 어떤 적극적 원조를 교환 조건으로 하고 공동 군사 행동을 하기로 되어 단원 다수가 수령 곽모의 지도하에 봉천 장작림군의 군사 행동을 탐지하여 밀보(密報)하며, 또 그 외 봉천파에 불리한 일을 많이 하여왔던 바 그 뒤 모국 정부의 간섭으로 풍옥상과 계약한 조건은 충분히 도달치 못하고 말았으며, 더욱 장작림에게 이 행동이 모두 탐지한 바 되어 남북만주에 있기가 어렵게 되었으므로 각지에 흩어져 운동의 임무를 하고 있던 단원 전부를 장춘에 소집하여 비밀리에 모 중대 계획을 의론하고, 곧 그 뒤에 한패는 조선 내지에 무기 폭탄 등을 휴대케 하여 침입시키고, 본부는 만주를 떠나 ○○지방에 옮기기로 되었다는데, 일이 이렇게 된 이상에는 마지막으로 큰 일을 하여 보려고 대활동을 개시하였다는 정보를 접한 시내 경찰당국은, 밀정을 팔방에 늘어놓아 엄중 탐지 중이라더라.

청년 2명

경계망을 돌파

이런 두려운 정보에 뒤이어 봉천성 영안현으로 김○인(28)이란 청년 한 명이 국경 경계망을 돌파하여 들어온 형적이 있고, 또 간도 용정으로 민○이란 청년이 들어온 형적이 있어 시내 각 경찰서는 다시 활동을 개시하는 중이라더라.

종로서의 특별경계

밤을 새워서 경계

시내 종로경찰서에서는 수일 전부터 고등계와 사법계가 연합하여 야간 특별경계

---

1 1882~1948. 중국의 정치가이자 군인으로, 직례파 군벌을 이끌었다.

를 하게 되어 밤을 새워가며 의심되는 방면마다 비상경계를 하게 되었다는데, 연말에 당하여 이같이 특별경계를 하는 것은 때가 추수 때이므로 국외에 있는 독립단들이 매년 이때에 침입하여 폭발탄도 던지고 위험한 일을 많이 하므로 신경이 과민한 경찰서에서는 미리 경계하는 것이라 하며, 의성단 결사대가 침입한다는 밀은 북만주에 있는 모 총독부 파견 통역관이 그러한 정보가 있다고 경무국으로 보낸 것이라더라.

계절적 경계
이때는 무슨 일이 있다고

이번 특별경계에 대하여 종로서 삼(森) 경찰서장은 아래와 같이 말하더라.

이번 경계는 전년에 비추어 특별히 서원의 고생을 돌아보지 않고 하는 것인데, 하는 방법은 임시하여 내가 명령하는 대로 실행하는 것이므로 어떠한 형식으로 일정히 한다고는 할 수 없으며, 내년 봄까지는 꾸준히 계속할 작정이외다. 요 때에는 꼭 무슨 일이 생기므로 이 겨울에도 없지는 않을 줄 압니다마는 아직 무엇이 침입한 형적은 조금도 없습니다.

대응책 협의
서장회의를 열고

그런데 수색 방침에 대하여 지난 29일에 경찰부에서 임시 시내 서장회의를 열고 협의하였는데, 앞서 1919년 독립만세 때의 예를 보아도 온 기독교회당 같은 종교단체에 파묻혀 일하는 일이 많다 하여 이번에도 그런 방면에 많이 주목하기로 되었다 하며, 요전부터 형사대가 분주히 교회당 등 구역으로 슬슬 돌아다닌다더라.

017

상해임시정부 재정 궁핍

『매일신보』. 1925. 1. 10.

단말마에 닿은
상해임시정부의 운명
의열단이 빼앗아 차고앉았으나 재정 궁핍으로 죽을 지경이라고

상해임시정부가 극도로 핍박하여오는 재정 궁핍으로 인하여 내홍에 내홍을 거듭하고 모두 제각기 호구지책을 강구하고 있다 함은 기보한 바이어니와, 최근에 모처로부터 달한 정보에 의할진대 작년 섣달에 의열단 일파가 임시정부의 중심 세력을 잡게 되어 총리 이동녕[1]은 마침내 어디로 피신하여 종적을 감추고, 의열단의 박은식[2]이 그를 대신하여 표면을 미봉하고 있으나 의열단도 관헌의 취체가 더욱 엄중하게 된 이후로 소위 군자금 모집이라는 것이 뜻과 같이 아니 되어, 그 결과 동지 중에는 생활이 곤란하여 한 사람 두 사람씩 호구의 길을 찾아 도망하므로 지금은 그 내막이 다시 수습하기 어려우리만치 어지러워져 있고, 최근 그의 수괴

1 1869~1940. 신흥무관학교 교장, 대한민국임시정부 주석 등을 지낸 독립운동가.
2 1859~1925. 『대한매일신보』 주필, 『황성신문』 주필을 지냈고, 한일강제병합 이후에는 중국으로 건너가 독립운동에 평생을 바쳤다. 저서로 『한국통사』 등이 있다.

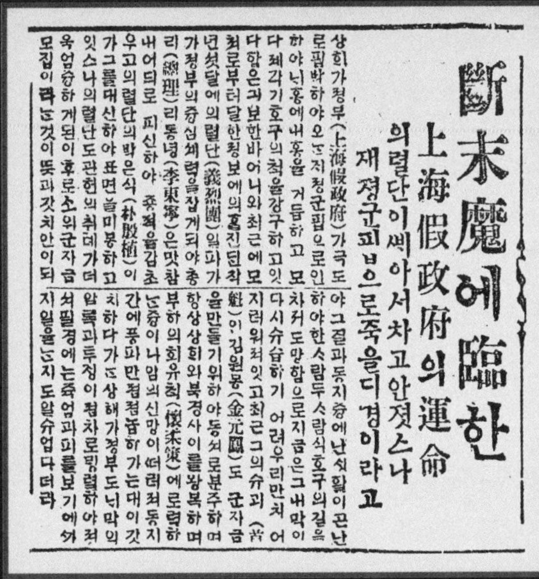

斷末魔에臨한
上海假政府의運命
의렬단이쎄아서차고안젓스나
재정군핍으로죽을디경이라고

상희가정부(上海假政府)가극도로핍박하야오는지청군핍으로인하야니홍에내홍을 거듭하고 모다톄각기호구의칙을강구하고잇다함은과보한바어니와최근에모쳐로부터달한청보에의하면단착년섯달에의렬단(義烈團)일파가가정부의중심세력을잡게되야총리(總理)리동녕(李東寧)은맛참내어되로 피신하야 종적을감초우고의렬단의박은식(朴殷植)이가그를대신하야표면을미봉하고잇스나의렬단도관헌의취톄가더욱엄중하게된이후로소위군자금모집이라는것이뜻과갓치안이되야그결과동지중에난석활이곤난하야한사람두사람식호구의길을차저도망함으로지금은그내막이다시수습하기 어려우리만치 어지러워저잇고최근그의수괴(首魁)인김원봉(金元鳳)도 군자금을만들기위하야동서로분주하며항상상희와북경사이를왕복하며부하의회유책(懷柔策)에로력하는중이나암의신망이떠러저동지간에풍파만점점놉하가는대이갓치하다가는상해가정부도니막의암록과투정이첨차로맹렬하야져서필경에는죽엄과피를보기에까지일을는지도알슈업다더라

『매일신보』. 1925. 1. 10.

인 김원봉도 군자금을 만들기 위하여 동서로 분주하며 항상 상해와 북경 사이를 왕복하며 부하의 회유책에 노력하는 중이나 이미 신망이 떨어져 동지간에 풍파만 점점 높아가는데, 이같이 하다가는 상해임시정부도 내막의 알력과 투쟁이 점차로 맹렬하여져서 필경에는 죽음과 피를 보기에까지 이를는지도 알 수 없다더라.

합치되는 두 운동 –김원봉

『동아일보』, 1925. 2. 20.

합치되는 두 운동(상)

상해에서 김원봉

조선 내에 있는 동포에게 향하여 하고 싶은 말이 있느냐고 물으십니까? 하고 싶은 말이야 물론 많지마는 어떠한 일간신문을 통하여서는 그것이 불가능하지 않습니까? 진정한 나의 말이라면 발표될 수 없을 것이요, 만일 발표된다 하면 그것은 진정한 나의 말이 아닐 것입니다. 그러니 형을 어떤 신문기자라고 보고 책임 있는 말을 한다는 것은 그만두겠습니다만 형과 나의 친한 사이의 사담(私談)으로야 말 못할 것이 무엇이 있겠습니까.

우리 ○○○의 주의, 주장과 실행 방략은 이미 선언서에도 표명하였거니와, 지금까지의 우리의 행동이 그것을 명백하게 말한 줄 믿습니다. …… (기자략)[1] …… 우리 운동선상에 민족운동과 사회운동의 두 가지 사조가 나뉘어 있는 것은 사실인

1 기자가 줄임.

合致되는두運動(上)

◇上海에서 金元鳳

朝鮮內에잇는 同胞에게何如한말을 하고십흔말이잇느냐고 무르십닛가 하고십흔말이야勿論만치마는 엇더한日刊新聞을通하야서는 그것이不可能하지 안슴닛가眞正한 나의말이라면發表될수업슬것이오 만일發表된다하면 그것은眞正한나의말이안일것입니다 그러니兄을 엇던新聞記者라고보고 溝作잇는말을한다는것은 고만두겟습니다 다만兄과 나의親한사이의私談으로야 할말할것이무엇이잇겟습닛가

우리 ○○의主義主張과 實行方略은 임의잇서에또發表하엿거니와 生今에지의우리의行動이 그것을明白하게말한줄밋슴니다 ……(記者略)……

우리運動線上에 民族運動과社會運動의두가지 思潮가나뉘어잇는것은事實인것갓슴니다 그러나近日에 民族運動과社會運動의關係에對하야 論評한文字도種々보게됨니다 이에對하야 나의意見을簡單히말하면 우리朝鮮사람의處地로는 民族運動者와社會運動者의 聯絡과合同이잇서야한다가보다는 民族運動이 곳社會運動이되어야할것이며 社會運動者가곳民族運動者가되어야할것이라합니다 朝鮮民衆의生存繁榮 自由平等을爲하야 奮鬪努力한다는 그點에關하야서 두가지運動이다를것이무엇잇슴닛가 다만 하나는形式이 種族的鬪爭으로 나타나고하나는 階級의鬪爭 으로나타난다하야두가지運動의 對立을말할수잇겟지요 그러나 이두가지가또한朝鮮에서는合致한다고 생각합니다 國際的의鬪爭 이究竟은階級의鬪爭이되겟고 階級의鬪爭이 곳種族의鬪爭으로나타날것임니다 「맑스」의共產黨宣言에말하기를「從來一切의歷史는階級鬪爭의歷史라」하엿슴니다그러나 階級鬪爭이잇기前에 種族的鬪爭이잇섯슬뿐더러 또今日까지도依然히 種族의鬪爭이繼續되는것을 이러저러한되겟슴니다 ○○의民衆이朝鮮의民衆을○○하며고 ○○無產者가朝鮮의無產者를○○하는것이事實이안임닛가 朝鮮內에서々히移住하는 移民이日本에서는無產者아니엇던것이엇지마는朝鮮에와서는二三年만지나면有產階級이 되기쉬웁니다

(寫眞은學生時代의金元鳳氏와그의筆跡)

사진은 학생시대의 김원봉 씨와 그의 필적.

『동아일보』. 1925. 2. 20.

것 같습니다. 그래서 근일에 민족운동과 사회운동의 관계에 대하여 토론한 문자도 종종 보게 됩니다. 이에 대하여 나의 의견을 간단히 말하면, 우리 조선 사람의 처지로는 민족운동자와 사회운동자의 연락과 합동이 있어야 한다기보다는 민족운동이 곧 사회운동이 되어야 할 것이며, 사회운동자가 곧 민족운동자가 되어야 할 것이라 합니다. 조선 민중의 생존 번영, 자유 평등을 위하여 분투노력한다는 그 실질 문제에서 두 가지 운동이 다른 것이 무엇이 있습니까. 다만 하나는 형식이 종족의 투쟁으로 나타나고, 하나는 계급의 투쟁으로 나타난다 하여 두 가지 운동의 차이점을 말할 수 있겠지요. 그러나 이 두 가지가 또한 조선에서는 합치한다고 생각합니다. 즉 종족의 투쟁이 결국에는 계급의 투쟁이 되겠고, 계급의 투쟁이 곧 종족의 투쟁으로 나타날 것입니다. 마르크스의 공산당선언에 말하기를 "과거 일절의 역사는 계급투쟁의 역사라" 하였습니다. 그러나 계급투쟁이 있기 전에 종족적 투쟁이 있었으며, 또 금일까지도 의연히 종족의 투쟁이 계속되는 것을 잊어서는 안 되겠습니다. ○○의 민중이 조선의 민중을 ○○하였고, ○○무산자가 조선의 무산자를 ○○하는 것이 사실이 아닙니까? 조선 내에 해마다 이주하는 이민이 일본에서는 무산자 아니었던 것이 없지마는 조선에 와서는 이삼년만 지나면 유산계급이 되기 쉽습니다.

합치되는 두 운동(하)[2] 『동아일보』. 1925. 2. 21.

상해에서 김원봉

실지에 나가서 현재 조선 민중의 생활을 절실히 체험 혹은 관찰하고 그 생활 문제

2 1925년 2월 21일에 발표된 이 글은 신문지상에서는 삭제되었다.

合致되는두運動(下)

◇上海에서 金元鳳

『동아일보』. 1925. 2. 21.

를 직절(直截)[3]하게 해결하여 보자는 성의가 있는 사람이라면 구구한 쟁론의 여지는 없다고 생각합니다. 어떤 외래의 고정된 사상과 획일한 운동 방략을 그대로 인용하여다가 조선 민중으로 하여금 맹종하도록 한다는 것은 옳지 않습니다. 조선 민중의 특수한 처지와 환경을 따라서 그 실지에서 내적으로 생장, 발육하는 운동이라야 비로소 생명과 근기가 있을 것입니다. 마르크스의 적파로 자임하는 레닌도 그 ○○방략에서는 마르크스주의가 아니고 따로 레닌주의가 되었으며, 그러한 방법으로 ○○을 성공하였다는 러시아의 공산당도 세계 각국의 정형을 따라 혹은 민족운동을 찬성하고 혹은 의회운동을 찬성하는 것으로 보더라도, 실지 운동자의 참고가 될 것인 줄 압니다. 특히 공산당 중에서 ○○무산자와 ○○무산자의 협동을 역설하는 것을 많이 들었습니다. 그러나 이것은 과연 그들이 믿는 것과 같은 가치가 있는 것인지, 그와 같이 효력이 있을 것인지 또는 현금에 어느 정도까지 협동을 실현시켜 놓았는지는 의문이지요. 조선 무산자와 ○○ 무산자의 처지가 서로 많이 다르다는 것은 이상에서도 말하였거니와, 이미 세계에 유가 없이 특수한 경우에 있는 우리 ○○민중으로 하여금 ○○무산자와 협동하게 한다는 것은 어떠한 조건으로 어느 정도까지 한다는 것인지 좀 알아보고 싶습니다.

일본의 ○○당이 무산정당을 수립하여 가지고 의회 운동을 하게 된다 한즉 협동론자의 당연한 경로는 ○○무산자와 함께 의회 운동에 참가하겠습니까? 사실로 일본의 노동자나 사회운동자가 생활의 정도나 기술로나 운동의 경로로나 조선의 노동자와 사회운동자보다 나은 것이니, 그러면 ○○의 사회운동의 성공기를 ○○민중의 ○○○ 실현기로 보고 ○○민중으로 하여금 ○○사회운동의 후진(後陣)을 밟게 하겠습니까? 사회 운동이 성공될 날은 예언하기 어려운 것이요, ○○의 이민은 날로 더하고 ○○민중의 생활은 날로 파멸을 당하여 가는 것은 막지 못할 사실인즉, 조선의 토지에 ○○인보다도 ○○인이 다수가 된다면 ○○○이 세계가 된다 하더라도 그것은 ○○민중을 위하는 ○○은 못될 것이요, 필경은 계리

3 곧바로 헤아려 판단함.

언(堺利彦), 산천균(山川均)[4]의 ○○○ ○○에서 열등 노동하는 소수의 ○○인을 남길 것뿐이 아님인가. 그러므로 ○○의 무산자와 협동하여야 된다는 것은 원리 원칙처럼 말하고 ○○의 민족운동자와 협조를 취하는 것은 다만 일시적 수단 방침으로 말하는 사회운동자에게서 우리는 아무 것도 바랄 것이 없다고 생각하는 비외다.

달리 한 가지 말씀할 것은 작년 소절봉직전쟁(蘇浙奉直戰爭)이 났을 때에 ○○에서는 의열단이 오패부(吳佩孚)를 돕는다는 것과 의열단 본부를 남상에 두었다는 풍설을 들었습니다. 그것은 통신원의 통신인지 혹은 뜬소식을 기재한 것인지는 모르나, 그런 기사는 삼가지 않으면 안 될 줄 압니다. 참으로 우리의 본부가 남상에 있었다 하면 남상은 전혀 중국의 한 지방으로 치외법권이 없는 중국인의 보호를 받는 데이니 우리에게 위험을 끼쳐 주는 것이 되고, 오패부를 돕는다는 말은 오패부의 적인 국민당과 장작림의 적의를 사게 되는 것입니다. 사실로 당시에 동삼성(東三省)[5]에 있는 우리 사람으로, 조선인이 오패부를 돕는다는 ○○의 중상으로, 무수한 곤란을 겪었으며, 남방에 있는 우리 사람으로 국민당의 오해를 받은 일이 있었습니다. 우리는 남의 내정에 가담할 여가도 없었거니와 국민당의 손중산[6]과 직례파의 오패부를 비교하더라도 어찌 중국의 혁명당인 국민당에 이해 없는 반항을 하기 위하여 ○○단체로서 오패부를 돕는 그런 경솔한 일이야 할 리가 있겠습니까?

---

4 사카이 토시히코(堺利彦), 야마카와 히토시(山川均). 두 사람 모두 일본공산당의 대표적인 인물.

5 만주가 중국의 행정구역 상 동북쪽에 있는 지린성, 랴오닝성, 헤이룽장성의 3개 성이기 때문에 동북 3성 또는 동3성이라고 부른다.

6 1866~1925. 손문. 중국의 혁명적 민주주의자.

019

의열단 침입설

『동아일보』. 1926. 6. 1.

김구를 선봉으로
의열단 침입설
의열단원 김구 이하 수십 명이
조선 안으로 들어오려고 계획
국경 경비 날마다 엄중

최근 며칠 동안을 두고 상해, 만주, 북경, 연해주 방면에 있는 경무국 특파원들로부터 관내에 있는 각 단체에서 모모 계획을 실현하려고 경성을 향하여 들어간다는 소연(騷然)[1]한 정보가 날마다 빗발같이 경무당국에 들어오는 동시에, 며칠 동안에 경성역두에서도 상해 방면으로부터 잠입한 조선 청년 세 명을 본정서에 검거하여 방금 엄중히 취조를 계속한다 함은 작보(昨報)[2]하였거니와, 이제 또다시 모처로부터 전하는 정보에 의하면 여러 해 동안 중국 북경에 근거를 둔 의열단에서도 단장 김원봉(일명 약산)은 전 임시정부 경무국장으로 방금 상해에 있는 김구 이하 수십 명의 단원을 거느리고 엄밀한 국경의 경계망을 돌파하여 조선 내지로

1 시끌시끌한.
2 어제 보도함.

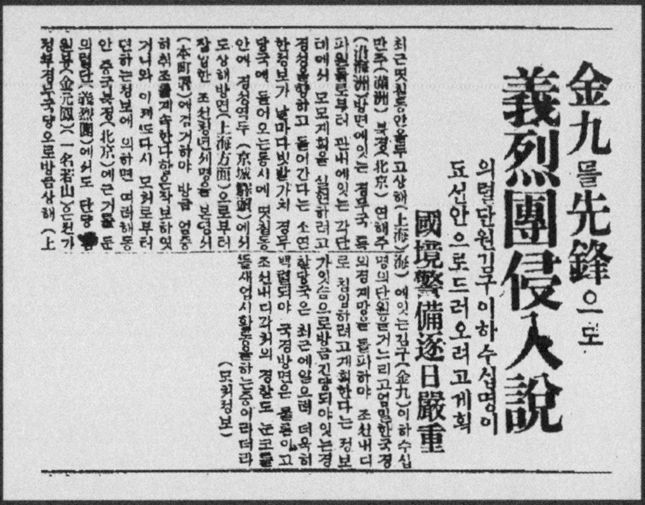

金九를先鋒으로 義烈團侵入說

의렬단원김구이하수십명이 됴선안으로드러오려고계획

國境警備逐日嚴重

최근몃칠동안을두고상해(上
만주(滿洲) 북경(北京) 연해주
(沿海洲)방면에잇는 정무국 특
파원들로부터 관내에잇는 각단
데에서 모모계획을 실현하려고
경성을향하고 들어간다는 소문
한정보가 날마다빗발가치 정무
당국에 들어오는동시에 몃칠동
안에 경성역두(京城驛頭)에서
도상해방면(上海方面)으로부터
잠입한 조선청년세명을 본정서
(本町署)에검거하야 방금 엄중
히취조를계속한다함은작보하엿
거니와 이제또다시 모처로부터
던하는정보에 의하면 벼란해동
안 중국북경(北京)에근거를 둔
의렬단(義烈團)에서도 단장●●
원봉(金元鳳)(一名若山)은된가
정부경무국당으로방금상해(上
海)에잇는김구(金九)이하수십
명의단원을거느리고엄밀한국경
의경계망을 돌파하야 조선내디
로 침입하려고계획한다는 정보
가잇슴으로방금긴장되야잇는경
찰당국은 최근에일으러 더욱히
백렬되야 국경방면은 물론이고
조선내디각처의 경찰도 눈코를
뜰새업시활동을하는중이라더라
(모처정보)

『동아일보』. 1926. 6. 1.

침입하려고 계획한다는 정보가 있으므로, 방금 긴장되어 있는 경찰 당국은 최근에 이르러 더욱이 백열(白熱)[3]되어 국경 방면은 물론이고 조선 내지 각처의 경찰도 눈코를 뜰 새 없이 활동을 하는 중이라더라.

3 기운이나 열정이 최고 상태에 달함.

이종암(양건호) 사건

『동아일보』, 1926. 11. 11.

경북 중대 사건의 그 첫 번째
의열단 전후 활동 진상
과거 7년간 관계자 전후 30여 명
만 1주년 만에 해금된 '양건호' 사건

사건 개요

작년 11월경에 경북경찰부 손에 검거된 상해 의열단원 양건호 일명 이종암(31)[1] 외 11명은 검거되는 그 당시부터 경북경찰부에서 비밀히 취조를 계속하는 동시에 동 10일에 동 사건의 신문 게재를 금지하고, 사건의 취조가 끝난 후 세 명은 증거 불충분으로 석방되고 이종암, 배중세(32), 한봉인(29), 고인덕(32), 김재수(39), 이병태(28), 이병호(31), 김병환(37), 이기양(38) 등 9명은 대구지방법원 검사국으로 넘기어 그동안 택목 예심판사 담임으로 만 1년 동안 예심을 받다가 지난 2일에야 겨우 예심이 끝나 이종암, 배중세, 한봉인, 고인덕 네 명은 유죄로 결정되어 대구지방

1 1896~? 기사 내용과는 달리 본명이 이종순이고 일명 이종암, 다른 이름으로 양건호를 사용하였다. 1962년에 건국훈장 독립장이 추서되었다.

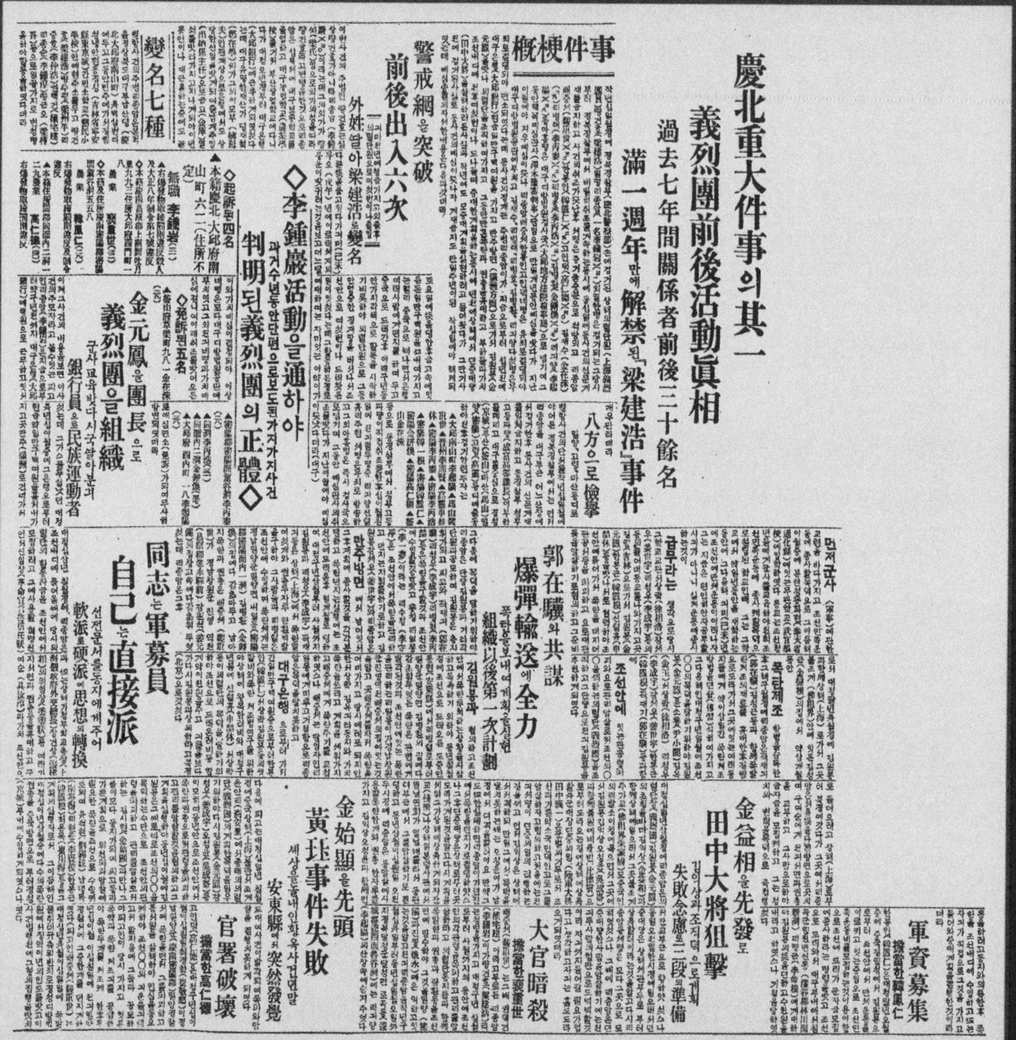

慶北重大件事의其一

義烈團前後活動眞相

過去七年間關係者前後三十餘名

滿一週年만에解禁된「梁建浩」事件

八方으로檢擧

事件梗概

警戒網을突破

前後出入六次

外姓딸아梁建浩로變名

變名七種

◇李鍾巖活動을通하야

判明된義烈團의正體◇

金元鳳을團長으로

義烈團을組織

銀行員으로民族運動者

郭在驥와共謀

爆彈輸送에全力

組織以後第一次計劃

同志는軍募員

自己는直接派

軟派로硬派에思想의轉換

金益相을先發로

田中大將狙擊

軍資募集

大官暗殺

金始顯을先頭

黃鈺事件失敗

安東縣에서突然發覺

官署破壞

『동아일보』. 1926. 11. 11.

법원 공판에 부치고, 김재수, 이병태, 이병호, 김병환, 이기양 다섯 명은 무죄로 결정되어 면소되었다는데, 동 사건의 개요는 주범 이종암이가 지금으로부터 10년 전에 대구은행 현금 1만 9백여 원을 가지고 만주 방면으로 가서 김원봉을 만나 의열단을 조직하여 가지고 그동안 많은 폭탄과 권총을 휴대하고 부하들과 같이 조선 내지에 전후 여섯 번이나 드나들며 중대한 계획을 하는 동시에 연전에 상해에서 전중대장을 살해하려던 사실과, 작년에도 모 중대 계획을 실현하려고 들어왔다가 그만 거사 전에 검거된 사실로, 동 사건의 예심이 끝나자 게재 금지도 만 1주년이 된 지난 10일에야 해제되었는데, 예심 종결의 자세한 내용은 다음과 같더라.

경계망을 돌파
전후 출입 6차
기미 전년에 행금[2] 가지고 외출 후
의열단원으로 여섯 번이나 출입
외성(外姓) 따라 양건호로 변명

이번 사건의 주범인 양건호는 실상 양건호가 아니라 이종암(30)[3]이라는데, 그의 외가가 양씨이므로 외가의 성을 따라 양건호라고 변명(變名)을 한 것으로, 이종암은 16세에 대구보통학교를 졸업하고 대구농업학교를 거쳐 부산상업학교에 다니다가 1916년경부터 대구은행에 근무하게 되었다는데, 대구 유명한 재산가 정재학 씨가 그의 이모부인 관계로 은행에서도 상당한 신임을 받게 되어 출납계 주임으로 금고 열쇠를 맡아 가지고 지나게 되어 2년 동안이나 재근(在勤)을 하는 중에도 늘 다른 뜻을 품고 있다가, 기미, 무오년[4]에 이르러 세계의 풍운이 바뀌려는 것을 보고 어느 달 토요일에 뜻을 정한 후 금고 속에 있던 돈 1만 9백 원을 꺼내 가지고 멀리 중국으로 떠나면서 은행 여러 사람에게 편지를 하여 두고, 중국으로 들어

---

2 은행돈.

3 기사 앞부분에서는 31세로 기록되어 있는 바, 이종암은 1896년생이므로 기사 작성 시기에는 우리나이로 31세, 만으로 30세였다.

4 1919, 1920년.

간 후 9년 동안 가지각색의 활동을 시작하기 비롯하여 의열단원으로 그동안 엄중한 경계망을 빗어나서 조선 안으로 6번이나 들어왔던 일이 있었다는데, 그 활동하던 경로에 대하여는 재미있는 이야기가 매우 많다더라.

변명 7종

별항 사건의 주범 이종암은 본적을 경상북도 대구부 남산정 603번지에 두고 그동안 만주에 가서 길림성 영안현 동경성 간민소학교 안에 현주소를 두고 양건호, 양주평, 이중호, 권택건, 이종순, 양근오 등 7가지로 변성명을 하여 활동을 하였다더라.

팔방으로 검거
밀양, 고령, 마산 등지로

별항 사건의 단서를 작년 11월에야 얻은 경북경찰부에서는 먼저 이종암을 대구부근 어느 산장에서 검거한 후 동 사건의 신문 게재를 일체 금지하고, 동 경찰부성부 고등과장이 부하를 데리고 대구를 중심으로 경성, 부산, 마산, 밀양, 고령 등지에 출동하여 전후 검거한 연루자는

▲대구 남산정 이기양

▲마산 배중세

▲진주 이주현

▲고령 신철휴

▲밀양 이병태

▲밀양 이병호

▲밀양 한일근

▲밀양 한봉인

▲밀양 김병환

▲밀양 고인덕

▲부산 김재수

등으로 동 경찰부에 성부 고등과장이 직접 취조를 한 후 12월 7일에 전기 12명 중 이기양, 신철휴, 이주현 세 명은 무죄로 방송하고, 그 외 아홉 명은 즉시 검사국으로 넘기어 그동안 예심판사의 취조를 받다가 지난 2일에야 예심이 끝났다더라.(대구)

◇이종암 활동을 통하여
과거 수 년 동안 단편으로 보도된 가지가지 사건
판명된 의열단의 정체◇

◇기소된 4명

▲본적 경북 대구부 남산정 62(주소 부정)
무직 이종암(31)
▲위 폭발물취체벌칙 위반 살인 및 1919년 제령 제7호 위반

◇본적 경남 창원군 상남면 토월리 993
주소 대구부 서문정 18
농업 배중세(32)

◇본적 및 주소
경남 밀양군 밀양면 가곡동 558
농업 한봉인(29)
위 폭발물취체벌칙 위반 및 제령 위반

▲본적 주소 동군 동면 내이동 129
농업 고인덕(40)
위 폭발물취체벌칙 위반
이와 같이 예심이 결정되어 이상 4명은 모두 대구지방법원 공판에 부쳤고 그 외 전기 4명과 같이 예심에 걸려 이래 취조를 받아 오던

◇면소된 5명
▲부산부 초량정 981 김재수(39)
▲밀양군 밀양면 가곡동 이병태(28)
▲동동 이병호(31)
▲동면 내이동 김병환(37)
▲대구부 서내정 18 이기양(38)
로 예심 면소가 되어 무사히 방면되었더라.

김원봉을 단장으로
의열단을 조직
군사 교육 받다 시국 따라 분개
은행원으로 민족운동자

이제 그 사건의 내용을 보면 약 9년 전까지 대구은행에 행원으로 근무하고 있었는데, 그가 22살 나던 1917년 12월 중에 그 은행으로부터 현금 약 1만 9백여 원을 훔쳐내 가지고 곧 만주로 건너가서, 먼저 군사에 관한 교련을 받아 가지고 조선 민족운동에 종사할 목적으로 그 이듬해 2월 중에 봉천성 통화현에 있는 무관학교[5]에 입학하였다. 동교는 조선 청년들에게 군사를 교육하여 전혀 조선 민족운동에 종사케 할 목적으로 설립된 학교인데, 그는 그 학교에서 약 1년 동안을 재학하는 동안에 그다음 해 기미년에 조선 안에 만세운동이 일어나자, 그는 지금은 편안히 앉아 공부할 시기가 아니니 실제 운동에 종사하는 것이 급선무라는 생각으로 당시 그 학교 교관 서상락, 강세우, 이성우 등의 동의를 얻어 동교를 나와 가지고 곧 길림으로 가서 김원봉, 한봉근, 신철휴 등을 만나 서로 협력하여 조선 안에

5 신흥무관학교의 전신인 신흥학교를 말한다. 1911년, 이회영 가문의 6형제를 비롯하여 서간도로 이주한 독립운동가들은 신흥강습소라는 교육기관을 설립, 청년 교육에 앞장섰다. 그 이듬해인 1912년에는 통화현 합니하에 터전을 마련하고 신흥강습소의 뒤를 이을 신흥중학교를 설립하였는데, 이 학교에는 중학반과 군사반이 있었다. 그 후 중학반은 다른 학교로 이전하고 군사반에 전념하면서 무장 독립운동가 양성에 나섰다. 그러나 3.1운동 이후 신흥학교를 찾는 청년이 급격히 늘자 다시 류허현 고산자로 이전한 후 신흥무관학교로 명칭을 변경하고 학교 규모 또한 확장하였다.

들어가서 폭탄을 던지어 관공서 등을 파괴하고 요로 대관을 암살하기로 협의하고, 그 준비로서 1919년 6월경에 김원봉과 함께 상해로 가서 그곳 불국조계 안에 있던 김성근의 집에서 약 3개월 동안 폭탄 제조 방법을 습득한 후, 그해 9월경에 이종암, 곽재기, 김성근 등과 함께 폭발탄 제조의 재료를 휴대한 후 길림으로 돌아가서 그곳에 있는 여러 동지들에게 약 2, 3일간 폭탄 제조 방법을 전습시켜 가지고 그다음 해인 1920년 1월에 조선 ○○의 목적을 달성하기 위하여 김원봉, 윤소룡, 김옥, 서상락, 이성우, 강세우, 한봉근, 곽재기 등과 함께 조선 안에 있는 관공청 파괴와 요로 관리 암살로써 조선의 ○○을 꾀하는 의열단을 조직하고, 그 단장으로 전기 김원봉을 추천하게 되었다.

곽재기와 공모

폭탄 수송에 전력

폭탄을 보내어 계획을 실현

조직 이후 제1차 계획

그다음에 목적을 달성하기 위하여 이종암은 단장 김원봉과 기타 각 단원과 공모하여 김원봉은 총지휘가 되고 피고와 곽재기, 이성우, 이병철 등은 폭탄을 구할 것과 조선 안에 수입할 것을 받고, 통칭 이일몽이라는 이수정은 조선 안에서 폭탄을 관리하고 던지는 지휘를 하기로 하고 김원봉, 강세우와 이종암은 만주 방면에서 남아 있어 그 후 계획에 종사할 것을 각각 분담하고, 폭탄 던지는 실행에는 조선 안에 들어온 후 1개월로 정하여 1920년 3월부터 4월까지 김원봉과 이성우, 곽재기 등은 상해에서 폭탄 16개와 권총 2자루, 탄환 100발을 구하여 그 사람들과 이병철은 조선 안에 수입하여, 폭탄 3개는 경남 밀양군 밀양면 내일동 김병환의 집에다 감추어두고, 나머지 폭탄과 권총은 배중세가 경남 창원군 진영 역전 강원석의 집 창고 속에다 감추어두었는데, 이종암은 그 후 김원봉과 협의하고 조선 안에서 폭탄 투척하는 상황을 시찰하고 독촉하기 위하여 동년 7월경에 조선으로 들어오던 도중 안동현에서 이병철로부터 밀양군 밀양면 김병환의 집에다 감추어두었던 폭탄은 관헌에게 발각된 것과, 조선 안에 있는 폭탄을 관리하는 이일몽이가 경남 창원군 진영 역전 배중세의 집에 있는 것을 알고 곧 배중세를 찾아 폭탄을 얻어 가지고 당시에 체포되지 않은 서상락, 김옥 기타 동지와 같이 폭탄을 쓰라고 계획을 세워 가지고 배중세에게 폭탄 주기를 교섭하였으나, 배중세는 담임자인 이일몽에게 미루고 거절하므로, 이종암은 목적을 달성치 못하고 대구은행으로부터 가져간 1만 9백여 원 중으로부터 한봉인, 서상락, 김원봉 등의 생활비와 폭탄 제조법 연구를 위하여 상해에 왕복한 여비와 1920년 봄에 신철휴, 서상락 등이 의열단의 목적을 달성하기 위하여 조선으로 들어온 여비 등 합계 약 2천 원을 주고 기틀을 보다가 다시 김원봉과 상의하려고 북경으로 갔었다.

동지는 군 모집
자기는 직접파
선전문서를 동지에게 주어
온건파로 강경파에 사상의 전환

1924년 7월경에 이종암은 조선 내지에 들어올 때에 당시의 의열단의 활동자금을 조선 안에서 모집하려고, 그에 사용할 혁명선언서 신임장과 상해임시정부 외교총장 장건상의 위임장 등 여러 가지 서면과 권총 등을 휴대하고, 구여순과 같이 조선 안으로 들어오려고 상해로부터 북경에 갔다가, 그곳에서 이종암은 처음 뜻을 다른 방면으로 고치어 구여순에게 전기 서면과 권총을 교부하고 그 사람으로 하여금 자금을 모집케 하고, 그는 정치의 변혁을 목적으로 직접행동을 하려고 동지와 의론한 후 폭탄을 조선 내지에 수입하고 또는 자기가 직접으로 그것을 가지고 들어와 중대 계획을 결행한 것이라더라.

군자금 모집
담당한 한봉인

한봉인은 1919년 5월 중에 중국 길림성에서 김원봉으로부터 조선 안에서 만세운동을 일으키고 있는 중이므로 조선 민족운동비를 모집하는 것이 용이하므로 조선에 들어가 군자금 모집에 종사하라는 명령을 받고 조선으로 들어와서 대구부 내에서 칠곡군 임천면 신동 이명근에게 대하여 김원봉의 뜻을 전하고 수천 원을 내라고 하였으나 거절을 당하였었다.

김익상을 선발로
전중대장 저격
김익상과 조직적으로 계획
실패 염려로 3단계의 준비

1922년 3월경에 이종암은 의열단장 김원봉의 초청을 받아 김익상과 함께 상해에 이르러서 그곳 불국조계 주가교 모 중국인의 이발소 2층에 묵으면서 그곳에서 김원봉, 김익상, 오성윤과 함께 불원에 필리핀으로부터 돌아오는 길에 상해에 상륙할 육군대장 전중의일은 군벌의 거두로서 조선과 같은 약소국민의 적인 고로 그를 암살하자고 협의하고, 처음에는 전기 3명이 전중의일의 여행하는 길을 끼고 먼저 김익상은 상해에서 저격하되 만일 그에서 목적을 달성치 못하는 때는 오성윤이가 남경에서 저격을 할 터이요, 만약 그도 또한 실패하면 이종암이가 천진에서 폭탄을 던지기로 결정하였으나, 그 후 전중대장은 상해로부터 곧 돌아가게 된 것을 알고 다시 계획을 세워 그가 상해에 상륙하게 되자 잔교(棧橋)[6]나 상해 일본영사관에서 열릴 연회가 열릴 때를 타서 동 관저 부근에서 그를 암살하기로 결정하고, 동년 3월 8일 오전 2시경에 이종암은 동 암살에 사용할 폭탄 한 개와 권총 한 자루를 가지고 김익상, 오성윤과 함께 먼저 잔교 부근으로 향하였으나, 동일 오전 11시경에 이르러서 전중대장은 상해 세관부두로부터 상륙할 터이라는 것을 알고 다시 이종암 등 세 명은 모두 그곳으로 모였으나 그때에 이종암은 전중대장 한 사람을 암살하기에는 전기 두 사람의 힘만으로도 넉넉할 것이라 자기까지 들어갈 필요가 없다고 생각하고 자기는 홀로 돌아오게 되었더라.

---

6 부두에서 선박에 닿을 수 있도록 설치해 놓은 다리 모양의 구조물.

대관 암살
담당한 배중세

배중세는 그때 권택건이라고 부르던 이종암이가 양건호라는 성명을 가지고 1920년 3월부터 4월까지 동안에 조선 안의 각 관청을 폭파하고 관리를 암살하려고 의열단 동지들과 함께 폭발탄과 탄환 등을 조선 안에 밀수하여 그것을 밀양과 진영에 은닉하고 있는 것을 알고, 전기 이종암을 작년 9월 16일부터 동년 11월 5일까지 경북 달성군 달성면 노곡동에 있는 이기양의 산장 속에 숨겨 주었다.

김시현을 선두
황옥 사건 실패
세상을 놀라게 한 황옥 사건 전말
안동현에서 돌연 발각

다음에 피고는 1922년 7월경에 중국 상해 불국조계 윤안리에서 종래의 의열단이 계획한 목적을 이루기 위하여 다시 김원봉, 강성우, 오성윤 등이 모여 동년 안으로 조선 안에서 폭탄과 권총으로써 관청을 파괴하고 관리를 암살할 것을 협의하고, 그 계획을 실행하여 동년 12월에 김원봉은 그때로 따로 조선의 ○○을 목적하는 수단으로 조선 안의 관청을 파괴하고 관리를 암살코자 하는 김시현과 만나 그들이 모두 동지가 되어 피고 등과 같은 계획으로 우선 파괴 암살에 필요한 폭탄을 조선으로 수송키로 되어 유석현, 남영득, 이현준, 한봉근, 최용득 등을 그 계획의 실행자로서, 그 이듬해인 1923년 3월 중에 다수의 폭탄 권총을 중국 방면으로부터 경성부내에 수입하게 되였으나 드디어 사건이 발각되어 폭파와 암살을 결행치 못하게 되었다.

관서 파괴
담당한 고인덕

고인덕은 1920년 12월 27일 최경학이 경남 밀양군 밀양경찰서에 폭탄을 던져 그를 파괴하고 동 서원을 살해하여 인심을 동요케 하여 조선 ○○의 기운을 기르고

자 할 즈음에, 그들과 공모하여 피고인이 당시 가지고 있던 폭약과 폭탄 제조기를 공급하여 폭탄 두 개를 제조케 한 후 동년 12월 27일에 전기 밀양경찰서에 그중 한 개를 던지게 하였다.(피고인 배중세는 1917년 6월 21일에 폭발물취체규칙 위반죄로 경성지방법원에서 징역 2년의 언도를 받고 이 사건 범행 전에 그 형의 집행을 마쳤다.)

경북 의열단 속행 공판 『동아일보』. 1926. 12. 19.

엄중 경계로 개정
이종암부터 심문
고인덕은 병으로 못 나오고
방청객 신체를 일일이 수색

누보-대구에서 검거된 의열단원 양건호, 이종암 외 2명에 대한 공판은 지난 18일 오후 0시 10분부터 대구지방법원 제1호 법정에서 금천 재판장의 심리 하에 개정되었던 바, 이른 아침부터 사방에서 구름같이 모여드는 방청자들은 약 3백여 명에 달하였으며, 대구경찰서로부터는 정사복 순사 20여 명이 출장하여 방청자들의 신체 수색을 일일이 행하는 등으로 실로 엄중한 경계리에서 피고 중 ○○○○○[7] 못하고 이종암=양건호=한봉인=배중세 세 사람은 간수에게 압령되어 법정에 들고, 고인덕은 병으로 출정치 ○○○○○[8] 기다리고 있자, 재판장은 이종암을 먼저 불러 세우고 예에 의지하여 주소, 성명, 연령, 직업 등과 전과 유무를 물은 후 사실 심문을 개시하였다더라.

---

7 이 부분은 신문 편집상 누락되었다.

8 이 부분도 신문 편집상 누락되었다.

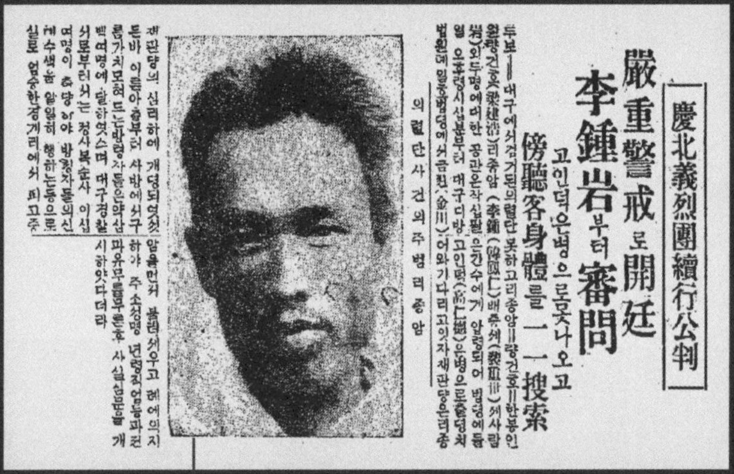

『동아일보』. 1926. 12. 19.

의열단 사건의 주범
이종암.

전후 사실 전부 시인
수많은 방청객과 경계 엄중한 법정 내외
이종암을 비롯하여 피고들의 사실 진술
경북 의열단 제2회 공판

누보(屢報)[9]-의열단원 이종암-일명 양건호(31) 외 세 명의 제2회 속행 공판은 예정과 같이 지난 18일 대구지방법원 제1호 대법정에서 개정하였다. 이른 아침부터 각 피고들의 가족들을 비롯하여 무려 3백 명의 방청인이 몰려들어 법원 뒤뜰에서 개정하기를 기다리는 혼잡을 이루었는데, 방청인의 대부분은 경남 밀양과 기타 각곳에서 일부러 멀리서 온 동지들이었는 바, 도(道) 경찰부에서는 조창(朝倉) 보안과 차석 이하 고등형사들이 방청석에 늘어앉았고, 대구헌병대에서도 사복 헌병 수 명이 방청하러 왔으며, 대구서에서는 십여 명의 정사복 순사가 출동하여 엄중한 경계를 하는 한편, 방청인의 신체를 일일이 검사한 후 입장시켰는 바, 방청석의 관계로 모였던 사람의 태반 이상이 못 들어가게 되어 법정 밖에서 어정거리게 된 가운데 피고가 들어오고 변호사가 착석한 뒤 금천 재판장, 상야, 도변 두 배석판사, 산택 입회검사, 소야택 서기, 중촌 통역생 등이 열석하고 재판장으로부터 먼저 이종암부터 사실을 심문하였더라.

(대구)

9 여러 번 알리거나 보도함.

좌는 배중세, 우는 한봉인.

慶北義烈團第二回公判

泰然自若한 三名被告 前後事實을 全部是認

수만흔방령과 파경계 엄중한 법정내외 리종암을비롯하야 피고들의사실진술

七千圓은商事에 三千圓은爆彈費

行金消費와李鍾岩答辯

◇寫眞說明◇

高仁德은別審 병으로인하야

事實이明確타고 李鍾岩은無期

배중세는이년, 한봉인은일년 檢事의論告와求刑

李鍾岩은無期懲役

「이事件의큰原因」은 總督政治缺陷

出廷한五氏의辯護要旨

言渡는來廿五日

李鍾岩의할말을 裁判長이沮止해

『동아일보』. 1926. 12. 20.

법정에 선 피고들.
(상)좌로부터 이종암, 배중세, 한봉인.
(하)각처에서 몰려든 수백 명의 방청객.

7천 원은 상사(商事)에

3천 원은 폭탄비

○○운동기관의 삼광상회 경영

3천 원은 폭탄과 권총비로 사용

행금 소비와 이종암 답변

이종암의 사실심문 전 말은 별항에 따로 보도하였거니와, 그는 해외에서 활동하던 사실을 대개 전부 시인하는 동시에 그가 가지고 간 돈을 쓴 곳에 대하여 재판장의 물음을 따라,

대구은행 돈 가져간 것은 어디어디 썼는가.

7천 원은 구영필에게 주어서 ○○운동기관인 봉천에 삼광상회 자금으로 주었고, 3천 원은 생활비 기타에 썼소.

3천 원은 폭탄이라든지 ○○운동으로 썼단 말인가.

그렇게 되오.

1925년에 조선에 돌아왔는가.

그렇소.

돌아와서는 달서면 노곡동 이기양의 산정에 있었는가.

그렇소.

어째 왔는가.

병 치료하러 왔소.

병이 나으면 만주로 가서 평소의 뜻을 관철하려 하였는가.

그런 생각을 가졌다 하더라도 관계없소.

또 만주 있을 때 고인덕이가 폭탄을 제조한다는 말을 들었던 일이 있는가.

들었소.

이와 같이 전후 사실을 대개 시인하였다. 이리하여 이종암의 심리를 마치고 다음 배중세와 끝으로 한봉인의 심문이 있었더라. 사실 심문에 들어가자 한봉인은 만주 통화현 무관학교에 있을 때 조선 ○○운동이 일어나는 것을 보고 우리도 ○○운동을 하자는 말은, 경찰에서 경관의 고문으로 하는 수 없이 한 일은 있으나

사실은 그렇지 않다는 부인을 하는 외에 대부분 시인하였다. 사실의 심리를 마친 오후 3시에 휴게를 선언하여 20분 동안의 휴게를 하였더라.

고인덕은 별심(別審)[10]
병으로 인하여

별항 이종암의 의열단 사건의 피고 중 하나로서 병으로 말미암아 출정치 못한 고인덕에 대한 공판은 언제든지 병의 쾌차함을 기다려 따로 개정하리라더라.(대구)

사실이 명확타고
이종암은 무기
배중세는 2년, 한봉인은 1년
검사의 논고와 구형

오후 3시 20분에 다시 개정하여 검사의 논고를 시작하였다.

이종암과 배중세는 범죄 사실을 시인하였고, 한봉인이 다소 부인하는 것이 있으나 여러 가지로 보아 증거 뚜렷한 바, 이에 피고 3명의 범죄 사실은 의심 없는 일이니 형의 양정에 있어 한봉인과 배중세는 예심종결결정서와 견해를 달리한다. 이종암이 전중대장 암살에 대하여 직접 행동에는 안 나갔다고 하더라도 처음부터 끝까지 같이 한 김익상과 오성륜의 공범인 것은 사실이니 폭발물취체규칙 위반 제1조와 형법 제199조를 적용하여

이종암은 무기징역
한봉인은 1년 징역
배중세는 2년 징역
의 구형을 하고 다시 이종암에 대하여

"이종암은 의열단의 부장(副將)으로 1917년부터 오늘까지 관청 파괴, 관리 암살의 음모 등 독립운동을 해왔고, 장래에도 할 터이니 구형한 폭발물취체규칙

---

10 따로 심문함.

위반 제1조와 형법 제199조가 채용되지 않더라도 폭발취체규칙 위반 제3조와 제령(예심 결정서의 적용 법률조문임) 위반에 의하더라도 10년 이하는 불하(不下)[11]하도록"이라는 부인을 달아 끝을 맺었더라.

"이 사건의 큰 원인은 총독정치 결함 범죄라는 것보다 사회의 현상" 출정한 오 씨의 변호 요지

이렇게 검사의 논고가 끝난 뒤 변호사의 변론이 시작되어, 먼저 조주영 씨가 일어서서 "일한합병의 정신은 어찌되었든 현금 총독정치의 모든 결함이 이종암의 이 사건에 이르는 데 원인을 준 것인데, 이 사건이야말로 일종의 범죄라는 것보다는 한 가지 사회의 현상이라" 할 만하다는 의미의 변론을 하고, 이어 박해극 씨와 유성희 씨의 이종암과 배중세를 위한 열변이 있었으며 마지막 중산변호사로부터 한 봉인의 변론을 하였다더라.

이종암의 할 말을 재판장이 저지해

변호사단의 변론이 끝나자 재판장은 마지막으로 피고들에게 다시 할 말이 없느냐 하매, 이종암은 할 말이 있노라 한즉 재판장은 들을 필요가 없다 하고 그만 막아버렸더라.

언도는 내 25일

김천 재판장은 이종암이 무슨 할 말이 있다는 것을 막아 보려고 즉시 판결 언도는 오는 25일에 한다는 선언을 한 후 동 4시 45분에 폐정하였다더라.

---

11 못하지 아니하거나 모자라지 아니함.

"폭탄 제조법 연구는 실지(實地)[12] 운동이 목적"
만주로부터 상해 가기까지
주범 이종암의 진술

별항과 같이 의열단 사건 이종암의 심리에 들어가 재판장으로부터

이종암인가?

그렇소.

다른 이름이 있는가?

있소. 본명이 이종순이고 또 양건호와 기타 두 가지 이름이 있소.

가족이 있는가?

처와 아들이 있소.

피고는 대구공립보통학교를 졸업한 후 농업학교 1년까지 다니었다지?

그렇소.

그 후 1917년, 19살 때 대구은행 사무원이었던가?

그렇소.

피고가 22세 때 대구은행 돈 1만 4백 원을 가지고 달아난 일이 있지?

그렇소.

가지고 간 목적은 아메리카로 가서 공업에 종사하려다가 마침 구주대전[13]으로 만주에 있게 되었는가?

그렇소.

어째서 만주에 있었는가? 또 그때 같이 간 사람이 있었는가?

그렇소. 구영필이란 사람과 같이 갔소.

봉천에서 무얼 했나?

---

12 실제 경우. 실제 경험.

13 제1차 세계 대전.

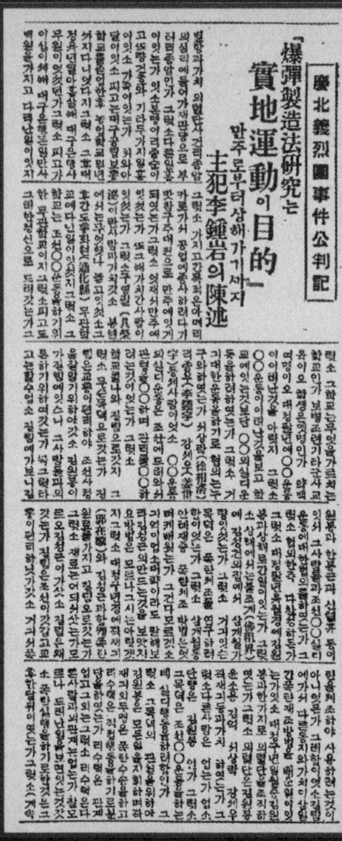

『동아일보』. 1926. 12. 20.

놀고 있었소.

그 후 간도 통화현 무관학교에 다닌 일이 있었지?

그렇소. 그 학교는 조선 ○○운동을 하기 위한 무관학교이지?

그렇소.

피고도 그러한 정신으로 들어갔는가?

그렇소.

그 학교는 무엇을 가르치는 학교인가?

보병, 조련, 기타 군사교육이오.

학생은 몇 명인가?

약 백여 명이오.

1919년에 ○○운동이 일어난 것을 알았지?

그렇소.

○○운동이 일어난 것을 보고 학교에 있는 것보담 ○○의 실지 운동을 하려 하였는가?

그렇소.

거기 대한 운동을 하기로 협의는 누구와 하였는가?

서상락, 이종우, 강세우 등 세 사람이었소.

○○운동의 실지 운동은 조선에 들어와서 관청을 ○○하며 관리를 ○○하려는 것이었는가?

그렇소.

학교를 나와 길림으로 갔지?

그렇소.

무슨 목적으로 갔는가?

길림은 교통이 편리하여 조선 사정을 잘 알기 위하여 갔소.

김원봉이가 길림에 있으니 그 사람들과 의론하기 위하여 갔는가?

꼭 그렇다고는 할 수 없소.

길림에 가보니 김원봉과 한봉근과 신철휴 등이 있어 그 사람들과 조선 ○○ 실지 운동에 대한 협의를 하였는가?

그렇소.

협의한즉 다 찬성하던가?

그렇소.

1919년 6월경에 김원봉과 상해로 간 일이 있는가?

그렇소.

상해에서는 불국조계에 김성건의 집에서 3개월가량 있었는가?

그렇소.

거기 있은 목적은 폭탄 제조를 연구하려 함이었는가?

그렇소.

3개월 동안 체재 중 폭탄 제조 방법은 어떻게 배웠는가?

그건 다 모르겠소. 기억이 없소.

대략이라도 말해 보라.

김성근이 만드는 것을 보았지요.

방법은 모르나 그 시는 알았겠지?

그렇소.

1920년경에 곽재기와 김성근과 함께 폭탄 원료를 가지고 길림으로 갔는가?

그렇소.

재료는 어디서 샀는가?

모르오. 김성근이가 샀소.

길림은 왜 갔는가?

길림은 조선이 가깝고 교통이 편리하니까 갔소.

거기서 폭탄을 제조하여 사용하려는 것이 아니었던가?

그러함이었소.

길림에 가서 다른 동지와 같이 이삼 일간 폭탄 제조 방법을 배운 일이 있는가?

있소.

1920년 1월 중 김원봉과 한가지로 의열단을 조직하였는가?

그렇소.

다른 사람은 없는가?

없소.

단장은 김원봉인가?

그렇소.

그 목적은 조선 ○○운동을 하는 데 실지 행동을 하려 함인가?

그렇소.

그 목적의 관철을 위하여 김원봉은 모든 일을 지휘하며, 곽재기 외 두 명은 폭탄 수송을 하고 이수택은 직접 행동을 하기로 분담을 하였는가?

이수택은 관계없고 그 외는 그렇소.

이수택은 다른 사람과의 관계는 없는가?

잘 모르나 드러난 일을 보면 있는 것 같소.

폭탄 실행을 하기로 한 것은 그 후 한 달 뒤였는가?

그렇소.

경북 의열단 사건 공판기 『동아일보』. 1926. 12. 21.

'제1차로 제조한 폭탄, 경남 각지에 밀송'
조선을 거쳐 두 번째 상해에
수범(首犯) 이종암의 진술

1920년 3월부터 김원봉, 곽재기 외 한 명과 상해로부터 폭탄 16개와 권총 2자루, 실탄 100발을 사들인 일이 있는가?

폭탄 이외는 나는 모르는 일이오.

폭탄은 김원봉과 곽재기와 이병철과 협력하여 조선 안으로 가지고 왔는가?

그렇소.

그중 세 개는 밀양군 밀양면 내이동 김병환의 집에 두고, 그 외는 배중세로 하여금 창원 정거장 앞에 간직해두었던가?

모르오. 다만 신문지상으로 보아 알았소.

감춘 장소는 모른다 하더라도 조선 안으로 가져온 것은 알았는가?

그렇소.

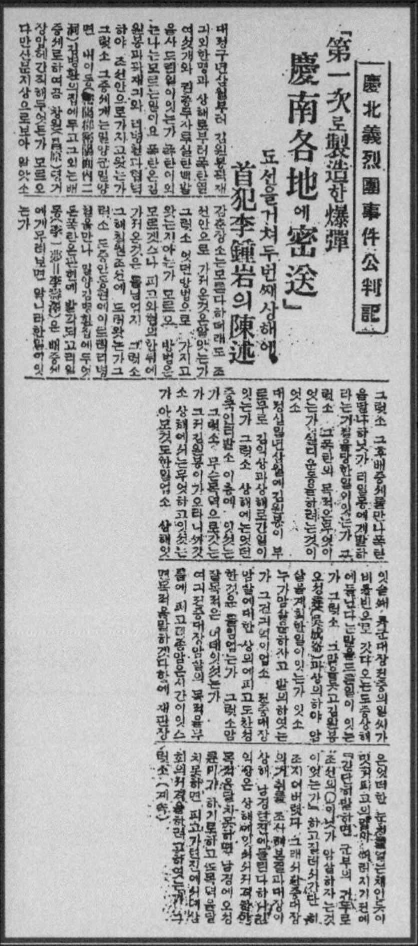

慶北義烈團事件公判記

「第一次로製造한爆彈 慶南各地에密送」

도선을거처두번째상해에

首犯李鍾岩의陳述

『동아일보』. 1926. 12. 21.

어떤 방법으로 가지고 왔는지 아는가?

모르오.

방법은 모르겠으나 피고와 협의한 뒤에 가져온 것은 틀림없지?

그렇소.

그해 7월 조선에 들어왔는가?

그렇소.

도중 안동현에 이르러 이병철을 만나 밀양 김병환 집에 두었던 폭탄은 관헌에 발각되고 이일몽(=이수택)은 배중세에게 물어보면 알리라 한 일이 있는가?

그렇소.

그 후 배중세를 만나 폭탄을 달라 하니까 이일몽에게 말하라는 거절을 한 일이 있는가?

그렇소.

그 폭탄의 목적은 무엇이었는가?

실지 운동을 하려는 것이었소.

1922년 3월에 김원봉이 부르므로 김익상과 상해로 간 일이 있는가?

그렇소.

상해에는 어떤 중국인 이발소 2층에 있었는가?

그렇소.

무슨 목적으로 갔는가?

그저 김원봉이가 오라니까 갔소.

상해에서는 무엇하고 있었는가?

아무것도 한 일 없소.

상해 있을 때 육군대장 전중의일 씨가 필리핀으로 갔다 오는 도중 상해에 들른다는 말을 들은 일이 있는가?

그렇소.

그 말을 듣고 김원봉, 오성륜과 상의하여 암살을 계획한 일이 있는가?

있소.

누가 암살을 하자고 발의하였는가?

그건 기억이 없소.

전중대장 암살에 대한 상의에 피고도 찬성한 것은 틀림없는가?

그렇소.

암살 목적은 어디 있었는가?

여기 전중대장 암살의 목적을 물음에 피고 이종암은 시간이 있으면 목적을 말하겠다 함에 재판장은 어떠한 눈치를 읽은 채인 듯이 미처 피고의 말이 떨어지기 전에, "간단히 말하면 군부의 거두로 조선의 ○이니까 암살하자는 것이었는가?" 하고 질러서 간단히 조지어버렸다.

그래서 전중대장의 거취를 조사해 본 결과 대장이 상해, 남경, 천진에 들른다 하니 김익상은 상해에 있어서 저격하여 목적을 달성치 못하면 남경에 오성륜이가 하기로 하고, 또 목적이 달성치 못하면 피고가 천진에서 제3회의 저격을 하려고 하였는가?

그렇소.

경북 의열단 사건 공판기 『동아일보』. 1926. 12. 22.

실제 행동, 간접 활동
성공 실패가 반반
상해로부터 조선에 오기까지
수범 이종암의 진술

피고와 김익상은 폭탄을 가지고 암살하고, 오성륜은 권총으로 하자는 말이 있었는가?

그렇소.

전중대장은 남경과 천진을 거치지 않고 상해에서 바로 간다는 노정이 변경되었다는 말을 듣고 상해에서 암살하자 하였는가?

그렇소.

상해 부두에서 상륙할 때 목적을 달성치 못하는 때는 영사관 연회시에 실행하자 하였는가?

그렇소.

동년 3월 28일 오전 6시쯤 전중대장이 온단 말을 듣고 가본즉 시간이 변경되

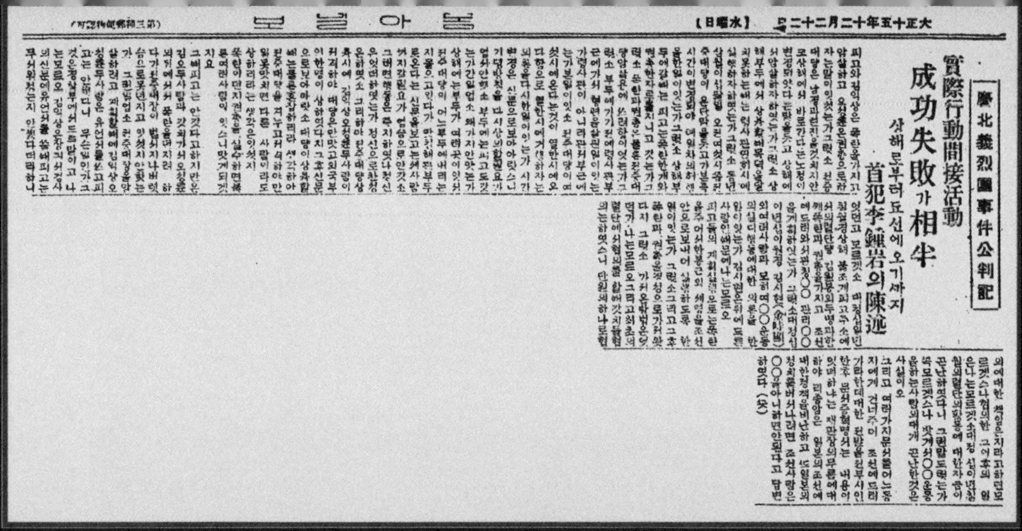
동아일보 大正十五年十二月二十二日 (水曜日)

義烈團事件公判記

實際行動間接活動

成功失敗가相半

상해로부터됴선에오기까지

首犯李鍾岩의陳述

『동아일보』. 1926. 12. 22.

어 제1차의 허행을 한 일이 있는가?

그렇소.

상해 부두에 갈 때는 피고는 폭탄 한 개와 권총 한 자루를 지니고 갔는가?

그렇소.

폭탄과 권총은 물론 전중대장 암살용에 쓰려 함이었는가?

그렇소.

부두에 가기 전에 영사관 부근에 가서 형편을 살핀 일이 있는가?

영사관이 아니라 관저 부근에는 가본 일이 있소.

전중대장이 6시에 온다는 것이 11시에 온다 하므로, 11시에 거행하자는 의론을 다시 한 일이 있는가?

시간 변경은 신문으로 보아 알았으니 기정 방침을 다시 상의할 필요가 없어 안 했소.

부두에는 피고도 갔는가?

간 일 없소.

왜 가지 않았는가?

상해에는 부두가 여러 곳이 있어 전중대장이 어느 부두에 내리는지 모르고 있다가 마침 해관부두로 온다는 신문을 보고는 세 사람까지 갈 필요가 없으므로 안 갔소.

그러면 행동은 중지하였나? 정신은 어떠하였는가?

정신으로 찬성은 하였소.

그리하여 전중대장 상륙 시에 김익상, 오성륜 두 사람이 저격하여 대장은 안 맞고 외국 부인 한 명이 상하였다지?

그 후 신문으로 보아 알았소.

대장이 상륙할 때는 물론 혼잡하리라 생각하여 전중대장을 겨누고 저격하여, 만일 못 맞히면 다른 사람이라도 상하리라는 생각은 있었지?

폭탄이든지 권총을 실수하면 물론 여러 사람이 있으니 맞게 되겠지요.

그때 피고는 안 갔다고 하지마는 김, 오 두 사람과 같이 가서 오성륜의 뒤에서서 폭탄을 던지려 하다가 전중대장이 벌써 지나버렸으므로 못 던지고 있었지 않았는가?

그런 일 없소.

전중대장을 암살하려고 계획할 때 김익상, 오성륜 두 사람은 유언서를 쓰고 피고는 안 썼다니 무슨 일인가?

그것은 경찰부에서 들은 말이고 나는 모르오.

김익상은 장기서 검사의 신문에 유언서를 쓸 때 피고는 무서워졌는지 안 썼다더라 하니 어떤가?

모르겠소.

1922년 7월경 상해 불국조계 피고 주소에서 의열단장 김원봉 외 두 명과 함께 폭탄과 권총을 가지고 조선에 들어와서 관청○○ 관리○○을 계획하였는가?

그렇소.

1923년 12월경 김시현 외 여러 사람과 모여 ○○운동의 실지 행동에 대한 의론을 한 일이 있는가?

김시현은 뒤에 들은 사람인 때문에 나는 모르오.

피고들의 계획 실행으로는 폭탄을 주어서 한봉근 외 세 명을 조선 안으로 보내어 실행하도록 한 일이 있는가?

그렇소.

그리고 그 후 폭탄과 권총을 경성으로 가져왔다지?

그렇소.

가져온 방법은 어떤가?

나는 모르오. 그리고 최초의 의열단에서 협의를 할 때 같이들 협의는 하였으니 단원의 하나로 협의에 대한 책임은 지라고 하면 모르겠으나, 협의한 그 이후의 일은 나는 모르겠소.

1923년 7월 의열단의 활동에 대한 자금이 곤란하였다니 그런 말 들었는가?

꼭 모르겠으나 밖에서 ○○운동을 하는 사람이 대개 곤란한 것은 사실이오.

그리고 여러 가지 문서를 어느 동지에게 건네주어 조선에 들어가라 한 데 대한 전말을 전부 시인한 후, 문서 중 혁명서는 내용이 어떠하냐는 재판장의 물음에 대하여 이종암은 일본의 조선에 대한 정책을 비난하고 또 일본의 정치를 벗어나려면 조선 사람은 ○○을 아니하면 안 된다고 답변하였다.

021

장일 사건

『매일신보』. 1927. 8. 6.

김원봉과 연락
반도 적화의 망동
한편 무기 밀수도 획책
중국 장개석 부관과도 연락 관계
내지인 관계자들도 상당히 많다
◇사건은 전국적으로 확대?

부내 서대문서 고등계에서 취조 중인 장일 씨 외 수 명에 대한 사건은 누차 보도한 바이어니와, 4일 오후 2시경에 경인선 소사에서 중정선승(中井善繩, 35)이란 내지인을 전기 사건의 관계자로 인치, 취조 중이라는데, 이제 장일 씨에 대한 사건의 자세한 내용을 탐문한 바에 의하건대 장일 씨는 본래 러시아령 해삼위에 다년 있었던 관계로 그 방면에 있어 모 운동을 계획 중인 각 단체의 간부들과 친분이 있는 동시에, 지금 장개석군의 부관으로 있는 조선인 청년 양정환과도 매우 친밀한 관계가 있어 오던 중, 요즘에 양씨의 소개로 그의 동지로 같은 운동을 목적하고 중국 북경에 근거를 두었다가 지금 길림성에 근거를 둔 전 의열단 단장 김원봉과 서신으로 서로 사귀게 되어, 김원봉은 조선 내지로 다수한 불온문서를 보내 장일로

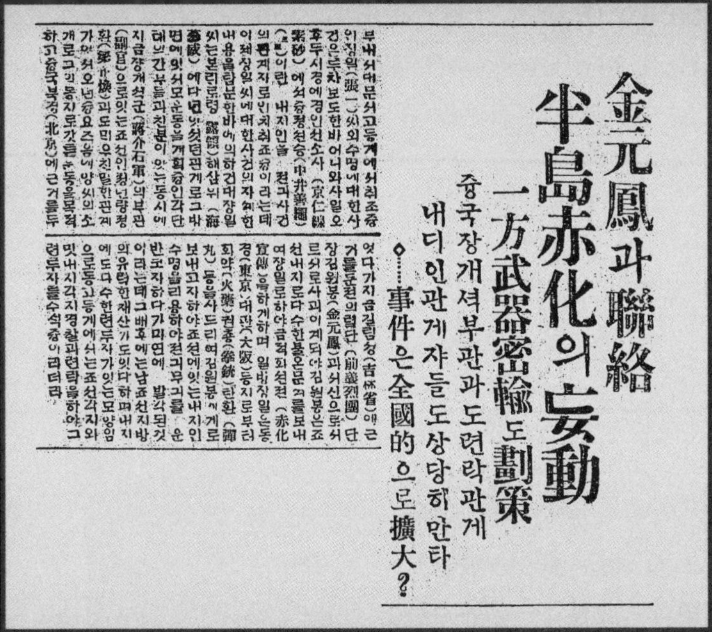

金元鳳과聯絡
半島赤化의妄動
一方武器密輸도劃策
중국장개셕부관과도련락관계
내디인관게쟈들도상당히만타
◇……事件은全國的으로擴大?

부내서대문서고등계에서취조중인장일(張一)씨외수명에대한사건은누차보도한바어니와사일오후두시경에경인선소사(京仁線素砂)에서중청천승(中井善繩)이란 내지인을 전과사건의관계자로인치취조중이라는데이제장일씨에대한사건의자세한내용을탐문한바에의하건대장일씨는본래의렬단(義烈團)해삼위(海蔘威)에다■잇섯던관계로그밧면에잇서모든운동을계획중인각단톄의간부들과친분이잇는동시에지금장개석군(蔣介石軍)의부관(副官)으로잇는조선인청년량청환(梁靑煥)과도매우친밀한관계가잇서오던중요즈음에양씨의소개로그의동지로갓흔운동을목적하고중국북경(北京)에근거를두엇다가지금길림성(吉林省)에근거를둔전의렬단(前義烈團)단장김원봉(金元鳳)과서신으로서르서로사괴이게되야김원봉은조선내지로다수한불온문서를보내여장일로하야금적화선전(赤化宣傳)을하게하며 일방장일은동경(東京)대판(大阪)등지로부터화약(火藥)권총(拳銃)탄환(彈丸)등을사드리여김원봉에게로보내고자하야조선에잇는내지인수명을리용하야전긔무긔를운반코자하다가미연에 발각된것이라는데그배후에는남조선지방의유력한재산가도잇다하며내지에도다수한련루자가잇는모양임으로동고등계에서는조선각지와밋내지각지경찰과련락을하야그련루자를수색중이라더라

『매일신보』. 1927. 8. 6.

하여금 적화 선전을 하게 하며, 한편 장일은 동경, 대판 등지로부터 화약, 권총, 탄환 등을 사들여 김원봉에게로 보내고자 하여 조선에 있는 내지인 수 명을 이용하여 전기 무기를 운반코자 하다가 미연에 발각된 것이라는데, 그 배후에는 남조선 지방의 유력한 재산가도 있다 하며 내지에도 다수한 연루자가 있는 모양이므로, 동 고등계에서는 조선 각지와 내지 각지 경찰과 연락을 하여 그 연루자를 수색 중이라더라.

022

김중산 사건

「동아일보」. 1929. 5. 20.

삼방 약수포에서 러시아제 폭탄 압수
수모자(首謀者) 5명은 해외로 탈주
◇날로 확대되는 조선 ○○정부 사건◇
경찰 활동은 불면불휴(不眠不休)[1]

【김화에서 김특파원 발전】강원도 김화, 양구를 중심으로 작년 11월 이래 널리 강원도 일대에 공산과 민족주의를 선전하여 다수한 농민을 입적시킨 조선 ○○정부 사건은 기보한 바와 같이 지난 13일 사건이 발각 이래 각도 각군에서 다수한 사건의 피의자와 용의자를 체포하였으나, 작년 11월 중에 금번 사건의 수령 김중산이와 어깨를 겯고 조선에 같이 들어온 원길영, 이주형, 전성록, 장모 등의 5명은 사건이 발각된 이후로 즉시 형적을 감추어 아직 종적이 묘연하므로, 경찰의 경계와 수사는 날이 갈수록 더욱 도를 더하여 백열적 대활동을 계속하는 중이라는데, 지난 18일 삼방 약수포 부근 최학순의 집을 수색한 결과 네모난 러시아 제품인 폭탄 한 개를 발견, 압수하는 등 사건은 아직도 끊일 줄을 모르고 확대되는 중이라더라.

1 잘 틈도 쉴 틈도 없이.

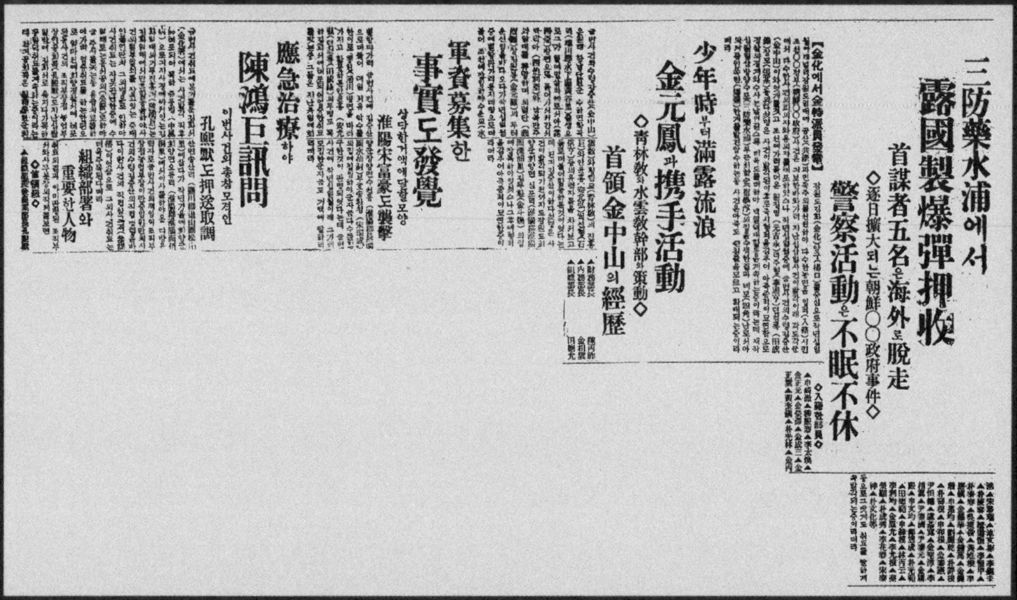
三防藥水浦에서
露國製爆彈押收
首謀者五名은海外로脫走
◇逐日擴大되는朝鮮○○政府事件◇
警察活動은不眠不休

少年時부터滿露流浪
金元鳳과携手活動
◇靑林敎와水雲敎幹部의策動◇
首領金中山의經歷

軍資募集한
事實도發覺
상당한거액에달할모양
淮陽宋富豪도襲擊

應急治療하야
陳鴻㐂訊問
이번사건의총참모격인
孔熙默도押送取調

組織部署와
重要한人物

『동아일보』. 1929. 5. 20.

소년 때부터 만주, 러시아 유랑

김원봉과 손잡고 활동

◇ 청림교(靑林敎)[2]와 수운교(水雲敎)[3] 간부와 책동◇

---

2 동학혁명 후 남정이 창시한 종교. 남정 사후인 1920년 김상설, 이옥정 등이 청림교를 부흥하였다. 융성할 때는 만주 길림과 북간도까지 확장되어 수십만에 이르는 신도가 있었으나, 간부들이 항일투쟁에 나서면서 일본 경찰의 탄압으로 교세가 약화되었다.

3 1923년에 경주 출신 이상룡이 창시한 동학계 종교.

수령 김중산의 경력

금번 사건의 수령 김중산은 원래 함남 단천군 수하면 황곡리 출생으로, 그가 18살 적에 러시아 방면으로 들어가서 저간 시베리아와 남북 만주 일대를 유랑하며 의열단장 김원봉의 두터운 신임을 받아오다가, 작년 11월 중에 별항과 같이 동지 4명으로 더불어 조선에 잠입하여 수운교와 청림교의 진홍거와 안윤홍, 석신형 등의 유력자들을 찾아보고 그들과 더불어 활동하던 것이었다는데, 전기 김중산 이하 5명은 사건이 발각되기 전까지도 강원도 회양군 회양면 심포리 김두환의 집에 잠복하여 있었으나 그 후에 형적을 감추어 아직 종적이 묘연한 중이라더라.

군자 모집한
사실도 발각
상당한 거액에 달할 모양
회양 송부호도 습격

별항과 같이 금번 사건에 김중산으로 더불어 제일 처음 악수를 한 이로 통천 방면을 맡아 가지고 활동하던 안윤홍, 전성록의 두 명도 목하 김화서에 체포되어 엄중한 취조를 받는 중, 그들은 지난 6일에 회양군 장양면 수선동 부호 송환성의 집에 침입하여 군자금 다수를 청구한 것이 판명되었다는데, 금번 사건에 작년 11월 이래 그같이 모집한 군자금도 거액에 달하리라더라.

응급치료 하여 진홍거 신문
이번 사건의 총참모격인 공희묵도 압송 취조

금번 사건 취조에 본거를 둔 김화서에서는, 사건 발각 직후에 체포되어 목하 중풍병으로 거지 사경에 빠져 있는 김화 일대의 거두 진홍거는 김화 일대에서 많은 활동을 하여 사건의 일부 열쇠를 잡고 있는 중대 인물인 만치 그의 병으로 인하여 사건 취조는 잘못 곤란한 중에, 수일 내로는 동서 공의(公醫)로 하여금 주사를 놓는 등 응급치료 하여 가며 엄중 취조를 하는 한편으로, 얼마 전에 회양경찰서에 체포된 동 사건의 조직부장겸 농업부장인 공희묵도 지난 18일 밤에 김화서로 옮겨

다가 목하 통일적 취조를 계속하는 중이라는데, 전기 공희묵은 원래 통천군 퇴산면 송산리에 살다가 작년 가을에 회양군 회양면 오동리에서 이사를 하여온 지방 유력자로 금번 사건의 책임의 조직부장겸 농업부장이란 중임인 만치, 사건의 수령 김중산의 직접 명령을 받아 이번 사건의 직접 참모격이었으므로 그의 사건 취조는 더욱 주목된다더라.

조직부서와 중요한 인물

취조의 결과 이미 판명된 조직부서와 사무 분장의 직제를 보면

◇수령급◇

▲조직부장겸 농업부장 공희묵

▲내무부장 김상운

▲조직부장 전덕윤

◇입적한 부원◇

▲신기철▲유희열▲이태환▲김정원▲김영택▲김성삼▲김정운 ▲황규진▲박광림▲김병호

▲송화서▲지문빈▲이석규▲박경용▲연도항▲이항갑▲박태용▲오동준▲황배근▲이응진▲김종화▲김종만▲김종은▲신면균▲유용건▲박평근▲박수근▲신화근▲김태헌▲윤항용▲노기관▲김성순▲이상익▲윤태제▲윤태원▲김용희▲신문균▲정운성▲박광범▲전덕범▲신혁모▲임병운▲이이균▲김봉윤▲이윤근▲채영순▲박성수▲이화춘▲송태수▲박문화 등으로 그밖에도 취조를 따라 계속 발각되는 중이라더라.

023

서응호 사건

「동아일보」. 1929. 11. 3.

본정서에 검거됐던
의열단 사건 진상
체포는 3명, 미체포 17명
조선 내지에 의열단의 근거를 박아 두고자
작년 여름에 잠입하여 1년 동안이나 활동

중국에 근거를 둔 의열단에서 조선인과 연락을 취하고 또는 동단의 뿌리를 조선 안에 깊이 박기 위하여 작년 6월에 동 중앙집행위원겸 유월(留粤)한국혁명동지회[1] 중앙집행위원 서응호와 동 단원 윤충식, 김철호가 전후하여 조선 안으로 들어와서 각 방면으로 활동을 하다가, 금번에 개최되는 조선박람회를 기회로 민심에 큰 파란을 일으킬 만한 운동을 계획하고 밀의를 거듭하다가 종로경찰서에 체포된 일 있었으나, 교묘하게 동 서의 손을 벗어나서 계획한 바를 실현하랴 할 즈음에 시내 본정서에 체포되어 월여를 극비밀리에서 취조를 받다가 금 2일에 전기 세 명과 체포

1 중국 광동지역에서 활동한 독립운동 단체로, 서응호 외에 이영준, 저항시인으로 유명한 이육사, 손두환 등이 이 단체 소속이었다.

『동아일보』. 1929. 11. 3.

(상)좌로부터 서응호, 김철호, 윤충식.
(하)는 송국 광경.

된 7명을 합하여 20명을 일건 서류와 함께 경성지방법원 검사국으로 엄중한 경계리에 호송하였다더라.

송국(送局)[2] 죄명은 치유 위반

본정서에 송국한 범인의 명칭은 치안유지법 위반 제1조와 제4조에 의하였는데, 그 외 폭력을 사용한 직접적 행동도 없는 것은 아니나 범인들이 원래 역사가 있느니만치 절대로 증거가 발로되지 아니한 것은 말하지 아니한 까닭이라 하며 두뇌들이 명석한 까닭이라더라.

수범 서응호 활동 전말
의열단에 가입
중앙위에 원(員) 피선

수범 서응호는 십여 년 전에 고향인 함남 덕원군 적전면 신풍리에서 소학교와 중학을 졸업하고, 뜻을 원대한 곳에 두고 중국 간도로 건너가서 여러 동지를 규합하여 모종의 운동을 계획하다가, 다시 돌아와서 덕성학교를 다니다가 또다시 노령으로 건너가서 얼마동안 방황하다가 또다시 상해로 돌아가서 당시에 조선 ○○을 목표로 한 의열단에 가입하여 조선 안에 있는 대관, 중요 건물, 친일파 등을 ○○하여 ○○사상을 고취하는 동시에 자금을 만들고, 그 자금으로 동지를 규합, 양성하여 소기한 바를 달성코자 맹렬한 활동을 하던 중, 중국의 혁명운동으로 일시 소란한 틈을 타서 의열단원 일파가 광동으로 모이게 되자 서응호도 광동에 내려가서 중산대학에 학적을 둔 동지들과 회의를 열고, 조선을 일본의 ○○에서 벗어나게 하기 위하여는 순전한 ○○이나 ○○운동으로만은 달성할 수 없다는 것을 결의하고 동 의열단의 중앙집행위원이 되는 선전부장이 된 후 광주의 책임자가 되었다.

---

2 수사 기관에서 피의자를 사건 서류와 함께 검찰청으로 넘겨 보내는 것.

단원 두 명 파견 후
자기는 단신 잠입
◇원산 대쟁의[3]에도 이면 활동◇
인천서에 일시 피착

광주부 주임으로 피선된 후 단원 교양과 단원 단결에 진력을 하다가 〈우리의 길〉이라는 기관지와 소책자를 여러 차례 발행하여 동지 단체에 배부하고 직접운동의 투사를 교양시키다가, 계속하여 광동에 있는 한인청년회를 동 단의 세포단체로 하여 재래에 국한된 조직체를 광범위의 사람을 수용케 하기 위하여 그곳에 있는 이십여 동지와 함께 6월에 한국혁명동지회로 명칭을 변개케 한 후 조선 안으로 들어와서 동지를 규합하는 동시 각 방면으로 뿌리를 박지 아니하면 아니되겠다는 뜻으로, 전기한 김철호와 윤충식을 전후하여 들여보내고 자기도 작년 6월 28일에 중국 기선을 타고 상해를 거치어 인천으로 들어오다가 인천수상서에 인치되었으나 교묘한 수단으로 경찰의 손을 벗어나서 함경남북도로 돌아다니다가, 문평에 있는 "라이싱쿠"석유회사에 사무원으로 들어가서 노동자를 대상으로 민족운동과 계급운동의 제휴할 조건 등을 일러주며 그 운동에 대한 의식을 고취하는 도중, 원산노동쟁의 때에 선동하였다는 혐의로 면직을 당하고, 덕원 신간회 배후서 신간운동을 조정하다가 박람회가 개최되는 기회에 모종의 행동을 계획하고 8월 24일에 경성으로 올라와서 전기 김철호와 윤충식을 시내 문화여관과 남산여관으로 불러 밀의를 하다가 체포된 것이라더라.

민족과 계급
협동 주력
청년, 신간운동[4]에도 참가

---

3 1929년 1월 13일부터 4월 6일까지 원산노동연합회 산하 노동조합원 2,200여 명이 참여한 일제강점기 노동운동 사상 최대 규모의 파업. 원산총파업이라고 불린다.

4 크게 민족주의 운동과 사회주의 운동의 두 흐름으로 나뉘어 있던 독립운동 세력 가운데 민족주의 좌파와 사회주의자들의 민족협동전선으로 창립된 것이 신간회로, 1927년 2월부터 1931년 5월까지 서울에

김철호와 윤충식 경력

김철호의 활동 내용은 1926년 8월에 광동 중산대학을 다니다가 김원봉과 강비호돌과 오성륜 등의 권유로 의열단에 입단하여 최하청, 진공목 등으로 더불어 선전출판부의 책임을 지고 활동하다가, 조선 민족의 해방을 얻기 위하여는 민족운동과 계급운동의 협동전선을 꾸미지 아니하면 아니 된다 하여 전기 두 운동의 협동을 고조하는 동시에 자기 사상만 좌경사상으로 경주하여 최근에 와서는 민족운동자보다는 계급운동자로서 활동한 편이 더 많다 하며, 윤충식은 4년 전에 배재고보를 졸업하고 광동으로 건너가서 그 즉시 전기 단체에 가입하고 작년에 귀국하여 청년운동과 신간운동에 맹장이 되었다더라.

사건 관계자 씨명

동 사건 피의자의 주소와 성명을 들어보면 다음과 같더라.

◇체포자

본적 함남 덕원군 적전면 신풍리

서의준 일명 서웅낙(31)

의열단 중앙집행위원, 유월한국혁명동지회 중앙집행위원

서응호(31)[5]

본적 경기도 시흥군 영등포리 152번지

유월한국혁명동지회원, 중앙청년동맹본부 집행위원장, 신간회 동부지회 위원

윤충식(23)

본부를 두고 전국적으로 120~150여 개의 지회를 가지고 있었으며 회원 수 또한 2만~4만 명에 이르는, 일제하 가장 규모가 컸던 반일 사회운동단체였다.

5 서응호와 서의준, 서웅낙은 동일인물이다.

본적 경남 통영군 조일정 32번지
주소 경성부 권농동 61번지
유월한국혁명동지회원, 신간회 통영지회원
김철호(29)

◇미체포자
김원봉 권중환 이영준 최하청 유흥식 김경수 오성륜 이춘암 한봉근 안유재 강건식 강비당돌 김성암 장지흥 한반은 김규선 김준

체포 경로
체포 경로를 들어보면, 전기 서응호만은 해외 정보로 경무국에서 인상까지 첨부하여 각 경찰에 수배를 하였으나, 여러 가지로 변명을 한 까닭에 드러나지 아니하다가 어떠한 자의 밀고로 체포된 것 같다더라.

024

구연흠 사건

「동아일보」. 1931. 12. 10.

제1차 공산당에도 관계
구연흠 등 공판 개정
찬비 맞으며 방청객 쇄도
공개 5분에 방청 금지

제1차 조선공산당 관계의 구연흠 등 3명에 대한 치안유지법 위반 사건의 제1회 공판은 예정과 같이 9일 오후 2시 경성지방법원에서 개정되었다.

때 아닌 겨울비 우수수 내리는 이른 아침부터 방청객의 떼가 몰려와서 대혼잡을 이루었는데, 그중에는 구연흠의 부인 연씨를 비롯하여 시내 숙명여고에 재학 중인 장녀 구장원과 아홉 살과 다섯 살 먹은 어린 딸들까지 멀리 청주로부터 올라오고, 그 외에도 많은 친척들이 시골로부터 올라왔었다.

정각 금천 재판장, 삼포 검사, 김용무, 이인, 양윤식 등 세 변호사가 열석한 후 재판장으로부터 피고들의 신분을 물은 후 피고 김명회와 별항과 같은 문답이 있은 후 개정 5분 만에 방청금지를 해 버렸다.

◇출정 피고 구연흠(50) 하종환(22) 김명회(25)

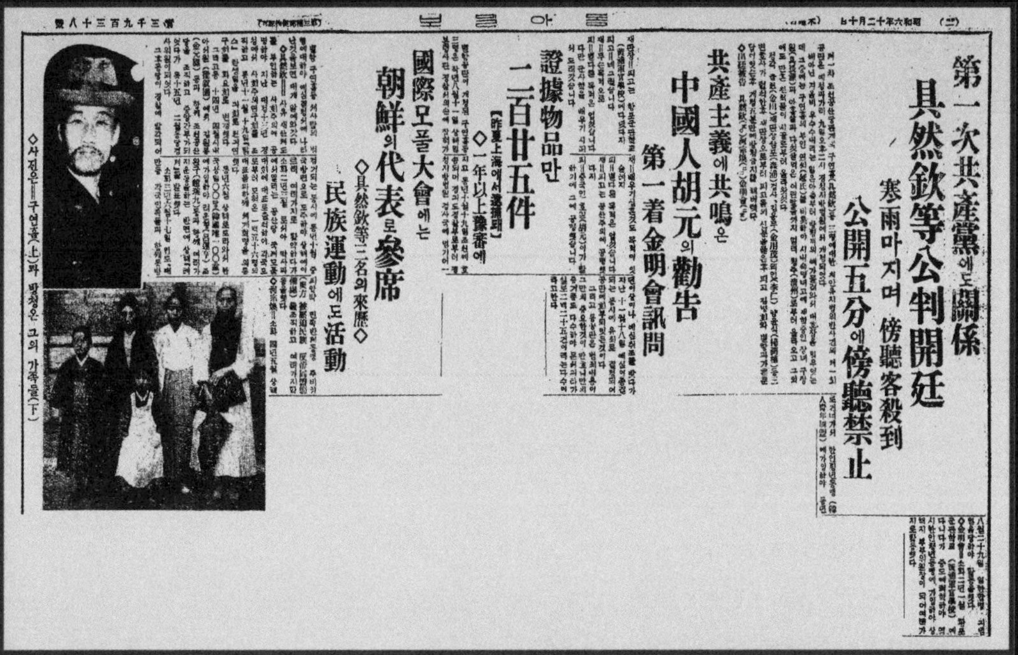

東亞日報 昭和六年十二月十日

第一次共産黨에도關係
具然欽等公判開廷
寒雨마지며 傍聽客殺到
公開五分에傍聽禁止

共産主義에共鳴은
中國人胡元의勸告
第一着金明會訊問

證據物品만
二百廿五件
【昨夏上海에서逮捕】
◇一年以上豫審에

國際모플大會에는
朝鮮의代表로參席
◇具然欽等三名의來歷◇
民族運動에도活動

◇사진은=구연흠(上)과 방청온 그의 가족들(下)

『동아일보』. 1931. 12. 10.

구연흠(상)과 방청온 그의 가족들(하)

공산주의에 공명(共鳴)은

중국인 호원(胡元)의 권유

제1착 김명회 신문

재판장: 피고는 황포군관학교에 다녔다지?

피고: 네, 그렇습니다.

재: 무슨 목적으로.

피: 별다른 목적은 없었습니다. 다만 군사학을 배우고 싶어서 들어갔습니다.

재: 배우고 싶은 것도 목적이 있을 테지.

피: 별다른 목적은 없었습니다.

재: 피고는 공산주의에 공명했다지?

피: 중국인 호원(胡元)이가 말하기에 그에 공명했습니다.

증거물품만 225건

(작년 여름 상해에서 체포돼)

◇1년 이상 예심에

별항 공판이 개정된 구연흠 등 3명은 작년 8월 11일 상해 일본영사관 경찰서의 손에 잡혀 가지고 동년 10월 19일 조선에 호송되어 경기도경찰부로부터 경성지방법원 검사국에 넘기어 1년 이상이나 예심 취조를 받다가 지난 11월 18일, 예심이 종결되는 동시에 유죄로 결정되어 공판에 회부되었던 것이다.

그리고 동 공판은 범죄 내용이 그만치 중요한 것이 많으니만치 증거품도 다수하여 문서, 기타가 실로 225건이라는 다수라고 한다.

국제모플대회에는

조선의 대표로 참석

◇구연흠 등 3명의 내력◇

민족운동에도 활동

별항 구연흠 등 세 사람의 범행에 대하여 예심 결정서에 나타난 것을 보면 대개 아래와 같다.

◇구연흠=사유재산제도를 부인하는 사회주의에 공명하여 지난 1924년 경성에서 사회주의연구회를 조직하고, 동년 11월 19일, 마르크스 탄생일을 기회로 전기 연구회를 화요회[1]로 변경했다.

그리고 동 1925년 4월 시내 아서원에서 김원봉 등과 함께 조선공산당을 조직하고 중앙간부가 되었다가 동 1926년 2월 동당 검사위원이 되었다.

그 후 동당이 경찰에 발각되어 검거되는 동시에 동년 10월 중국 방면으로 도주하여 상해에 이르러 여러 가지로 활약하다가, 1927년 3월 러시아 모스크바에서 열리는 공산당 국제모풀대회[2]에 대표로 출석하여 각국으로부터 모여온 156명의 대표들과 함께 세계 혁명을 의론했다.

동년 6월 상해로 돌아와서 한국유일○○당에 가입하여 여운형, 조완구 등과 함께 여러 가지 운동을 하는 반면에 상해 테제를 발표했다.

1928년 6월 17일 인도, 대만 등 각국 민족들과 함께 동방피압박민족 반제동맹 주비처[3]를 조직하고 여러 가지 활동을 했다.

◇하종환=1929년 5월 상해로 건너가서 한인청년동맹에 가입하여 동년 8월 29일 일한합병 기념일을 당하여 활동을 했다

◇김명회=1927년 1월 황포군관학교[4]에 다니다가 중도에 퇴학하여 역시 한인청년동맹에 가입하여 상해지부 부위원장이 되어 여러 가지로 활동했다.

---

1 1924년 서울에서 조직된 사회주의 단체로, 본래 명칭이 신사상연구회였다. 그러나 마르크스의 생일이 화요일이라는 점에 착안해 명칭을 바꾸면서 사업 목적 역시 연구 단체에서 행동 단체로 탈바꿈하였다. 화요회는 훗날 조선공산당 창립에 주도적인 활동을 하였다.

2 러시아어 Mopr(Mezhdunarodnaya organizatsiya pomoshchi revolyutsioneram). 우리말로는 국제혁명운동희생자구원회로, 1924년 독일에서 조직된 적색구원회가 국제적인 규모로 발전한 단체.

3 1927년 2월 우리나라의 김규식·유자명·이광제·안재환 등과 중국인 목광록·왕척후, 인도인 간타싱·비신싱 등이 남경에서 모임을 갖고, 동방의 피압박 민족들이 공동전선을 구축하는 것이 절실히 요청된다는 데에 인식을 같이하고 동방피압박민족연합회(한국·중국·인도·대만·베트남)를 조직하였다.

4 중국국민혁명에 필요한 군사간부를 양성하기 위해, 1924년 1월 중국 광저우에 설립한 군사교육기관.

025

만주국 교란 기도 사건

「매일신보」, 1934. 4. 6.

만주국 교란 기도로
김원봉 부하 피착
본정서 고등계에서 엄중 취조 중
사건은 더욱 확대될 듯

부내 본정서 고등계[1]에는 수 일 전 경성역에서 24, 25세가량 된 청년을 검거하고 방금 증근(曾根) 고등주임이 극비밀리에 엄중한 취조를 거듭하는 중인데, 그 청년은 취조의 결과 의외에도 상해 의열단장 김원봉의 부하로 만주국 교란을 목적하고 비밀리에 경성을 거쳐 만주국으로 향하던 도중에 이동경찰대에게 발견, 검거된 것으로 6개월간 군사훈련까지 받아 정예한 무기도 자유자재로 사용하는 방법까지 습득한 것이라는데, 사건은 의외로 확대되어 시내에 그 연루자가 있는지도 알 수 없으므로 동 서에서는 목하 각 방면으로 맹렬한 활동을 개시하고 있는 중이다.

---

1 일제 강점기에, 한국인의 독립운동 및 정치적·사상적 동향을 감시하고 탄압하는 일을 맡아보던 경찰 부서. 특별고등경찰.

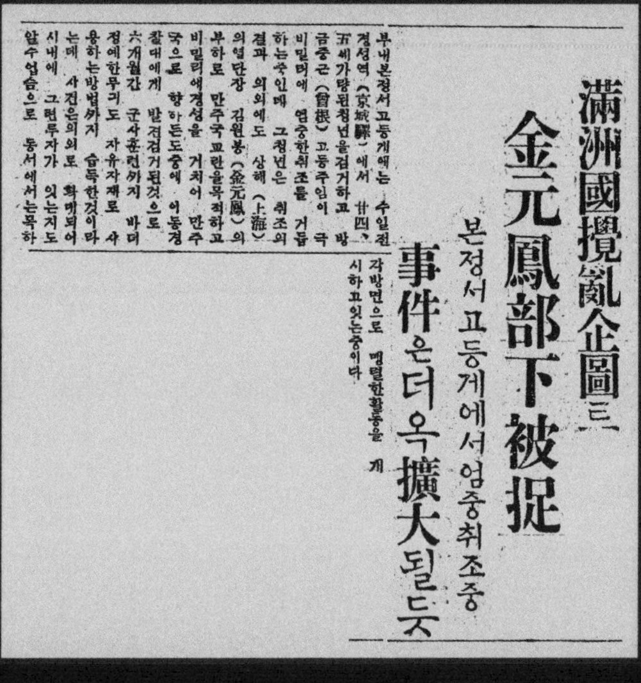

滿洲國攪亂企圖트

金元鳳部下被捉

본정서고등게에서엄중취조중

事件은더욱擴大될듯

부내본정서고등게에는 수일전 경성역(京城驛)에서 卄四、五세가량된청년을검거하고 방금중근(曾根)고등주임이 극비밀리에 엄중한취조를 거듭하는중인데 그청년은 취조의 결과 의외에도 상해(上海)의 의열단장 김원봉(金元鳳)의 부하로 만주국교란을목적하고 비밀리에경성을 거치어 만주국으로 향하든도중에 이동경찰대에게 발견검거된것으로 六개월간 군사훈련까지 바더 정예한무긔도 자유자재로 사용하는방법까지 습득한것이라는데 사건은의외로 확대되어 시내에 그런투자가 잇는지도 알수업슴으로 동서에서는목하 각방면으로 맹렬한활동을 개시하고잇는중이다

『매일신보』. 1934. 4. 6.

026

남경군관학교 사건

『매일신보』. 1934. 7. 10.

오늘 새벽 자동차대 출동 시내 여러 곳을 대검색
여러 명을 인치하고 취조 개시
사태는 점차로 확대되어 가는 중이다
평북 사건, 경기도경찰부 활동

평북경찰부에서 탐색한 2등비행사 윤공흠 검거 사건은 기보와 같이 평남, 평북, 경기 3도에 그 범위를 확대하여 목하 각처에서 연루자들을 검거 중인데, 사건은 의외에 대담한 테러 공작과 국제 문제를 배태한 중대성을 띠었다. 9일 새벽에도 경기도경찰부 고등계원은 여러 대의 자동차에 분승하고 비밀리에 출동하여 시내 수 개소를 습격하여 가택수사를 한 후에 연루자 몇 명을 또한 검거하였다. 사건은 날로 확대할 형세인데, 9일까지 나타난 윤곽은 대략 아래와 같다.

장개석의 후원을 얻어 군관학교를 설치
이것을 중심으로 테러를 획책
드러난 사건의 윤곽

사건은 2등비행사 윤공흠이 장개석의 부하로 있을 때 의열단장 김원봉과 알게 되어 민족운동의 기초공작을 하기로 약속이 되었다. 만주국이 건설된 이래 장개석

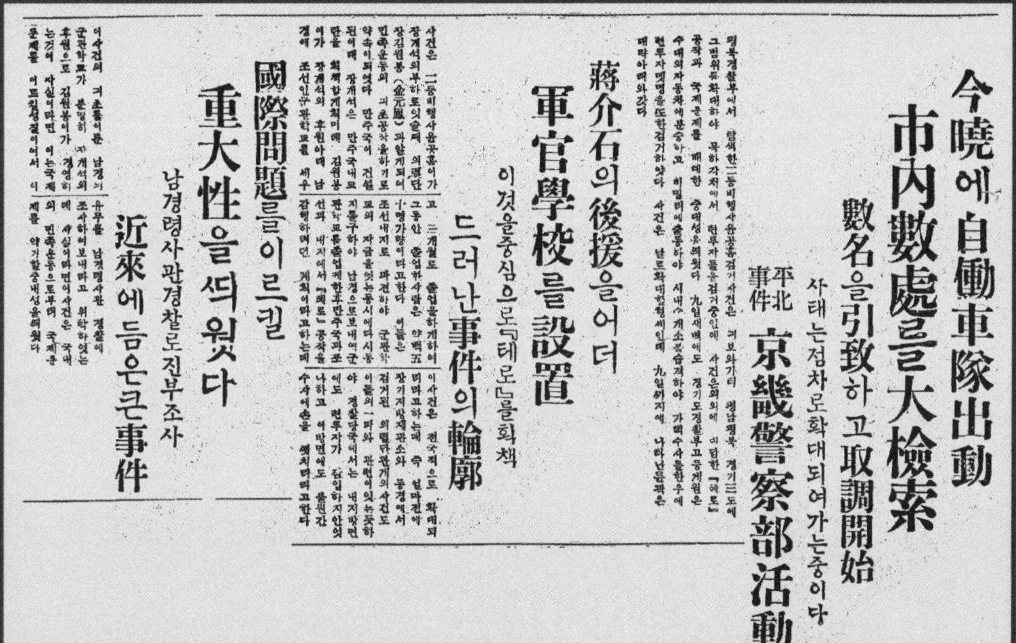

今曉에 自働車隊出動

市內數處를大檢索

數名을引致하고取調開始

사태는점차로확대되여가는중이다

平北事件 京畿警察部活動

평북경찰부에서 탐색한二동비행사윤공흠검거사건은 긔보와가티 평남평북 경기三도에 그범위를확대하야 목하각처에서 련루자들을검거중인에 사건은의외에 더대한「테로」공작과 국제문제를 배태한 중대성을띄엿다 九일새벽에도 경기도경찰부고등계원은 수대의자동차에분승하고 비밀리에출동하야 시내수개소를습격하야 가택수사를한우에 련루자몃명을또한검거하얏다 사건은 날로확대할형세인데 九일까지에 나타난윤곽은 대략아래와갓다

蔣介石의後援을어더

軍官學校를設置

이것을중심으로「테로」를획책

드러난事件의輪廓

사건은 二동비행사윤공흠이가 장개석의부하로잇슬때 의렬단장김원봉(金元鳳)과알게되어 민족운동의 긔초공작을하기로 약속이되엿다 만주국이 건설된이때 장개석은 만주국내로란을 획책할계획이매 김원봉이가 장개석의 후원아래 남경애 조선인군관학교를 세우고 三개월로 졸업을하게하여 그동안 졸업한사람은 약백五十명가량이라고한다 이들은 조선내지로 파견하야 군관학교의 자금을엇는동시에다시동지를구하야 남경으로보내여군관학교를졸업케한후만주국과조선과 내지에서「테로」공작을 감행하려던 계획이라고하는데 이사건은 전국적으로 확대되리라고하는데 즉 얼마전에 장기지방재판소와 동경에서 검거된 의렬단관계의사건도 이들의一파와 관련이잇는듯하야 경찰당국에서는 내지방면에도 련루자가 잠입하지안엇나하고 이방면에도 물론간 수사에손을 펫치리라고한다

國際問題를이르킬

重大性을띄웟다

남경령사관경찰로진부조사

近來에드믄큰事件

이사건의 긔초를이룬 남경의 군관학교가 분명히 장개석의 후원으로 김원봉이가 경영히는것이 사실이라면 이는국제문제를 이르킬성질이어서 이유무를 남경령사관 경찰에 조사하여보내라고 위탁하엿는데 사실이라면이사건은 국내외 민족운동으로부터 국제문제를 야기할중내성을띄웟다

『매일신보』. 1934. 7. 10.

은 만주국내 교란을 획책할 계획 밑에 김원봉이 장개석의 후원 아래 남경에 조선인 군관학교를 세우고 3개월로 졸업을 하게 하여 그동안 졸업한 사람은 약 150명 가량이라고 한다. 이들은 조선 내지로 파견하여 군관학교의 자금을 얻는 동시에 다시 동지를 구하여 남경으로 보내 군관학교를 졸업케 한 후 만주국과 조선과 내지에서 테러 공작을 감행하려던 계획이라고 하는데, 이 사건은 전국적으로 확대되리라고 하는데, 즉 얼마 전에 장기지방재판소와 동경에서 검거된 의열단 관계의 사건도 이들 일파와 관련이 있는 듯하여 경찰당국에서는 내지 방면에도 연루자가 잠입하지 않았나 하고 이 방면에도 불원간 수사에 손을 뻗치리라고 한다.

국제 문제를 일으킬 중대성을 띠었다
남경영사관, 경찰로 진부 조사
근래에 드문 큰 사건

이 사건의 기초를 이룬 남경의 군관학교가 분명히 장개석의 후원으로 김원봉이 경영하는 것이 사실이라면 이는 국제 문제를 일으킬 성질이어서 이 유무를 남경영사관, 경찰에 조사하여 보내라고 위탁하였는데, 사실이라면 이 사건은 국내의 민족운동으로부터 국제 문제를 야기할 중대성을 띠었다.

전후 검거 30여 명　　『동아일보』. 1934. 7. 19.

준엄한 취조만 계속 중
수색하는 김원봉은 낙양에 잠복
남경군관교생 사건 그 후

【신의주지국전화】누보=평북 정주서의 남경군관학교 학생 사건은 그동안 각지 경찰과 연락을 취하여 검거에 활동한 결과, 지금까지에 검거한 인원은 30명에 가까

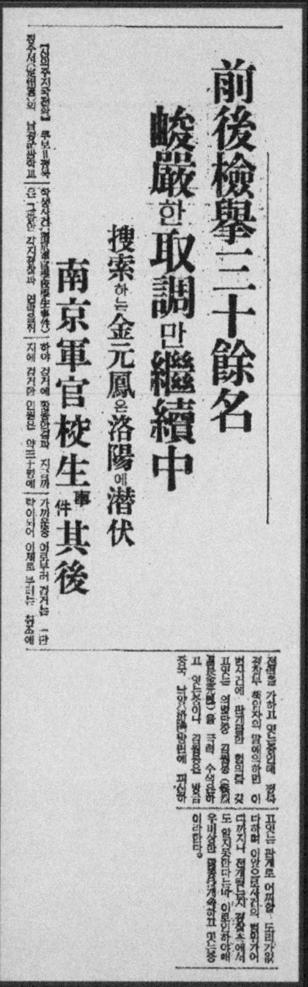

前後檢擧三十餘名

峻嚴한取調만繼續中

搜索하는金元鳳은洛陽에潛伏

南京軍官校生事件其後

『동아일보』. 1934. 7. 19.

운 중, 이로부터 검거는 일단락이 되어 이제부터는 취조에 전력을 가하고 있는 중인데, 평북경찰부 책임자의 말에 의하면, 이번 사건에 관계를 한 혐의를 갖고 있는 의열단장 김원봉을 극력 수색은 하고 있는 중이나 김원봉은 방금 중국 낙양 방면에 피신하고 있는 관계로 어찌할 도리가 없다 하며, 앞으로 사건의 범위가 어디까지 전개될는지 경찰측에서도 알지 못한다는 바 이로 인하여 매우 비상한 활동을 계속하고 있는 중이라 한다.

비행기로 무기를 운반
비행사 윤공흠, 비행기 매수 중 탄로
용강, 선천 야체카[1]를 조직 활동
남경군관생 사건 내용

【신의주지국전보】조선 ○○군관학교는 의열단장 김원봉이 조선 ○○지도자 양성기관에서 제1기 졸업생 26명과 제2기 졸업생 55명을 조선과 만주 방면에 잠입케 하여 조선의 ○○과 만주○○을 목적으로 삼은 것이라고 한다. 전기 군관학교 사건의 피의자 4명은 활동부대의 필요에 의하여 각각 용강, 선천 공산당 야체이카에 가입하여 동인(同人)으로써 활동하여 군관학교 유학생 모집에 착수하였다. 또 그 공산당 관계자는 용강 야체이카에 11명, 선천 야체이카에 9명이었으나 그중에 전기 5명만이 구속으로 송국(送局)되게 되었다고 한다. 군관학교 사건의 특점을 들어본다면, 그들은 군사훈련을 받았던 만큼 그들 자신이 직접 행동을 취할 것을 목적하고, 폭탄의 극히 용이한 제조법과 암호은서(暗號隱書) 사용법을 알고 있으며, 또 이등비행사 윤공흠은 비행기로써 선전물을 산포하는 동시에 동지 운반과 무기 운반 등을 행할 계획을 세우고, 그 준비를 위하여 지난 5월 중순경에 체신국으로부터 비행기 조종의 허가를 받는 동시에 경성에서 비행기의 매수를 교섭 중 사건 발생으로 말미암아 체포되었다고 한다.

군사위원 간부 이철호가 직접 잠입
제2차로 10일에 5명을 송국
'전진대'만은 계속 취조

【신의주지국전보】5일 평북경찰부에서 신의주 검사국으로 송국될 세칭 남경군관학교 졸업생 사건과 방계의 전진대 공산○○당 사건은 경찰부의 사정으로 말미암

1 러시아어로 '공산당 등의 세포'를 뜻한다.

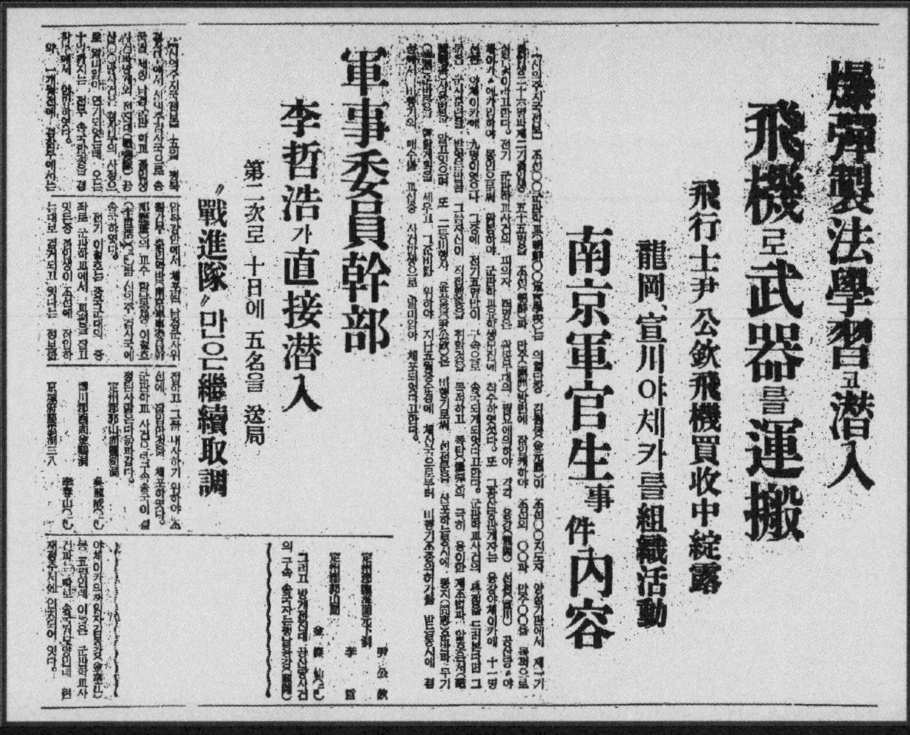
爆彈製法學習코潛入

飛機로武器를運搬

飛行士尹公欽飛機買收中綻露

龍岡、宣川야체카를組織活動

南京軍官生事件內容

軍事委員幹部

李哲浩가直接潛入

第二次로 十日에 五名을 送局

〃戰進隊〃만은繼續取調

『동아일보』. 1934. 11. 6.

아 연기되었는데, 오는 10일까지는 전부 송국할 것을 경찰부에서 언명하였다. 약 1개월 전에 경찰부에서는 압록강 기슭에서 체포된 남경군사위원 간부훈련 역반(歷班)[2]의 교수 함남 출생 이철호(33)를 신의주 검사국에 송국하였다.

전기 이철호는 중국군대의 중좌로, 군관학교에서 교편을 잡고 있던 중 졸업생이 조선에 잠입하는 대로 검거되고 있다는 정보를 접하고 그를 내사하기 위하

2 경력반.

여 조선에 잠입한 것을 체포하였다. 군관학교 사건으로 구속, 송국이 결정된 사람은 다음과 같다.

정주군 곽산면 염호동 오용성(26)

박천군 서면 금계동 이춘산(26)

경성부 경운동 38 윤공흠

정주군 임해면 원하동 이철

정주군 곽산면 김찬선(24)

그리고 방계 전진대 공산당 사건의 구속 송국자는 평남 용강 야체이카의 책임자 김봉강 등 5명인데, 이들은 군관학교 사건과는 따로 송국될 모양인데, 현재 정주서에 인치되어 있다.

세칭 군관학교 사건 『매일신보』, 1934. 11. 11.

윤공흠 일당 송국
연계 관계 있는 전진대원까지
관계자 총수 74명

【신의주】 누보 = 의열단장 김원봉의 지휘를 받아가며 1935, 1936년의 세계 위기를 이용하여 조선 내에 치안을 교란코자 만주와 조선 내에 흩어진 남경군관학교생 중 선발대로 비행사 윤공흠(22), 오룡성(26), 전형렬(26), 김찬서(24) 등이 조선 내에 잠입하여 조선 내 사정에 서투른지라, 활동의 첫길로 평남 용강 전진대와 평북 선천의 전진대와 연락을 취하여가며 동지 규합에 진력 중, 동지이며 전에는 군관학교 선생이던 김세옥이 천진 총사령관에 자수함에 의하여 금년 6월 1일 정주서에 윤공흠이 체포되자 사건은 일체 판명되어 질풍신뢰적으로 각 관계자가 체포되어, 이래 정주서에서 취조를 받는 세칭 군관학교 사건 및 이와 연락을 취하던 전

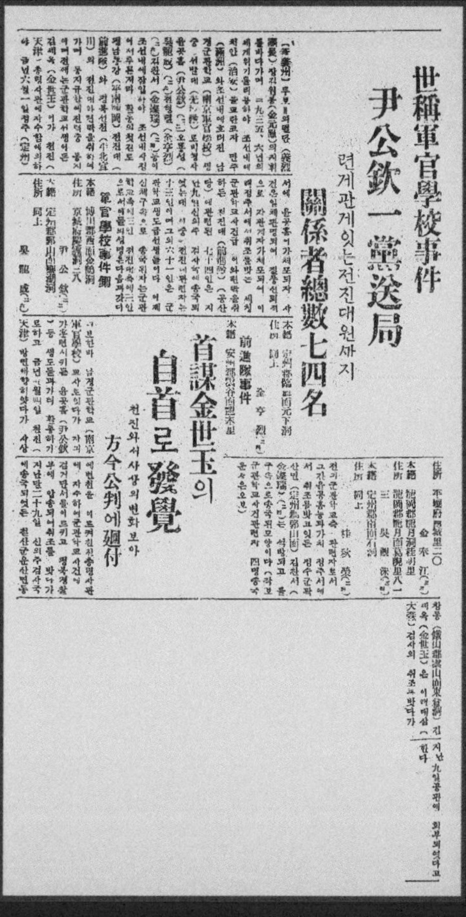

世稱軍官學校事件
尹公欽一黨送局
련게관계잇는전진대원까지
關係者總數七四名

前進隊事件

首謀金世玉의
自首로發覺
전진와서사상의변화보아
方今公判에廻付

軍官學校事件側

『매일신보』, 1934. 11. 11.

진대(공산당)에 관련된 74인은 지난 9일 신의주 검사국에 송국되었는데, 이 중 전진대 관련자는 13인이며 그 외 61인은 군관학교 생도 및 선생들이다. 이제 신체구속으로 송국된 자는 군관학교 측에 3인, 전진대 측에 3인으로서 이들의 성명은 다음과 같다.

군관학교 사건 측

본적 박천군 서면 금학동

주소 경성부 경운동 38
윤공흠(22)

본적 정주군 곽산면 염호동
주소 상동
오룡성(26)

본적 정주군 임□면 원하동
주소 상동
전형렬(24)

전진대 사건
본적 안주군 운곡면 용목리
주소 평양부 사성리 20
김봉강(33)

본적 용강군 용월동 계명리
주소 용강군 용월면 갈현리 813
오관수(34)

본적 정주군 남면 석동
주소 상동
계추영(24)

전기 군관학교 측 관련자로서 그간 윤공흠과 같이 정주서에서 취조를 받고 있던 정주군 곽산면 김찬서(24)는 석방되고 불구속으로 송국된 모양이다.(작보 군관학교 사건 관련자 4명 송국 운운은 오보)

수모(首謀) 김세옥의 자수로 발각
천진 와서 사상의 변화 보아
방금 공판에 회부

기보한 바 남경군관학교 교사로 있다가 자기가 훈련시키던 윤공흠 등 생도들과 같이 활동하기로 하고 금년 9월 4일 천진 방면에 향하였다가 사상에 변천을 일으켜 천진 총사령관에 자수하여 군관학교 사건에 검거 단서를 일으키고 평북경찰부에 압송되어 취조를 받다가 지난달 29일 신의주 검사국에 송국되었던 철산군 운산면 동창동 김세옥은 이후 대삼(大森) 검사의 취조를 받다가 지난 9일 공판에 회부되었다고 한다.

김원봉 지휘로 활동　　　『동아일보』. 1935. 4. 9.

비행기 불하도 계획
금일, 남경군관생 사건 예심 종결
7명 전부 유죄 결정

【신의주지국전화】 작년 11월 정주경찰서로부터 압송된 이래 그동안 신의주지방법원 예심에 회부되어 있던 중국 남경군관학교 사건은 금 8일에 예심이 종결되는 동시에 7명 전부가 치안유지법 위반, 범인은피(隱避)죄로 공판으로 넘어갔다.

공판으로 넘어간 7명의 주소 성명은 다음과 같으며, 사건은 아직 정확한 발표를 하지 않았으므로 알 수가 없으나 듣는 바에 의하면,

이들은 의열단 김원봉의 지시를 받아 남경군관학교를 졸업한 후 각각 귀국하여 1935, 1936년의 비상시기를 틈타서 만주와 조선의 치안을 교란하고 ○○을 꾀하는 동시에, 개중에는 2등비행사까지 섞여 있어 육군성의 비행기를 불하까지

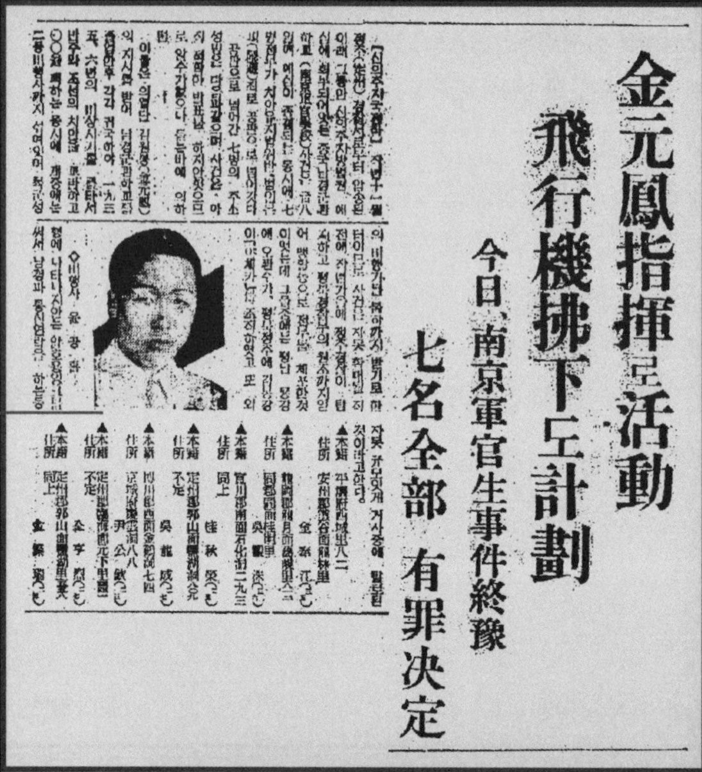
金元鳳指揮로活動
飛行機拂下도計劃
今日、南京軍官生事件終豫
七名全部 有罪決定

비행사 윤공흠.

『동아일보』. 1935. 4. 9.

받기로 한 터이므로 사건은 자못 확대될 직전에, 작년 가을에 정주경찰이 탐지하고 평북경찰부의 원조까지 얻어 맹활동으로 전부를 체포한 것이었는데, 그들 중에는 평남 용강에 오관수가, 평북 정주에 김봉강이 야체카를 조직하였고 또 외형에 나타나지 않는 암호용 잉크를 써서 남경과 통신 연락을 하는 등 잘못 규모 있게 거사 중에 탄로된 것이라고 한다.

▲본적 평양부 서성리 82 주소 안주군 운곡면 용림리 김봉강(35)

▲본적 용강군 용월면 갈현리 812 주소 동군 동면 계명리 오관수(36)

▲본적 선천군 남면 석화동 293 주소 동상 계추영(25)

▲본적 정주군 곽산면 염호동 809 주소 부정 오용성(27)

▲본적 박천군 서면 금계동 74 주소 경성부 경운동 88 윤공흠(23)

▲본적 정주군 임해면 원하리 441 주소 부정 전형렬(27)

▲본적 정주군 곽산면 염호리 558 주소 동상 김찬서(25)

예심 결정서에 나타난 군관교 사건 진상 『동아일보』. 1935. 4. 27.

이면의 조종자는 김원봉
의열단의 전율할 계획

【신의주】남경군관학교 졸업생의 조선만주 ○○공작 사건은 작년 평북도를 비롯하여 평남, 경기, 황해도 경찰의 혈안의 활동으로 검거를 본 이래, 동교를 설치한 조선 ○○운동의 거두 김원봉의 1935, 1936년에 있어서의 계획이 엄청나게 큰 점과, 그 공작에 치밀한 용의를 가진 점 기타가 단편적으로나마 세상에 보도됨을 따라 일반의 주목을 끌 수 있었으나, 이때까지 전면적인 윤곽도 밝혀지지 아니하였으므로 이에 평북 신의주지방법원 예심정에서 심리한 비행사 윤공흠 등 사건의 예심결정서의 내용 대강을 보이기로 한다.

◇예심 종결 결정

본적 평남 평양부 서성리 20

주거 동도(同道) 안주군 운곡면 용림리

광업 창일, 단우라는 김봉강(35)[3]

3 창일, 단우는 김봉강의 별명으로 보인다.

豫審決定書에 나타난
軍官校事件眞相
裏面의 操縱者는 金元鳳
義烈團의 戰慄할 計劃

◇豫審終結決定

『동아일보』. 1935. 4. 27.

본적 평남 용강군 용월면 갈현리 813

주거 동면(同面) 계월리

농업 오관수(36)

본적 평북 선천군 남면 석화동 293

주거 동상

농업 계추영(25)

본적 평북 정주군 곽산면 염호동 809
주거 부정
무직 오용성(27)

본적 평북 박천군 서면 금계동 74
주거 경성부 경운동 39
무직 윤공흠(23)

본적 평북 정주군 임해면 원하동 141
주거 부정
무직 전형렬(27)

본적 평북 정주군 곽산면 염호동 558
주거 동상
음식점 김찬서(25)

위 피고인 등에 대한 치안유지법 위반, 피고인 계추영에 대한 범인은피, 각 피고 사건에 관하여 병합예심을 끝막고 아래와 같이 결정함.

주문
피고인 김봉강, 오관수, 계추영, 오용성, 윤공흠, 전형렬, 김찬서에 대한 본건 각 피고 사건을 신의주지방법원의 공판에 부함.

이유
중화민국 남경에 본거를 두고 김원봉을 단장으로 한 의열단은 종내 조선의 ○○을 유일의 □□으로 하여 여러 흉포 행위를 연이어 행하여 왔는데, 조선의 ○○완성의 날에는 다시 공산주의 사회를 건설하고 의열단에서 그 정권을 획득할 것을 기도하여, 그 준비 공작으로서 1929년 가을 북경에 레닌정치학교와 레닌사(社)를 설치하고 국제공산당과의 접근 연락을 시도하는 동시에 만주, 조선의 조선○○단체를 통괄하여 ○○○○ 전선통일동맹을 조직하여 의열단에서 그 실권을 장악하고 오직 조선에 군세고 과격한 ○○사상을 선전, 고취하며 또 만주사변[4] 발발 이래 급격히 첨예화한 중국의 항일운동을 이용하여 1932년 5월 단장 김원봉은 의열단 명의로써 중○합작에 관한 건의를 중국 측에 제출하여 만주의 ○○과 조선의 ○○과는 상관관계에 있으니 ○○공동전선을 결정할 필요가 있음을 역설, 강조하여 드디어 동년 가을 국민정부의 양해 지원 하에 조선○○간부학교(통칭 조선인군관학교. 이하 군관학교라 약칭함)를 설치함에 이르렀다.

그리하여 당해 군관학교는 단장 김원봉을 교장으로, 동지(同志) 조선인을 교관으로 하고 1932년 가을 이래 유능한 조선인 청년을 모집하여 학생은 반드시 의열단에 입단시키어 ○○공작에 필요한 교육훈련을 실시하여 만주와 조선에 잠입시켜서 전진대와 공산주의의 비밀결사를 조직케 하여, 시기 도래의 날에는 조선민족을 ○○하여 ○○○○시켜 일본 조선 요인의 ○○, 관아 철도 기타 중요 시설의 ○○ 등 폭력 수단에 의하여 ○○의 ○○○을 ○○하고 다시 조선의 공산운동에 종사할 투사 양성에 노력하고 있는 것으로서, 당해 의열단과 군관학교는 모두 조선을 ○○시켜 ○○의 ○○○의 내용을 실질적으로 축소, 침해하여 ○○를 변혁하고 또 사유재산제도를 ○○하여 공산제 사회의 ○○을 목적으로 하는 비밀결사인데, 1933년 4월 이미 제1기생 약 26명을 만주, 조선 각지에 파견하고 다시 동 9월에 제2기생으로서 피고인 오용성, 윤공흠, 전형렬, 김찬서 등 55명을 남경 교외 강안진 소재 군관학교에 입학시키고 또 의열단에 가입시켜 1934년 4월 17일까지 6개월간에 걸쳐

1. 학과(정치과)

▲훈화 ▲제국주의 ▲세계정세 ▲불란서혁명 ▲조선역사 ▲중국혁명사 ▲세계

4 1931년 9월 일본군이 중국 동북 지방을 침략한 전쟁으로, 이후 중일전쟁의 발단이 되었다.

혁명사 ▲조선경제사 ▲사회학 ▲철학 ▲경제학 ▲정치학 ▲국제정세 ▲당조직론 ▲비밀공작법 ▲삼민주의 ▲의열단사

2. 술과(군사과)

▲ 전술과 ▲보병조전(步兵操典)[5] ▲교통교범 ▲진중요무령(陣中要務令) ▲간이측량학 ▲축성(築城)교범 ▲기관총학 ▲지형학 ▲폭파교범 ▲사격교범 ▲육군예식 ▲폭탄제조법 등

조선 ○○에 필요한 사상적 교육과 군사적 훈련을 하여 그 ○○의식을 고취, 계발하고 의열단의 의도와 그 구체적 실현 방법을 교수하며, 그간에 상호 졸업 후의 ○○ 공작에 관하여 토론, 협의시키고, 1934년 4월 17일 피고인 등 제2기생이 졸업하고 의열단의 공작에 착수하려 함을 맞아 교장 또는 교관이 각기 조선 또는 만주에 잠입하여 의열단의 확대 강화 등 조선 ○○에 필요한 공작을 하라는 뜻의 지령을 주고, 또 여비와 공작자금을 급여하여 각 공작에 출발시켜 의열단과 군관학교의 목적 달성을 도모한 것이다.

제1, 피고인 김봉강은 어린 시절 양친과 함께 만주로 넘어가 유하현, 액목현 등을 전전하고 그간에 중국인 경영의 학교와 중국 기독교청년회관에서 영어, 러시아어, 중국어를 수업하고 1926년 모스크바공산대학 입학의 목적을 가지고 상해에 갔었으나, 동행하였던 고려○○당 간부 최동희가 병사(病死)하자 러시아 입국을 단념하고 일시 풍옥상 잠편(暫編)[6] 제66군에 참가하여 1927년 다시 액목현에 돌아가 그즈음부터 좌익 문헌을 탐독하여 공산주의에 공명함에 이른 자다.

---

5 오늘날의 각개전투에 해당.
6 잠정적으로 편성함.

예심 종결 결정서(2)

1932년 중순경 우연히 서로 알게 된 공산주의자 김상규와 함께 평양부 창전리 149 당시 피고인 집에서 회합하여, 조선에 있어서 비밀결사 혁진회를 조직하여 공장부, 학생부, 탄광부, 농민부의 4부를 설치하여 피고인 자신이 고문이 되고 김상규를 최고지도책임자에 임명하여 동년 6월부터 12월까지 사이에 평양을 중심으로 한 강서 용강, 곽산에 있어서 피고인 오용성, 동 오관수 외에 한순원, 장주찬, 김형극, 임동욱, 김근찬, 강택제 등을 동지로 획득하고, 그 확대 강화의 방침으로서 위 활동 지역 내에 있는 학생, 갱부(坑夫), 농민, 직공간에 잠행하여 공산주의 사상 선전에 노력하고, 폭로 전술을 피하여 정예분자를 동지로 획득할 것과 각 지도책임자는 물론 '야체카' 그룹의 책임자 씨명은 절대 비밀에 붙여 검거의 때에는 희생자를 최소한도로 멈추게 할 것 등을 결정, 지령하여 위 결사의 확대 강화에 노력하였으며,

제2, 피고인 오관수는 본적지 사립 사성학교 3년을 수료 후 중도 퇴학, 그 후 신간회 진남포지회원이 되었고, 동회 해산과 동시에 향리에서 경전농민조합, 용강농민조합 등을 조직하여 1932년 5월경 피고인 김봉강의 지도, 감화에 의하여 공산주의를 신봉하기에 이른 자인데,

1932년 7월 말경 혁진회의 아지트 평양부 신창리 193 한방의원에서 전시(前示) 김봉강의 권유에 응하여 해당 혁진회가 사유재산제도를 부인하여 공산주의 사회의 실현을 목적하는 결사인 정을 알면서 이에 가입하여 동년 8월경 전시 한방의원에서 장주찬, 김형극, 임동욱을 동지로 획득시키도록 김봉강에게 소개하여 동지 획득을 위하여 분주하였으며,

제3, 피고인 계추영은 어린 시절 본적지 서당에서 한문을 배우고 삼봉공립보통학교를 졸업하자 양친을 따라 곽산에 이거(移居)하여 정주공립농업실습학교, 선천사립신성중학교에 입학하였으나 모두 중도 퇴학하고 1930년 5월경 곽산면 염호동에서 피고인 오용성 등이 조직한 독서회 회원이 되어 좌익 문헌을 되풀이

南京軍官學校事件 豫審終結決定書 (二)

『동아일보』. 1935. 4. 27.

하여 읽어 공산주의 사상을 품기에 이른 자인데,

(1)(가) 1932년 9월 25일경 혁진회원 피고인 오용성으로부터 현대 자본주의 경제 조직의 모순 결함을 설술(說述)받고 공산주의사회 xx을 위하여 동지로서 혁진회에 가입하라고 권유받았으나 숙려 재고한 후에 결정하겠다고 가입을 유보하였으나, 동일 즉시 오용성의 의뢰에 응하여 해당 혁진회가 공산제의 실현을 목적한 비밀결사인 정을 알면서 선천군 남면 석화동에서 같은 이에게 같은 동 이시창, 차원순, 계지학을 동지로서 획득하도록 소개하여 해당 결사의 확대, 강화를 위하여 활동하고,

(나) 다시 범죄 의도를 계속하여 1933년 5월 1일 선천군 남면 석화동 의요포 해안에서 동지 최유성, 계지학, 차원순, 김윤오, 이춘석과 회합하여 같은 날 메이데이를 기하고 xx제의 사회 실현을 목적하는 비밀결사를 조직할 것을 기획하여, 공산주의자 차유성의 발의에 따라 결사 조직의 준비로서 장래 야학회를 조직하여 청년의 계몽운동을 일으켜 소작농민간에 잠행하여 농민운동을 양성시켜 그사이에 견실한 동지를 획득할 것, 동지간에는 긴밀한 연락을 취하는 동시에 서로 지도 훈련을 할 것 등 행동강령을 협의하고 동지를 획득하여 공산주의 사회의 xx을 목적하는 비밀결사를 조직하려 하였으나, 그 후 회합 협의의 기회를 잃어 종시 그 목적을 이루지 못하였다.

(2) 1934년 5월 12일 앞서 설시(說示)[7]의 군관학교를 졸업한 피고인 오용성이 교장 김원봉의 비밀지령을 받아 조선xx의 xx공작을 위하여 평양에 잠입하자, 손빨리 경찰당국에서 이를 탐지하고 장차 검거할 상세에 이르렀으므로, 이를 탐지한 피고인은 위 오용성으로 하여금 경찰의 발견, 체포를 면하게 할 목적으로 동월 23일 정주군 장산면에서 동인에게 피고인 김찬서도 드디어 검속되어 신변이 위험하니 속히 도주하도록 피신 권고의 서한을 보내어 동인을 평양으로부터 도피시켜 은피하였으며,

---

7 앞서 풀이하여 보임.

예심 종결 결정서(3)

제4, 피고인 오용성은 곽산공립보통학교 졸업 후 동교의 동창생이며 공산주의자인 노인회와 친교를 맺어 동인의 감화, 지도에 의하여 좌익 문헌을 섭렵하고, 1930년 4월경 향리 곽산독서회에 들어가 사상 문제를 연구하게 되어, 마침내는 자본주의의 모순을 통감하고 공산제 사회의 xx을 xx함에 이른 자인데 범의(犯意)를 계속하여,

(1) 1932년 8월 15일 곽산면 조산동 공동묘지에서 때마침 여름휴가로 귀성 중이던 전시 김상규의 권유에 응하여 전시 혁진회가 xxxx제도를 부인하고 공산제 사회의 실현을 목적하는 비밀결사인 정을 알면서 이에 가입하여 곽산 농촌그룹 책임자가 되어 동년 9월 25일 피고인 계추영, 전형렬을 곽산면 부근 철도선로에 유치하여 혁진회에 가입하도록 권유하고, 다시 1933년 9월 상순경 선천군 남면 석화동에서 피고인 계추영의 소개로 같은 동 이시창, 차원순, 계지학에게 전과 같이 가입을 권유하여 그 결사의 확대 강화에 노력하였으며,

(2) 1933년 7월 초순경 앞서 설시(說示)한 군관학교를 졸업하고 학생 모집의 사명을 띠고 귀향한 이창하로부터 중국으로 건너가 유학을 권유받자 이에 응하여 동년 8월 31일 김찬서, 김영제, 김기형, 김상헌 등과 함께 중화민국 남경에 가서 동일 남경 효자화원에서 의열단과 남경 강녕진 소재의 군관학교가 앞서 설시와 같이 조선의 xx과 공산주의 사회의 xx을 목적하는 비밀결사인 정을 알면서 이에 가입하여, 이래 6개월간에 걸쳐 조선 xx과 공산 xx운동에 필요한 정치적 군사 훈련을 받고 이듬해인 1934년 4월 17일 동교를 졸업하였으며, 동년 5월 2일 교장 김원봉과 교관으로부터 평양에 잠입하여 동지를 중심으로 전진대와 공산주의의 비밀결사를 조직할 것, 중앙부와의 통신 방법은 약품식 또는 '9, 7, 8, 6', 격자식에 할 것 등의 비밀지령을 받고 여비와 공작자금으로서 금 백 원을 급여 받아 동월 12일 위 지령에 기하여 xx공작에 착수하고 평양에 잠입하였으며,

제5, 피고인 윤공흠은 가산공립보통학교를 졸업, 경성제일고등보통학교에

南京軍官學校事件
豫審終結決定書 (三)

『동아일보』. 1935. 4. 28.

입학하여 동교 재학 중 항공계에의 활동을 뜻하여 중도 퇴학하고 일본 내지에 건너가 입천 일본비행학교에서 비행술을 연찬하여 1931년 가을 동교 졸업, 이듬해 5월 체신성 항공국 시행의 2등비행사 승격 시험에 합격한 자인데,

1932년 7월 기도한 향토 방문 비행도 귀향 도중 폭풍을 만나 불행히 추락, 실패하였으므로 그 후 항공 방면에 취직하고자 지명인사를 의뢰하여 조선, 만주 각지를 전전하다가 드디어 상해에 가서 그곳에서 생활의 자금을 얻고자 초려부심

(焦慮腐心)[8] 중 1933년 7월 우연히 이관과 알게 되어 동인의 권유로 남경에 이르러서 동월 28일 전시(前示) 군관학교에 입학하는 동시에 의열단에 입단하였다가, 그 후 동년 11월 초순경 교장 김원봉의 설술(說述)에 의하여 비밀결사인 정을 알면서 계속 가입하여 조선의 ○○과 공산 ○○운동에 필요한 정치적, 군사적 훈련을 받아 이듬해인 1934년 4월 17일 졸업하자, 김원봉과 동교 교관으로부터 경성에 잠입하여 경성 내에 전진대와 공산주의의 결사를 조직하여 다른 날 폭력 ○○에 의하여 조선 ○○의 목적을 달성할 것, 도시의 폭파, 동지 간의 연락과 격문 살포책에 사용할 군용 비행기의 불하를 할 것, 중앙부와의 통신 방법은 약품식 또는 '7, 4, 2'의 격자식에 의할 것 등의 비밀지령을 받고, 여비와 공작자금으로서 금 백 원을 급여 받아 동월 13일 경성에 잠입하여 그 후 조선총독부 체신국에 군용 비행기의 불하에 대하여 교섭하고 또 동년 6월 23일 체신성 항공국으로부터 비행면장의 허가를 받는 등 ○○공작에 분주하였으며,

군관학교 사건 『동아일보』. 1935. 4. 29.

예심 종결 결정서(4)

제6, 피고인 전형렬은 곽산공립보통학교와 만주국 안동성 안동현 삼과중학교(보통학교 정도)에 입학하였으나 모두 신병으로 인하여 중도 퇴학, 그 후 향리에서 농업에 종사하여 1930년 겨울 전조선농민조합에 가입하고 사회 문제에 흥미를 가지게 되어 좌익 문헌을 탐독하여 공산주의에 매료된 자인데, 1933년 7월 초순경 앞서 언급한 이창하 권유로 중국의 유학을 뜻두어 다음 달인 8월 22일경 김용도, 김홍도, 이규열, 이주영과 함께 향리 곽산을 떠나 9월 8일 남경 효자화원에서 의

8 애태우며 생각하고 걱정거리의 해결책을 찾음.

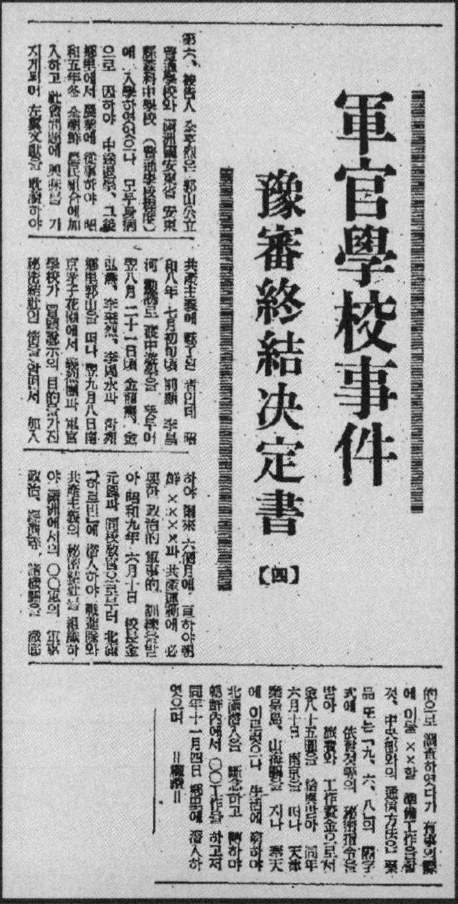

軍官學校事件

豫審終結決定書【四】

第六、被告人 李學烈은 郭山公立普通學校와 滿洲國安東省 安東縣[illegible]中學校(普通學校程度)에 入學하엿섯으나 모두 身病으로 因하야 中途退學、그後 鄕里에서 農業에 從事하야 昭和五年冬 全朝鮮農民組合에 加入하고 社會主義에 興味를 가지게되어 左翼文獻을 耽讀하야 共産主義에 影響된 者인데 昭和八年 七月初旬頃 前記 李昌河 [illegible]로 [illegible]을 갓두어 同八月二十一日頃 金[illegible]、金弘[illegible]、李[illegible]烈、李國水와 함께 鄕里郭山을 떠나 同九月八日南京孝子花園에서 [illegible]와 軍官學校가 [illegible]의 目的을가진 秘密結社인 情을 知하면서 加入하야 爾來 六個月에 亘하야 朝鮮 ×××와 共産運動에 必要한 政治的 軍事的 訓練을 밧고 昭和九年 六月十日 校長金元鳳과 同校敎官으로부터 北滿 「하르빈」에 潜入하야 [illegible]와 共産主義의 秘密結社를 組織하야 滿洲에서의 ○○運動의 [illegible] 政治、經濟、[illegible]을 [illegible]的으로 調査하엿다가 有事의 際에 이를 ××할 準備工作을할것、中央部와의 通信方法은 藥品 또는 「九、六、八」의 暗字式에 依한것등의 秘密指令을 밧아 旅費와 工作資金으로서 金八十五圓을 給與밧아 同年六月十日 南京을 떠나 天津 [illegible]、山海關을 지나 奉天에 이르럿으나 生活에 窮하야 北滿潜入을 斷念하고 歸하야 鄕里內에서 ○○工作을 하고저 同年十一月四日 鄕里에 潜入하엿으며 =繼續=

『동아일보』. 1935. 4. 29.

열단과 군관학교가 앞서 설시(說示)의 목적을 가진 비밀결사인 조선 xxxx과 공산운동에 필요한 정치적, 군사적 훈련을 받아 1934년 6월 10일 교장 김원봉과 동교 교관으로부터 북만 하얼빈에 잠입하여 전진대와 공산주의 비밀결사를 조직하여 만주에서의 ○○군의 군사, 정치, 경제 등 제 기관을 철저적으로 조사하였다가 유사시에 이를 xx할 준비 공작을 할 것, 중앙부와의 통신 방법은 약품 또는 "9, 6, 8"의 격자식에 의할 것 등의 비밀지령을 받아 여비와 공작자금으로서 금 85원을 급여 받아 동년 6월 10일 남경을 떠나 천진 진황도, 산해관을 지나 봉천에 이르렀으나 생활에 궁하여 북만(北滿) 잠입을 단념하고 옮겨 조선 내에서 ○○공작을 하고자 동년 11월 4일 향리에 잠입하였으며=계속

군관학교 사건 『동아일보』. 1935. 5. 1.

예심 종결 결정서(완)

제7, 피고인 김찬서는 용암포공립보통학교 졸업 후 경성 휘문고등보통학교에 입학, 중도 퇴학하고 1928년 봄 고학 목적으로 동경에 갔으나 동년 가을 귀향하여 그즈음부터 동창의 친구이며 공산주의자인 노인희의 지도를 받아 좌익 문헌에 친하여져서 점차 공산주의 사상을 품게 된 자인데,

1933년 8월 10일 이창하의 권유로 중국 유학을 뜻하고 동월 18일 김영제, 최지영, 김기형, 김상헌과 피고인 오용성과 함께 곽산을 떠나 동월 31일 밤 남경 효자화원에서 의열단과 군관학교가 앞서 설시(說示)의 목적을 가진 비밀결사인 정을 알면서 이에 가입하여 이래 6개월간에 걸쳐 조선에서의 ○○○○과 공산주의 운동에 필요할 정치적·군사적 훈련을 받아 1934년 5월 20일 교장 김원봉과 동교 교관으로부터 봉천에 잠입하여 전진대를 조직할 것, 만주에 있어서의 ○○의 군사정치와 경제 등의 각 기관을 상세히 조사하여 그 ○○에 노력할 것, 중앙부와

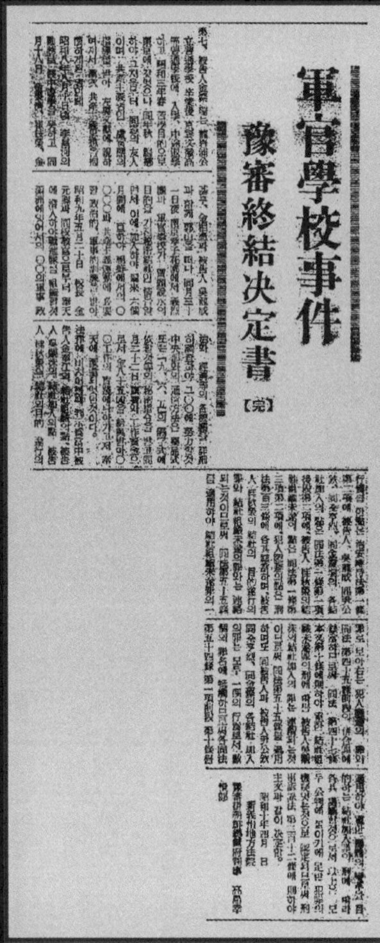

軍官學校事件
豫審終結決定書【完】

「동아일보」. 1935. 5. 1.

의 통신 방법은 약품식 또는 '9, 6, 5'의 격자식에 의할 것의 비밀지령을 받고 동월 22일 여비와 공작자금으로서 금 85원을 급여 받아 ○○공작의 실천에 나아가고자 봉천에 파견되었던 것이다.

법률에 비추어볼 때 판시(判示) 피고인 김봉강의 결사 조직의 점, 피고인 오관수의 결사 가입의 점, 피고인 계추영의 결사의 목적 수행의 행위를 한 점은 치안유지법 제1조 제2항에, 피고인 오용성, 동 윤공흠, 동 전형렬, 동 김찬서의 각 결사 가입의 점은 동법 제1조 제3항 제2항에, 범인은피의 점은 형법 제103조에 각기 해당하며, 피고인 계추영의 결사의 목적 수행의 죄와 결사 조직 미수의 죄와는 연락되는 것이므로 동법 제55조를 적용하여 결사 조직 미수죄의 하나의 죄로 보아 위는 범인은피의 죄와 동법 제45조 전단의 병합죄에 해당하므로써 동법 제47조 본문 제10조에 따라 무거운 결사 조직 미수죄의 형에 따를 피고인 오관수의 결사 가입의 죄는 연속되는 것이므로 동법 제55조를 적용하며, 또 동 피고인과 피고인 윤공흠, 동 전형렬, 동 김찬의 각 결사 가입의 죄는 모두 한 개의 행위로써 수 개의 죄명에 저촉하므로 각 동법 제54조 제1항 전단 제10조를 적용하여 무거운 단체의 변혁을 목적하는 결사가입죄의 형에 미리 각기 처단할 것으로서, 이상은 모두 공판에 붙이기에 족한 범죄의 혐의 있는 것으로 인정되므로 형사소송법 제312조에 따라 주문과 같이 결정함.

1935년 4월
신의주지방법원 예심 담당 조선총독부 판사 고도행열랑

민족운동의 직접파 『동아일보』. 1935. 6. 24.

남경군관생 명일 공판
폭파, 선전용의 비행기 불하도 계획
김원봉 직계의 7명 피고

【신의주】 만주사변을 전기로 급격히 첨예화된 중국의 배일운동을 이용하여 1932년 5월 중국 국민정부의 양해 아래 설치된 조선○○단체 의열단의 직속 단체인 남경군관학교 졸업생들로서 단장 김원봉의 밀령을 받아 가지고 조선과 만주 국내에 잠입하여 1935, 1936년에 도래하리라고 예측되는 국제적 위기에 맞아 ○

○을 일으키고자 유사의 때에 사용할 비행기 불하, 동지 규합, 지반(地盤)[9] 단체 결성 등에 활동하던, 전에 없던 대규모의 ○○공작을 계획한 세칭 남경군관학교 졸업생 사건과 방계의 공산주의 단체 혁진회 사건의 피고인 다음의 7명에 대한 치안유지법 위반, 범인은피 피고 사건의 제1회 대공판은 동 사건 검거 이래 1년 1개월 만인 금 24일 드디어 신의주지방법원에서 대삼 검사 입회, 총본, 중진 양 판사 배석, 국지 재판장 주심으로 개정되게 되었다.

출정할 피고 성명

▲본적 평남 평양부 서성리 20
주거 동도 안주군 운곡면 용림리
광업 창일, 단우라는 김봉강(35)

▲본적 평남 용강군 용월면 갈현리 813
주거 동면 계월리
농업 오관수(36)

▲본적 평북 선천군 남면 석화동 293
주거 동상
농업 계추영(25)

▲본적 평북 정주군 곽산면 염호동 809
주거 부정
무직 군관교 졸업생 오용성(27)

---

9 일을 이루는 근거지.

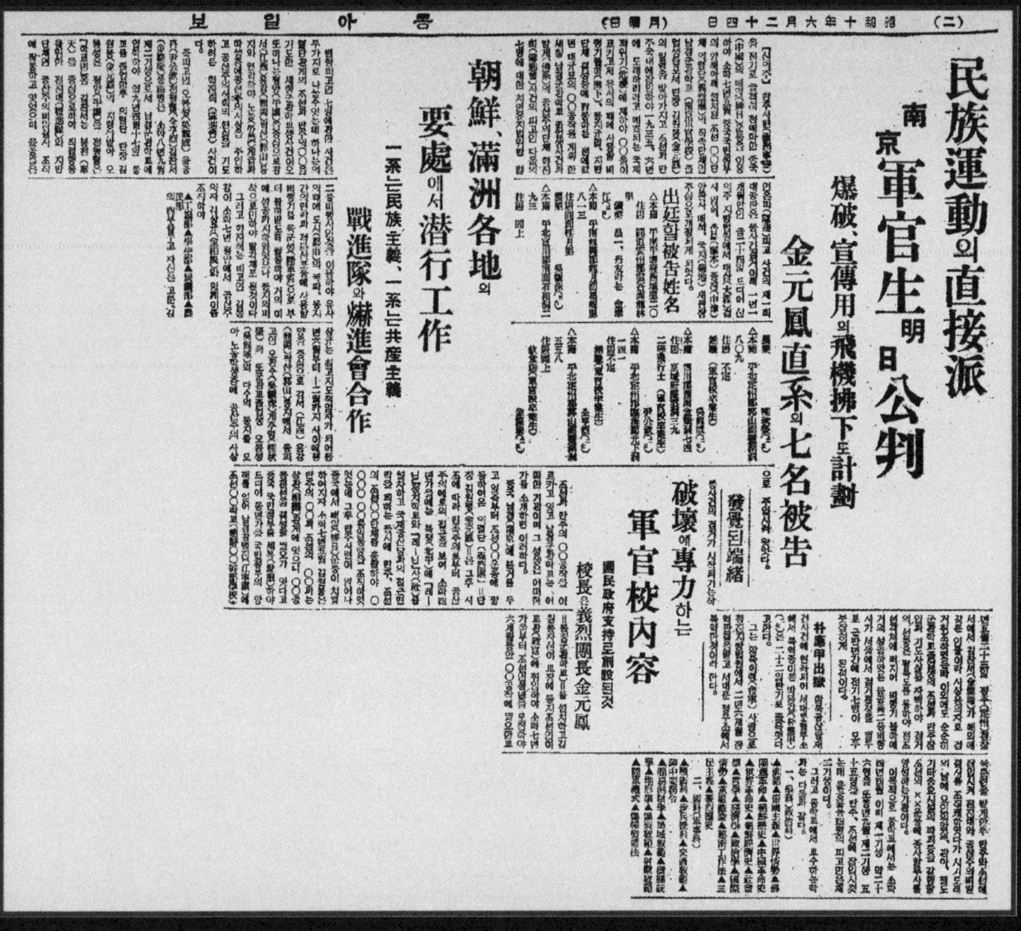
(二) 昭和十年六月二十四日 (月曜日) 동아일보

民族運動의直接派

南京軍官生明日公判

爆破、宣傳用의飛機拂下도計劃

金元鳳直系의七名被告

朝鮮、滿洲各地의要處에서潛行工作

一系는民族主義、一系는共産主義

戰進隊와爀進會合作

出廷할被告姓名

破壞에專力하는軍官校內容

國民政府支持로創設된것 校長은義烈團長金元鳳

發覺된端緒

朴憲甲出獄

『동아일보』. 1935. 6. 24.

▲본적 박천군 서면 금계동 74

주거 경성부 경운동 39

이등비행사 군관교 졸업생 윤공흠(23)

▲본적 평북 정주군 임해면 원하동 141

주거 부정

무직 군관교 반업생(半業生)194)194) 재학생 또는 중퇴생.

전형렬(27)

▲본적 평북 정주군 곽산면 염호동 558
주거 동상
음식점(군관교 졸업생) 김찬서(25)

조선, 만주 각지의 요처에서 잠행 공작 1계는 민족주의, 1계는 공산주의 전진대와 혁진회(爀進會) 합작

별항 피고인 7명에 관한 사건은 두 가지로 나눌 수 있는데, 하나는 의열단 관계의 조선과 만주의 ○○을 기도한 세칭 군관학교생 사건이요, 또 하나는 평양을 중심으로 강서, 용강, 곽산 등지와 연락하여 노동계급과 학생층에 공산주의 사상을 주입하고 공산주의 사회의 현실을 기도하려던 혁진회 사건이다.

즉 피고인 오룡성, 윤공흠, 전형렬, 김찬서 등 4명은 1928년 9월 제2기생으로서 남경군관학교에 입학하여 익년 4월 17일 동교를 졸업한 후 의열단 단장 김원봉의 지령을 받아 오룡성은 평양을, 전형렬은 하얼빈을, 김찬서는 봉천을 중심으로 하여 직접 행동을 위한 전진대와 지반단체인 공산주의 비밀결사 조직에 활동하고 있었으며, 윤공흠은 2등비행사인 것을 이용하여 유사의 때에 도시의 폭파, 동지간의 연락과 격문 산포(散布) 등에 사용할 비행기를 육군성으로부터 불하받도록 활동하여 거의 성공까지 하였었으나 동지의 피착으로 인하여 발각 체포된 것이다.

그리고 혁진회는 피고인 김봉강이 1932년 평양에서 공산주의자 김상규와 함께 이를 조직하여

▲공장부 ▲학생부 ▲탄광부 ▲농민부의 4부를 두고 자신은 고문, 김상규는 최고지도책임자가 되어 동년 6월부터 12월까지 사이에 평양을 중심으로 강서, 용강, 곽산 등지에서 동 피고인 오관수, 계추영과 또 군관교 졸업생 오룡성 외 다수

의 동지를 모아 노동학생층에 공산주의 사상으로 주입시켜 왔었다.

발각된 단서

동 사건의 검거가 시작되기는 작년 5월 23일 정주경찰서에서 김찬서가 해외에 갔던 인물이라 사상 용의자로 검거 취조하였던 바, 이외에도 순순히 군관학교 졸업생의 조선과 만주 잠입과 기도 사실을 자백하여 검거의 선풍은 평북도를 통하여 전 조선 각처에 퍼지어, 비행기 불하에 거의 성공하였던 윤공흠 2등비행사가 서울에서 검거된 것을 필두로 근 반년간에 전기 7명이 모두 붙잡히게 된 것이다.

파괴에 전력하는
군관교 내용
국민정부 지지로 창설된 것
교장은 의열단장 김원봉

조선과 민주의 ○○공작을 일으키고 있는 남경군관학교는 어떠한 기관이며 그 선생은 어떠한가를 소개하면 이러하다.

중국 남경에 본거를 두고 일찍부터 조선 ○○운동에 활동하여온 의열단(=단장 김원봉)은 그 후 사조에 따라 민족주의로부터 공산주의에로의 접근을 보여 1929년 가을에는 북평에 레닌 정치학교와 레닌사(社)를 설치하고 국제공산당과의 접근, 연락을 꾀하는 동시에 만주, 조선의 조선 ○○단체를 총괄하여 ○○○○○○통일동맹을 조직하였었는데, 그 후 만주사변이 일어나 중국에서 배일운동이 치열하여지자 1932년 5월 김원봉은 만주의 ○○과 조선의 ○○과는 상관관계에 있으니 ○○공동전선을 결성할 필요가 있다고 중국 국민정부를 설복하여, 드디어 동년 가을 국민정부의 양해를 얻어 남경 강령진에 조선 ○○학교(조선○○간부학교=통칭 군관학교)를 설치하고, 김원봉 자신이 교장에, 동지 조선인이 교관에 취임하여 1932년 가을부터 조선인 청년을 모집하여 6개월 동안 ○○공작에 필요한 교육 훈련을 받게 한 후 만주와 조선에 잠입시켜 전진대와 공산주의 비밀결사를 조직케 하였다가, 시기 도래의 날에 요인의 암살, 관아, 철도 기타 중요 시설의 파괴

등을 감행할 조선의 xx운동에 종사할 투사를 양성하는 기관이다.

이 목적으로 동 학교에서는 1929년 4월 이미 제1기생 약 26명을, 또 동년 9월 제2기생 50명을 만주, 조선에 잠입시켰는데, 윤공흠 등 4명의 피고인은 제2기생이다.

그러고 동 학교에서 교수하는 학과는 다음과 같다.

1. 학과(정치과)

▲훈화 ▲제국주의 ▲세계정세 ▲불란서혁명 ▲조선역사 ▲중국혁명사 ▲세계혁명사 ▲조선경제사 ▲사회학 ▲철학 ▲경제학 ▲정치학 ▲국제정세 ▲당조직론 ▲비밀공작법 ▲삼민주의 ▲의열단사

2. 술과(術科, 군사과)

▲전술과 ▲보병조전(步兵操典) ▲교통교범 ▲진중요무령(陣中要務令) ▲간이측량학 ▲축성교범 ▲기관총학 ▲지형학 ▲폭파교범 ▲사격교범 ▲육군예식 ▲폭탄 제조법

윤공흠 등 사건 26일 판결 『매일신보』. 1935. 7. 28.

【신의주】 남경군관학교 졸업생으로 의열단장 김원봉의 밀명을 받아 가지고 2등 비행사 윤공흠은 육군비행기를 불하받아서 육지와 공중으로 동지간의 비밀을 연락할 계획 하에 조선 안에 들어와 잠행운동을 일으키려다가 평북경찰부의 손에 검거되어 방금 신의주 지방법원에서 심리 중이던 사건은, 26일 동 법원에서 국지(菊池) 재판장 총본(塚本) 중진(中津), 양 판사와 대삼(大森) 검사 입회 하에 아래와 같이 판결 언도가 있었다.

▲3년 징역 김봉강(구형 5년)

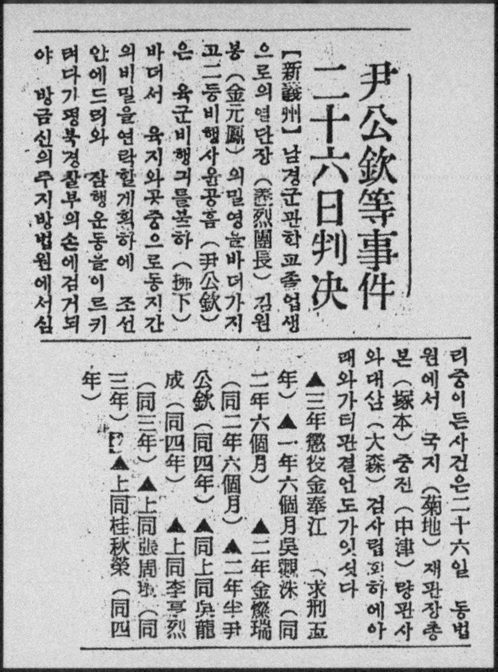

尹公欽等事件
二十六日判決

【新義州】 남경군관학교졸업생으로의열단장（義烈團長） 김원봉（金元鳳）의밀영을바더가지고二등비행사윤공흠（尹公欽）은 육군비행긔를불하（拂下）바더서 육지와곳중으로동지간의비밀을연락할계획하에 조선안에드러와 잠행운동을이르키려다가평북경찰부의손에검거되야 방금신의주지방법원에서심리중이든사건은二十六일 동법원에서 국지（菊地）재판장총본（塚本）중진（中津）량판사와대삼（大森）검사립회하에아래와가티판결언도가잇섯다

▲三年懲役金奉江 （求刑五年）▲一年六個月吳觀洙（同二年六個月） ▲二年金燦瑞（同二年六個月）▲二年半尹公欽（同四年）▲同上同吳龍成（同四年） ▲上同李亨烈（同三年）▲上同張周[illegible]（同三年）▲上同桂秋榮（同四年）

『매일신보』. 1935. 7. 28.

▲ 1년 6개월 오관수(동 2년 6개월)

▲ 2년 김찬서(동 2년 6개월)

▲ 2년 반 윤공흠(동 4년)

▲ 2년 반 오룡성(동 4년)

▲ 2년 반 이형렬(동 3년)

▲ 2년 반 장주찬(동 3년)

▲ 2년 반 계추영(동 4년)

김원봉, 김구 재기

『동아일보』. 1935. 2. 1.

조선 ○○운동의 본부
상해에서 남경에 이동
김원봉, 김구 중심으로 맹활동
성수불설(盛水不洩)[1]의 경계진

모□□보에 의하면 상해에 있던 임시정부는 상해사변[2] 이후 행한 조선인 직접파의 일제 검거에 의하여 질식 상태가 되어 있었는데, 검거망을 공교히 탈출한 의열단의 수령으로서 이름 있는 김원봉과 김구 등 민족운동의 거두는, 남경에서 만주실지(失地) 회복을 목표로 반만항일운동[3]에 몰두하는 중국 요인과 결성하여, 민족운동파는 다시 세력을 돌려 잡고 대두하여 이래 민족파의 공작은 잘못 활발히 되고, ○○운동 간부 양성을 위하여 남경 육군중앙군관학교의 일부를 차용하여 군대식 교련으로써 투사를 배양하고 있어, 목하의 조선인 재학생은 제3기생 60명,

1 큰물마저 한 방울도 세지 않음.
2 1932년 1월 29일, 상해 조계를 경비하던 일본 해군육전대와 중국 제19로군 사이에 전투가 벌어지자 2월 중순, 일본이 3개 사단의 육군을 파병하여 중국군을 격퇴한 사건.
3 일본의 괴뢰국 만주국과 일본에 대항하는 독립운동.

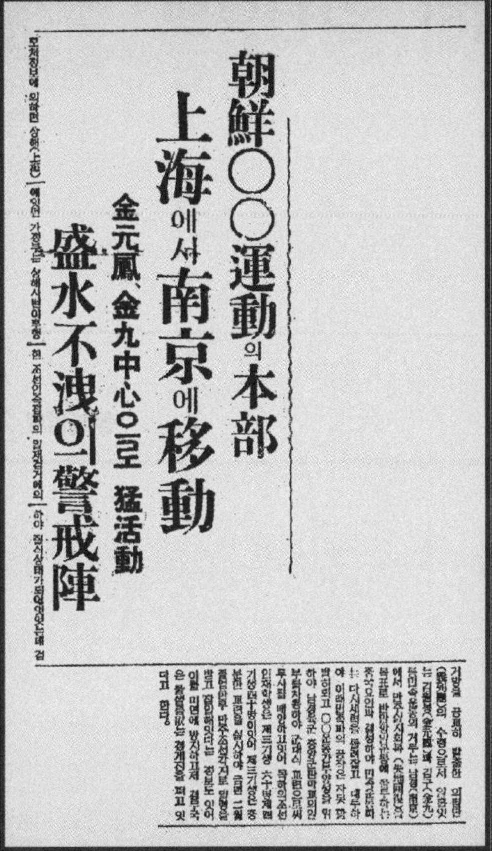

朝鮮○○運動의本部
上海에서南京에移動
金元鳳、金九中心으로 猛活動
盛水不洩의警戒陣

『동아일보』. 1935. 2. 1.

제4기생 40명이 있어 제3기생은 충분한 교련을 실시하여 금년 2월 졸업한 후 만주, 조선 각지로 밀령을 받고 잠입해 있다는 정보도 있어, 이를 미연에 방지하고자 경무국은 물샐틈없는 경계진을 펴고 있다고 한다.

028

김구, 이청천, 김원봉의 합동

「동아일보」. 1935. 3. 2.

민족, 공산 각파가 제휴
단일 대당(大黨) 조직설
중심은 김구, 김원봉, 이청천[1] 등
당국, 각파 행동을 엄히 경계

모처에서 도착한 정보에 의하면 해외에 특히 상해, 남경, 북평 등지에 민족운동자와 공산주의자들이 최근에 이르러 대동단결을 하여 가지고 단일 대당을 조직하기로 되었다 한다.

즉 상해를 근거로 하고 있는 민족주의자로 직접행동파의 거두인 김구 일파와 공산주의적 색채가 농후한 의열단 수령 김원봉 일파가 최근에 이르러 합작을 하고, 신○○○단의 수령 이청천과도 최근에 전기 2파가 합작을 하였다 한다.

그리하여 종래에는 민족주의자와 공산주의자가 각기 반목질시하는 경향이 현저하던 것이 최근에 이르러 합동이 되고, 또는 다소의 포옹되지 아니하던 민족당들

1 1888~1957. 본명은 지청천. 1919년 만주로 망명한 후 신흥무관학교에서 독립군 간부를 양성하였고, 그 후 고려혁명군, 대한통군부, 정의부, 한국독립군 등을 이끌며 무장 독립운동에 앞장섰다. 1940년 광복군 총사령관이 되어 광복 때까지 항일운동에 투신하였다. 1962년 건국훈장 대통령장을 추서하였다.

民族 共産 各派가 提携

單一大黨組織說

中心은金九、金元鳳、李青天等

當局、各派行動을嚴戒

모처착 정보에 의하면 해외에 특히 상해, 남경(南京), 북평(北平)등지에 민족주의자 (民族運動者)와 공산주의자(共產主義者)들이 최근에 이르러 대동단결을 하야 가지고 단일대당(單一大黨)을 조직하기로 되엇다한다。

즉상해(上海)를 근거로 하고잇는 민족주의자로 직접행동파의 거두인김구(金九)일파와 공산주의자 색채가 농후한 의열단수령 김원봉(金元鳳)일파가 최근에 이르러합작을하고신○(新○)○○단의수령 이청천(李青天)파도 최근에전기二파가합작을하엿다한다

그리하야 종래에는 민족주의자와 공산주의자가 각기 반목질시하는 경향이 현저하든것이 최근에 이르러 합동이되고 또는 다소의 공동되지 아니하든 비공산당도 모다 합동하야 단일대당을 조직하고잇는 것은 비상한주목을끌게 되엇다。

그러함에 경무국에서는 각파의 행동을 엄밀히 내사하기로 하고 상해 석사(石射)총영사에게 민족 공산양각파의 태도를 조사하야 보내도록명령을하엿다。

이회보를 기다려 경무국으로서도 이상해, 남경, 북평등 각지에 근거를둔 공산주의자와 민족주의자의 단일대당에 관한 대책을 세우리라 한다。

直接派養成은

李青天이直接擔當

南京에잇는 軍官校를 利用

金九、李青天도活動

모처착 정보에 의하면 최근○○방의 군대양성계획(軍隊養成計劃)은 이청천(李青天)의 수중에서 장악되고잇다 한다。

그리하야 종래에서 이가 조치한른 김구와 이청천도 근간에 대합동이 성립되어 이청천은 이미 남경 군관학교(軍官學校)에 파견이되어가지고 각지에서 군관생을모집하야 군관학교에 입학시키게한후 각지에 파송하야 그일부를 다하게한다하며 이청천일파에 김원봉파도 연락하야 합의되엇다한다。

『동아일보』. 1935. 3. 2.

도 모두 합동하여 단일 대당을 조직하고 있는 것은 비상한 주목을 끌게 되었다.
그 까닭에 경무국에서는 각파의 행동을 엄밀히 내사하기로 하고, 상해 석사(石射) 총영사에게 민족, 공산 등 각파의 태도를 조사하여 보내도록 발첩(發牒)[2]을 하였다.

이 회보를 기다리어 경무국으로서도 상해, 남경, 북평 등 각지에 근거를 둔 공산주의자와 민족주의자의 단일 대당에 관한 대책을 세우리라 한다.

직접파 양성은
이청천이 직접 담당
남경에 있는 군관교를 이용
김구, 이청천도 활동

모처 착 정보에 의하면 신한○○당의 군대 양성 계획은 이청천의 수중에서 실현되고 있다 한다.
그리하여 종래에 사이가 좋지 않던 김구와 이청천도 근간에 대합동이 실현되어, 이청천은 이미 남경군관학교의 교관이 되어가지고 각지에서 군관생을 모집하여 군관학교에 입학, 졸업케 한 후 각지에 파송하여 그 임무를 다하게 한다 하며, 이청천은 물론 김원봉과도 완전히 합일되었다 한다.

---

2 공문을 보냄.

029

김구, 김원봉, 김규식의 반만항일 활동

『매일신보』. 1936. 7. 5.

직접 행동으로 반만항일(反滿抗日) 계획

화련사(華聯社), 군관교, 의열단 등이

장개석 밀명 받고 암약

【신의주】 모처 착 정보=장개석은 반만항일을 목적하고 지난 2월부터 3개의 기관을 조직한 다음 적극적으로 이에 대한 선전을 하는 한편, 일만(日滿) 요로 인물과 중요 기관에 직접 행동에 노력 중인데, 여기에 활동하고 있는 인물들은 대부분이 조선인으로서 김구, 김원봉, 김규식 등이 중심이 되어 가지고 그 기관으로는 화련사, 군관학교, 의열단의 세 단체라고 한다. 군관학교생과 의열단원을 만주 각처에 비밀히 파견하여 화련사와 정보 연락을 맹렬히 하면서 목적 관철을 꾀하고 있는 중이라 하여, 이 정보를 접한 일만(日滿) 당국은 극히 긴장하여 그들의 활동 상황을 엄중히 경계하고 있는 중이라 한다.

直接行動으로 反滿抗日計劃

華聯社、軍官校、義烈團等이 蔣介石密令밧고暗躍

【新義州】모처착정보‖ 장개석(蔣介石)은반만항일(反滿抗日)을 목적하고 지난二월부터三개의 긔관(機關)을조직한다음 적극적으로 이에대한 선전을하는한편 일만요로인물(日滿要路人物)과 중요긔관의에직접행동에 노력중인데 여긔에활동하고잇는인물들은 대부분이 조선인으로서김구(金九) 김원봉(金元鳳) 김규식(金奎植)등이 중심이되여가지고 그긔관으로는 화련사(華聯社)군관학교(軍官學校)의렬단(義烈團)의 三단체라고한다 군관학교생파의렬단원을 만주각처에 비밀히파견하야 화련사와정보련락(情報聯絡)을 맹렬히하면서 목적관철을 꾀하고잇는중이라하야 이정보를접한일만(日滿)당국은 극히긴장하여가지고그들의 활동상황을 엄중히경계하고잇는중이라한다

『매일신보』. 1936. 7. 5.

030 조선공산당 재건동맹 사건

『동아일보』. 1935. 8. 24.

조선공산당 재건동맹 사건
국제당 밀령 받고 조공 재건코자
7대 부문 비사(秘社)[1]를 결성
조공(朝共), 적노농(赤勞農), 반제(反帝), 독서(讀書), 레닌교(校), 평의회[2]
재작년 9월에 경찰부 중심으로
금일 해금
팔도에서 400명 검거

국제공산당의 밀령으로 조선에 잠입하여 □□□□□ 조선공산운동의 진영을 다시금 가다듬어 조선공산당 재건을 도모한 사건은 노동자, 농민, 학생, 인텔리 등 각층 각 계급에 그룹을 두고 실로 공전(空前)의 조직적이요, 계통적인 활동을 하여 오던 것이 지하공작의 제1착 표면 운동을 전개된 바 1933년 5월 1일의 메이데이 격문 사건과 경성 시외 종방(鐘紡)[3] 파업 지도에서 그 단서가 경찰당국에 포착되

---

1 비밀결사.

2 '조공'은 조선공산당, '적노농'은 적색노동자농민조, '반제'는 반제국주의동맹, '독서'는 학생독서회, '레닌교'는 레닌주의정치학교를 가리킨다.

3 종연(鐘淵)방직 공장.

국제당 모의처인
경성제대 뒷산 낙산.

사진은
권영태.

최경옥.
김희진.
정태식.

『동아일보』. 1935. 8. 24.

파업 일으킨 종방공장.

어 1933년 9월 25일부터 각처에서 질풍과 같은 검거가 개시되었다.

처음에는 서대문경찰서가 검거를 개시해 가지고 그 후 경기도경찰부로 이관한 후, 동경경찰부가 검거 총본부가 되어 가지고 시내 5경찰서의 총동원은 물론 경기, 경남, 경북, 평남, 강원, 충남, 충북, 전북 등 팔도에 걸쳐 4백여 명을 9개월이나 걸려 검거를 마친 후 취조한 결과 다음과 같은

▲조선공산당 재건설 동맹 ▲적색 노동조합 ▲적색 농민조합 ▲반제동맹 ▲학생 적색독서회 ▲레닌학교(북평) 졸업생 비사(秘社) ▲전국평의회

놀라운 7대 비밀결사가 땅 밑에서 조직되어 장차 지상에 비약하려고 하던 것이 탄로되었다.

대학에서 노동자까지 총망라한 사건

이번 비밀결사의 특이성이라 할 만한 것은 종래 제1차 공산당 사건 등은 인텔리층을 중심으로 하였고 그 각처에서 때때로 생긴 적색 노동조합 등은 노동자층을 그 핵심으로 하였는데, 이번에는 인텔리, 학생, 노동자, 농민 등이 모두 가담한 것이요, 특히 그중 ○○○○○와 같은 대학 ○○며 정태식, 이명신과 같은 경성제대 조수 등을 비롯하여 학창에서 직장으로 나아가 실천운동에 가담한 학생 등이 있는 것이다

그리고 그들의 운동자금에 있어서도 해외의 지도부에서 공급을 받을 것이 아니라 그들 자신이 버는 노임 또는 동지 학생, 동지 노동자의 '심파' 가 되어 가지고 학자금을 또는 노임을 수합해 가지고 일체의 운동비에 충당한 것 등이라 할 것이다.

레닌사, 국제당, 전협계(全協系)
일당 원칙 하에 합류
권영태는 경성, 권인갑은 강릉에

---

4 영어 sympathies의 일본식 명칭으로 동조자, 지지자.

지역별로 활동을 개시

1932년 12월 러시아에서 공산대학을 졸업하고 조선공산당 재건설의 사명을 띠고 잠입한 권영태는 우선 경성을 중심으로 활동을 개시하여

▲인텔리층 ▲학생층 ▲노동자층으로 동지를 얻어 결국은 경성적색노동조합을 조직해 가지고 조선공산당 재조직에로 비약할 플랜 아래 인텔리층으로는 경성제대 조수 정태식과 또 그의 소개로 동 ○인○○○○○○(□□□)을 획득하고 경성을 중심으로 종방을 비롯하여 제사(製絲) 공장[5], 고무 공장 등 직공을 노동자층으로 얻고 활동을 개시하였는데,

일방 북평에 김원봉이 조선○○과 ○○화를 목적으로 세운 레닌학교 출신으로 김원봉의 밀령을 받고 잠입한 권인갑 등과 만나게 되고, 또 권인갑 등은 강릉에 가서 전협계[6]로 조선 공산운동의 기초 공작에 맹렬한 활동을 전개한 최선규 등과 만나게 되었다.

이들은 비록 각기 그 배경이 다르고 사명을 받을 지도계층이 다를지라도 일국일당의 원칙[7] 아래 같이 악수 활동하기로 되어, 조선공산당 재건설 동맹의 기치 아래서 각기 지역별로 또는 계급별로 분담하여 활동을 개시하여, 권영태는 경성을 중심으로, 권인갑은 강릉으로 가서 전협계의 최선규와 손잡고 활동하였다.

---

5 실을 만드는 공장.

6 전협계(全協系)는 전일본노동조합협의회 계열이라는 뜻.

7 20세기에 조직된 국제 사회주의 조직인 코민테른(제3인터내셔널-제1인터내셔널은 1864년 마르크스가 주도하였고, 제2인터내셔널은 마르크스 사후인 1889년 7월 엥겔스의 이론적 뒷받침으로 이루어졌으며, 제3인터내셔널(코민테른은 공산주의 인터내셔널로 1919년 모스크바에서 창립되었다)은 한 나라에 하나의 공산당을 조직하도록 했고, 이 조직만이 지원을 받을 수 있었다.

조선에 잠입, 적화 공작
북경에 근거 둔 김원봉의 밀령 받고
권인갑, 이진일 등 9명이 각지에서 활동
강릉에서 실천 운동에

북경에 근거를 둔 김원봉의 레닌주의 정치학교(=레닌주의사) 졸업생

▲권인갑, 이진일, 정동원, 이강명, 이윤경, 어윤봉, 오필득, 심인택 등 9명이 1930년 8월부터 1931년경까지 조선 내에 잠입하여, 조선 안에서 공산당 재건 공작과 동지 획득, 적색 결사를 조직하였다. 그중에 이윤경은 평양을 맡아 평양에 잠입하고 권인갑, 이진일, 이강명 등 7명은 경성에 잠입하였는데, 강원도 일대에 가장 깊은 뿌리를 박고 활동을 전개하여 강릉은 이미 결사 조직의 과정을 넘어 실천 운동에 착수하다가 종방 파업을 단서로 한 검거 선풍에 휩쓸리게 되었다.

그리고 심인택, 이윤경 등은 평양에 숨어 바야흐로 지하공작을 넓게 펴려다가 그대로 또한 체포되고 말았다.

전협계와 악수코
공청, 적농의 A, B 양 결사 조직
강릉 일대를 활동무대로

강릉으로 활동무대를 옮긴 이진일, 권인갑은 1932년 1월 강릉에 잠입하였는데, 거기는 벌써 전협계의 강익선, 강덕선 형제가 표면운동에서 신간회 해소, 청년동맹 해소 등을 행하는 일방 지하운동에도 깊이 뿌리를 박고 있음을 알게 되었다.

비록 출발은 같지 않았다 하더라도 엄격한 1국1당주의 밑에서 지하운동은 합작할 것이라 하여 이들은 서로 손을 잡고 강익선, 강덕선의 지도 하에 이루어진 제1, 제2 연구그룹에서 다시 제3연구그룹을 형성한 후 그다음 조직으로 A, B의 두 비밀결사를 두어 A결사, 즉 적색농민조합 조직준비위원회에 관한 일체 책임을

하물차로 호송.
검거 당시 서대문서원이 하물차로 피검인을 경성에
호송하는 광경과 검사 수용본부인 강릉서 연무장.

권인갑.
이진일.

東亞日報 昭和十年八月廿四日 (土曜日)

荷物車로護送

레닌主義政治學校卒業生
朝鮮에潛入赤化工作
北京에根據둔金元鳳의密令받고
權麟甲、李鎭一等九名이各地에서活動
江陵에서實踐運動에

權麟甲
李鎭一

全協系와握手코
共靑, 赤農의A, B兩結社組織
江陵一帶를活動舞臺로

姜德善
曹圭弼

罷業操縱이發覺端緒
最初에檢擧는東署
西門署에서秘社의端緒探知코
電光갈이三千警官動員
西署刑事隊
竹山에서活動

강덕선.

조규필.

제3차 조직한 소위
A결사를 조직한 강릉
낙산봉.
×표시는 집회장소.

상단 처음부터
성운학, 김윤식,
이상각.

『동아일보』. 1935. 8. 24.

비사의 본거.
적농의 레포-연락하던 본거와
적농책임자 권인갑 집(소재지
강릉읍 옥천정).

권인갑이가 받고 B결사인 공산청년동맹 준비위원회에 관한 일체 책임을 강덕선이 맡아 맹렬한 ××을 전개하였다.

파업 조종이 발각 단서
최초에 검거는 동대문서
서대문서에서 비사의 단서 탐지코
전광같이 3천 경관 동원

이 사건의 발각은 처음 종방 파업이 일어나자 동대문경찰서에서는 파업 배후에 움직이는 잠행운동의 그림자를 눈치 채고 중요인물 18명을 검거하여 취조하였다.

그러나 결국 별 단서를 얻지 못하고 전부 석방한 것을 다시 서대문경찰서에서 뒤집어 검거해가지고 십 수 일 동안 동대문서의 조사하고 남은 사실을 추궁한 결과 의외에도 강릉 비밀결사의 단서를 얻고 미리 대량 검거의 예비로 화물자동차 2대를 가지고 강릉으로 내려가서 권인갑, 이진일 등을 검거하는 동시에 검거는 점차로 확대되었다.

사건의 개략을 보고받은 경기도경찰부에서는 의외에도 그 세력이 심상치 아니함을 알게 되자 사건을 경찰부로 이관시키는 동시에 시내 5경찰서 3천 명 경관에게 총동원령을 내리고 사건은 갈수록 확대되어

▲경기, 평남, 강원, 경남, 경북, 전남, 전북, 충북 등 8도에 걸쳐 3백여 명을 검거하였다.

탈주한 이재유의 극적 활동 『동아일보』. 1935. 8. 24.

경성제대 연구실 관사가 금번, 공산 운동의 총본영
탈주한 총지도자격의 이재유와

사건 검거의 준심이요, 이재유가 재탈출한 서대문서.

경성제대 교수 삼택녹지조.

운동의 총본영인 삼택 교수의 관사.

동아일보 (三) 昭和十年八月二十四日 (土曜日)

京城帝大研究室官舍가 今番共產運動의總本營

脫走한總指導者格의李載裕와 三宅教授、鄭泰植等이握手

朝鮮共產運動의初有事

脫走한李載裕의劇的活動

取調中의西大門署 二層에서跳下脫走

李載裕、露領事館안에서被逮

手足의고랑끄르고 警察正門으로逃走

失色한警察、京城一帶非常線 三宅教授地下室에隱身

三宅教授官舍地下窟에서 隱身해秘密計劃

窟속파의聯絡은노끈으로 共產運動統一再建決議

脫出後、夜警으로假裝 龍山에서地下運動

工場地帶에秘社를再建 市內三千警官動員

三宅은三年懲役

三宅教授잡히자 李載裕는逃走

李載裕略歷

事件檢擧의中心이오李載裕의再脫出한西大門署

京城帝大教授三宅鹿之助

運動의總本營인三宅教授의官舍

『동아일보』. 1935. 8. 24.

삼택(三宅) 교수, 정태식 등이 손잡고
조선 공산운동의 초유사

이번 사건을 중대하게 만든 데는 사건의 중요인물 중 1인인 삼택녹지조(37)의 검거에서부터이었다.

삼택녹지조는 조선의 최고학부인 경성제국대학 교수로서, 동교 조수인 정태식과 이명신의 소개로 이번 사건의 최고 인물로 탈주하여 아직 검거치 못한 이재유와 권영태를 손잡고 이번 조선공산당 재건동맹 공작의 총본영이 바로 경성제국대학 법문학부 연구실과 삼택 교수의 동숭동 관사이었고, 이재유가 숨어 있던 것도 이 관사였다.

조선에 공산운동이 전개된 이래 전후 4차의 공산당 조직이며, 그 후 부분적 또는 파생적으로 봉기하였던 수많은 공산당 재건동맹, 적색노동조합 등 기초 공작의 역사상으로 보아서 대학교수의 가담, 대학 연구실과 관사 등의 이용은 이것이 초유의 사실이다.

그리고 삼택녹지조는 이번 운동의 중요한 심파로서, 자기의 봉급을 기울여 운동자금으로 제공하였다. 경찰당국에서도 사건의 개략이 드러나면서부터 그 중대성에 비추어 그 조직 체계를 극력 추궁하는 일방, 조선 공산운동 역사상 일대 인물이라고 하는 이재유를 기어코 체포하고자 필사적으로 노력하였으나, 두 번이나 서대문경찰서 유치장을 탈출한 그는 종시 종적을 남기지 아니하여 3년이 넘은 오늘날까지 안개 속에 숨은 채 이번 사건은 그의 체포를 보지 못하고서 그대로 세상에 그 놀라운 전모를 드러내게 된 것이다. 그 활동 경로 및 이재유의 탈주 사실 등은 다음과 같다.

제1차
취조 중의 서대문서
2층에서 뛰어내려 탈주
이재유, 러시아 영사관 안에서 피체

조선공산당 재건동맹 사건에 있어서의 지하운동자로, 경계망을 넘어 활동하다가 서대문경찰의 손에 검거된 삼수(三水)[8] 출생 이재유(29)는 동서에 인치되어 취조를 받았다.

사건의 중심인물인 만큼 엄밀한 감시 하에서 유치되었으나, 일변 경찰의 눈을 피하며 탈주의 틈을 엿보고 있었다. 경찰에서는 특히 관대한 태도로 할 수 있는 범위의 편의를 보았었고, 또 피의자 역시 취조에 순히 응하여서 조사 청취는 순조로 진행되었다.

그러자 1934년 1월 28일 밤 12시경에 순시하는 경관이 지나간 후 이재유는 경계의 눈을 피하여 유치되었던 동서(同署) 2층 방에서 뛰어내려 어디로인지 종적을 감추고 말았다 한다.

의외의 사건이 인치 중에 발생한 서대문경찰서에서는 즉시 비상소집을 해가지고 부근 일대로 대수색하던 중에 정동에 있는 소비에트영사관에서 범인이 잠복하여 있다는 전화를 접수하였다 한다.

동 영사관에서는 관내를 순시하던 중에 우연히 나무그늘에 수상한 사내가 웅크리고 앉은 것을 발견하자 즉시 이 사실을 소관 서대문서에 보고하게 되어 즉시 동서 고등계원이 달려가서 체포하여 보매 탈주한 이재유였으므로, 인치하여 보다 극히 엄밀한 감시와 취조를 진행시켰다 한다.

제2차
수족의 고랑 끄르고
경찰 정문으로 도주
실색한 경찰, 경성 일대 비상선
삼택교수 지하실에 은신

교묘한 수단으로 서대문서를 탈주하였다가 다시 체포된 이재유는, 정신이 나간 사람같이 취조에 응하고 있었다. 동서(同署)에서는 종래의 특별 완화한 취급에서

8 함경남도의 지명.

일층 엄밀하고 또 철저에 가까운 감시를 계속하고, 또 발목에는 차꼬를 채우고 손에 역시 수갑을 지르게까지 되었다 한다.

근 1년을 검거 취조한 동 경찰서에서는 경찰부의 지휘도 있고 하여 시급히 검사국으로 사건과 범인들을 송치하려고 일변 증거의 수집, 취조서의 작성 등을 급급히 하고 내려왔으나, 이재유만은 일반 피의자들을 가두어 둔 동서 특별유치장에 두지 않고 2층 고등계에 부속한 방에다 유치시켜 두었다 한다.

그러자 동년 4월 14일 새벽 3시경에 부근에 떨어져 있던, 대로 만든 담배물부리[9]를 집어 이빨로 깨물어서 그것으로 발목에 채운 자물쇠를 끄르고 그길로 문을 역시 비틀어 연 후 유유하게도 경찰서 정문으로 나와서 도망치고 말았다고 한다.

이 일이 발각된 것이 새벽 6시경. 동서는 대경실색하여 경찰부에 보고하고, 서원을 비상소집하여 부근 일대는 물론 경찰부의 지휘로 경찰부를 비롯하여 경성부내 다섯 경찰서를 총동원시켜 경성 일대를 물샐틈없이 수색하기를 시작하였다 한다.

총 경찰서원을 3, 4시간씩 휴식시킨 후 교대로 출근시켜 일제히 사복을 시켜 요처 요처는 물론 특히 전번 잠복하였던 소비에트영사관을 중심으로 대경계망을 펴고 있었다.

이렇게 비상경계를 계속하기 근 일주일이 되었으나, 경성은 물론 자하문 밖, 왕십리, 신설리, 성북동, 노량진 등 부근 일대를 수색하여도 도무지 종적이 묘연하고 또 철도편과 도로편을 엄밀히 경계하였으나 드디어 체포하지 못하고 말았다 한다.

이리하여 도주한 이재유는 성대(城大)[10] 교수 삼택녹시조의 집에 잠복하여서 역시 지하운동을 하였다고 한다.

---

9 담배를 끼워서 빠는 물건.
10 경성제국대학.

삼택교수 관사 지하굴에서
은신해 비밀 계획
굴 속과의 연락은 노끈으로
공산운동 통일, 재건 결의

1934년 4월 14일, 서대문경찰서의 엄중한 경계를 뚫고 동서 유치장을 탈주한 중대 범인 이재유는 그길로 동숭동 경성제국대학 관사 삼택교수의 집에 들어가 삼택교수와 만나 별항과 같이 제13회 국제공산당 집행위원회 총회에서 차용한 '테제'에 좇아 조선의 공산당 재건운동의 노선을 결정하였다 한다.

이재유는 서대문경찰서에 체포되기 전에 1933년 12월 중순경부터 삼택교수의 관사에서 1월 초까지에 전후 5, 6회의 협의를 거듭하였었고, 그 자리에서 권영태 등과 협의하고 조선의 당면 공산주의 운동의 통일과 당의 재건을 결의하고, 운동으로는 정치운동, 신문의 필요, 출판의 필요, 그 방침을 결정하였다 한다.

뿐만 아니라 탈주해 들어온 이후는 동 교수의 응접실 마룻장 아래 은신하고서 지내게 되었다 한다.

삼택 관사에서는 이재유의 은신한 것을 절대로 비밀을 시키기 위하여 하녀도 내보내고 그의 부인과 협력하여 다다미장을 열고 주먹밥을 들여보내면 마룻구멍[11] 속에서 기어와서 가져다 먹고 통신은 종이노끈으로 하였다 한다.

굴은 한길 깊이나 판 것으로, 몸을 일으킬 수 있을 만한 넓이에 붉은 서적을 가득히 쌓아 두었다 한다.

삼택교수 잡히자
이재유는 도주
도주 2시에 관사를 포위

1933년 9월 그믐경부터 서대문경찰서에서 조선공산당 재건의 단서를 쥐고 전 조선적으로 검거의 활동을 개시한 결과, 여기에는 이재유 외에 당시 성대 교수였던

---

11 마루와 밑바닥 사이의 공간.

삼택녹지조가 주동이 되었다는 것을 탐지하게 되자 1934년 5월 31일 아침에 경기도경찰부를 중심으로 한 종로경찰서원 등이 동숭동 동 교수의 집을 습격하여 삼택교수를 체포하여다가 종로경찰서에 유치하고 즉시 취조를 개시하는 중에, 의외에도 동 교수의 집에 서대문경찰서를 탈주한 이재유가 잠복하고 있다는 놀라운 자백을 듣게 되었다 한다.

이 일이 있기 전에 삼택교수가 체포되자 이 기미를 챈 이재유는 지하 굴에서 기어 나와서 역시 종이노끈으로 삼택부인에게 "동지 시카(鹿)[12]-삼택교수-는 붙잡혔는가?" 물어, 여기에 그렇다 대답하매, 그러면 안 되었으나 하는 수 없다. 나를 도망하게 해 달라고 청했다 한다.

이리하여 즉시 변장하여 가지고 동 교수 관사를 탈주하여 뒷산으로 도망치고 말았다 한다.

삼택의 입에서 집에 있다는 소식을 들은 경찰은 즉시 자동차 네 대를 몰아 동 교수 주택을 둘러싸고 한편으로는 들어가서 곱게 체포케 해 달라고 삼택교수의 부인에게 강경히 요구하였으나, 유유한 태도로 그런 사람이 없노라고 대답하였다 한다.

이렇게 되매 경찰대는 즉시 시기를 놓치지 않고 집안을 뒤지던 중에 마룻장 밑에서 굴을 발견하였으나 당자는 이미 자취를 감추고 말았다 한다.

적색 서적과 증거품 다수를 압수하는 동시에 삼택 부인까지 끌어들여 취조하였다가 부인만은 내놓았다 한다.

탈출 後 경관으로 가장
용산에서 지하운동
공장 지대에 비밀결사를 재건
시내 3천 경관 동원

---

12 삼택교수의 한자 이름이 삼택녹지조(三宅鹿之助)이므로, 녹(鹿)은 곧 삼택교수를 가리킨다. 녹(鹿)의 일본식 발음이 '시카'다.

작년 12월 초순경 시내 용산경찰서에서는 연말경계로 관내를 일체로 조사하는 중에, 의외에도 공장지대의 불온한 팸플릿이 돌았음을 발견하고, 즉시 활동을 개시한 결과 동 공장 등지를 중심으로 적색 비밀결사가 있음을 탐지하고 혐의자로 청년 두 명을 검거하여 놓고 엄중히 취조하기를 시작하였다 한다.

그러자 이 체포의 사실을 탐지하러 온 척후대격의 당원이 경찰서 문전을 배회하고 있음을 수상히 여겨 체포하여 취조한 결과 작년 4월 14일에 서대문경찰서 유치장을 탈주하여 삼택교수의 집에서 잠복하였다가 동 5월 31일에 삼택교수의 피체와 동시에 경계망을 벗어난 이재유가 비밀히 보낸 정탐인 것을 알게 되고, 뿐만 아니라 동 오후 3시에 시외 안암리 뒷산에서 만나 보고하기로 되었다는 것을 알게 되었다고 한다.

이 놀라운 단서를 잡게 된 동서에서는 즉시 경관대를 전기 시각에 동 장소에 매복시켰으나 그림자도 발견 못하고 말았다 한다.

이리하여 이재유가 활동하였다는 신당리 문화촌 일대를 조사해 본 결과, 이재유는 야경단원으로 변장해 가지고 밤에는 동지와 연락하면서 지하운동을 하였다는 것이 드러났다 한다.

동대문을 위시하여 용산서, 서대문서와 본정, 종로에 경찰부를 가하여 3천 경관을 총동원시켜 신당리 일대는 물론 시내, 시외를 일체 수색해 보기 무릇 일주일에 역시 종적도 잡지 못하고 이재유의 자취는 오리무중으로 들어가고 말았다 한다.

삼택은 3년 징역
사건을 총지휘하던 관사에서 나와
아내는 구옥서점 경영

사건 전모가 판명되어 112명을 검사국에 넘기게 되자 그중 경성제대 교수 삼택녹지조는 그 몸이 관립대학 교수요, 아직 조선에는 이러한 신분을 가진 이로 이런 운동에 투족(投足)[13]한 이가 없었던 관계로 그 영향이 사회적으로 크리라 하여 분리

13 직장이나 조직 등에 발을 들여 놓음.

해 가지고 예심에 회부하였다가 그만 먼저 신속히 예심을 마치고 단독으로 공판에 회부하였다.

작년 12월 2일 경성지방법원에서 산하(山下) 재판장 주심으로 공판을 개정하고 방청을 금지하고 심리를 마친 다음 동 9일에 징역 3년의 판결을 언도하였다. 삼택은 이를 곧 복역하기로 결정하는 동시에 대학교수의 직도 삭탈되었다.

이재유 약력

함남 삼수 출생

이번 사건의 중심 활동을 하고도 두 번이나 경찰서를 탈주한 이재유는 금년 29세로, 함남 삼수군 별동면 선소리 82번지에 나서 특별한 정규의 학업을 마치지 않았고, 경성에 들어와 활동을 하였고, 그 후 동경에 건너가 10년 전인 1926년에 재일본 노동총동맹 동경노동조합 동부지부에서 집행위원으로 활동하였고, 그 후 조선에 건너와서 제4차 조선공산당 사건에 가담하여 서대문형무소에서 복역하고 나와 이래 이번 사건의 기초 공작을 시작하였던 것이다.

그러고 지하운동을 시작하던 중에 1934년 1월 22일 밤 7시에 서대문 봉래교 다리 위에서 서대문경찰서원에게 체포되었던 것이라 한다.

3년 철창에 안색 창백 『동아일보』. 1935. 8. 24.

권인갑 6년 징역

제1차 공판, 피고 15명 출정

구형보다 언도 가중

경기도와 강원도를 중심으로 한 인텔리, 노동자, 직공 등을 망라한 조선공산당 재

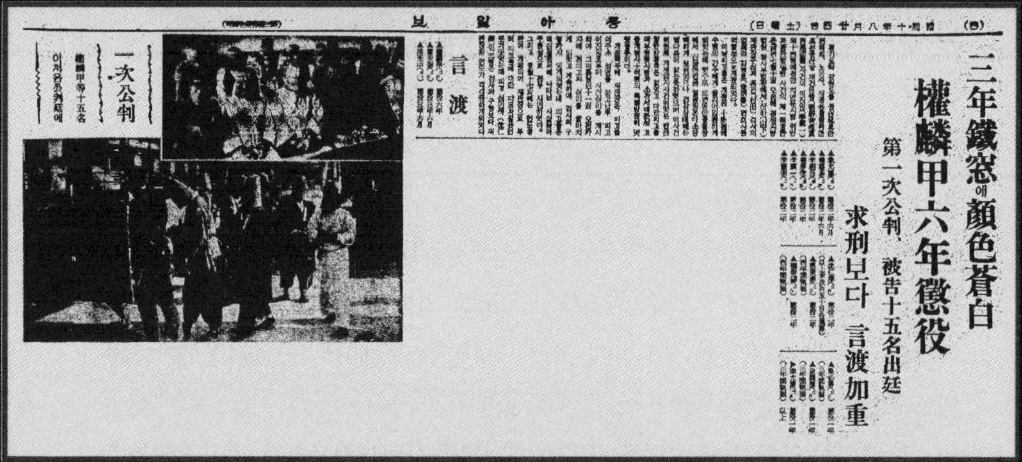

동아일보

三年鐵窓에顏色蒼白
權麟甲六年懲役
第一次公判、被告十五名出廷
求刑보다 言渡加重

言渡

一次公判

權麟甲等十五名
이처음으로列廷에

『동아일보』. 1935. 8. 24.

1차 공판.
권인갑 등 15명이
처음 공판에.

건동맹 사건의 이진일 외 14명에 관한 치안유지법 위반과 출판법 위반 사건의 제1회 공판은 금년 7월 10일 오전에 경성지방법원 형사부 법정에서 한하 재판장 주심과 촌전 검사의 입회와 김병로 변호사 등의 열석으로 개정되었다.

이날 피고들은 개정 전 10분 전에 수명의 간수에게 끌리어 입정하게 되었는데, 햇수로 3년 동안을 철창에서 신음한 만큼 얼굴빛은 다소 창백하게 보이었으나 건강상태에는 별다름이 없는 듯하였으며, 이 사건이 원체 게재금지 사건이었던 만큼 일반 방청객은 없었고, 다만 피고들의 부형 몇 사람과 소관 서대문서 고등계 형사 10여 명의 특별 방청이 있었을 뿐이다.

개정 벽두에 재판장은 피고들의 주소, 성명을 묻고 난 후, 피고 이진일로부터 사실심리를 개시하여 그 이튿날인 11일 오전까지에 전 피고의 심리를 끝마치게 되었고, 계속하여 검사의 구형까지 있게 되었는데, 피고들은 예심결정서에 나타난 사실을 이구동성으로 전부 시인하였다.

그리고 동월 17일에는 언도 공판이 개정되어 재판장으로부터 피고들에 대한 다음과 같은 언도가 있었는데, 피고 심인택 외 3명은 검사의 구형보다 재판장의 언도가 각각 가중하게 되었다.

언도

▲권인갑(26) 징역 6년

▲조규필(23) 징역 3년 6월

▲홍광중(31) 징역 3년 6월

▲어윤봉(32) 징역 2년 6월

▲강덕선(24) 징역 2년 6월

▲이상각(40) 징역 2년

▲강몽호(33) 징역 2년

▲이진일(26) 징역 2년

▲이강명(25) 징역 2년

▲심인택(26) 징역 2년

(이상 미결 150일 각 통산)

▲정동원(23) 징역 2년(4년간 집유)

▲권태종(28) 징역 2년(4년간 집유)

▲오필득(32) 징역 1년(3년간 집유)

▲김윤식(26) 징역 1년(3년간 집유)

▲이윤갱 (25) 징역 1년(3년간 집유)

이상

031 대련의열단 사건

「동아일보」. 1936. 2. 18.

어제 해금
무장봉기코자
만주 잠입 중에 일제 피착
대련의열단 사건

【신경17일발 전통】 만주사변 이래 중국 정부 후원 밑에 한국○○을 획책코자 조선, 만주 각지에서 비밀결사를 조직하고 암중 활약 중이던 의열단 일파에 관한 치안유지법 위반 사건에 관하여서는 사건의 중대성에 감하여 기사 게재를 금지하고 있는 바, 요사이에 예심이 종결되어 유죄로 결정하고 공판에 회부하기로 되었다. 이리하여 어제 10일에 해금이 되었는데 사건의 개요는 다음과 같다.

관동국 경찰부에서는 1934년 5월 21일 조선○○을 목적으로 하는 조선인 비밀결사 의열단장 김원봉으로부터 비밀 사명을 띤 동 단원 최지영이가 남경으로부터 대련 사하구경찰서에서 검거한 것을 단서로 하여 각기 각지에 산재하고 있는 단원 획득의 준비를 완료하여 일제히 봉기코자 대기하고 있던 일파도 검거하였다.

비밀결사 의열단장 김원봉 이하 조선인 8명은 조선 민중의 무장적 총동원 곧

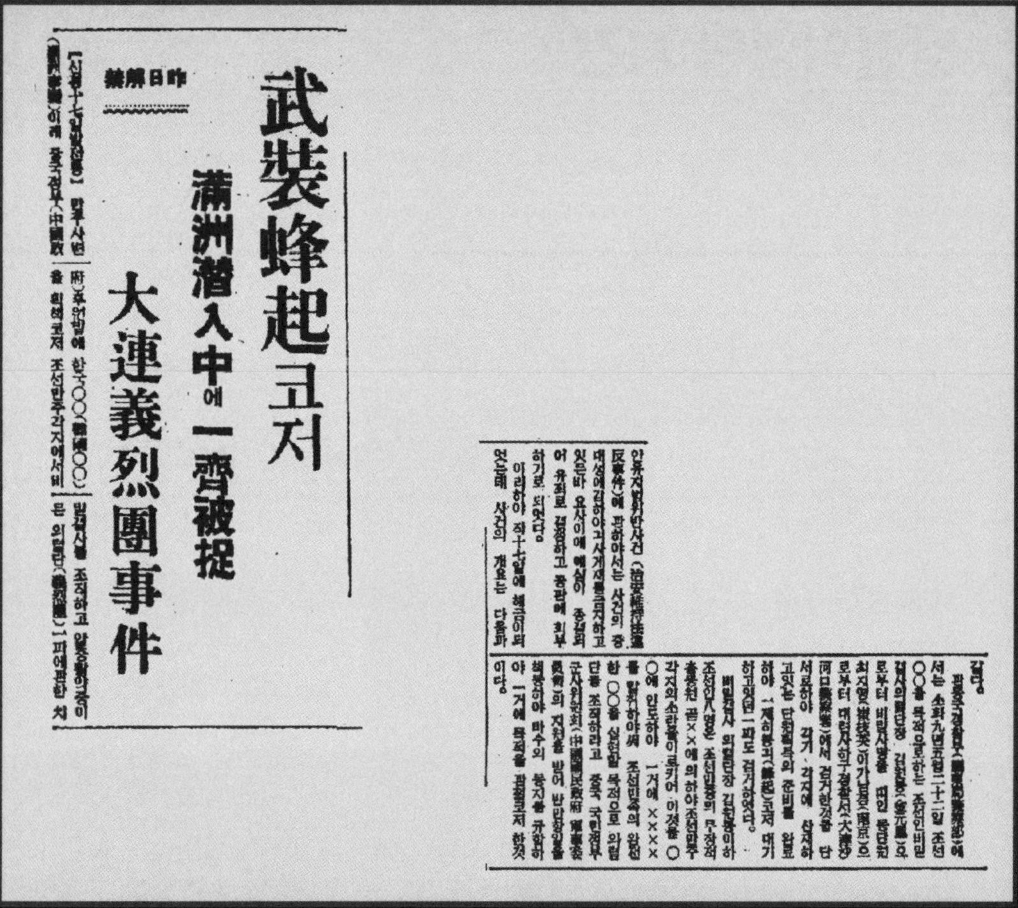

『동아일보』. 1936. 2. 18.

××에 의하여 조선, 만주 각지의 소란을 일으키어 이것을 ○○에 인도하여 일거에 ×××× 탈취하여서 조선 민족의 완전한 ○○을 실현할 목적으로 의열단을 조직하라고 중국 국민정부 군사위원회의 지원을 받아 반만항일을 책동하여 마수의 동지를 규합하여 일거에 목적을 관철코자 한 것이다.

032 남경의열단 사건

『동아일보』.1936. 2. 21.

남경의열단 내용
김원봉이 부하를 직접 지휘
조선에 밀사 보내 무력 행동
최기영 등 검거로 탄로

【신경발 동맹】 만주사변 이래 남경 정부의 후원으로 ○국○○을 획책하고 봉천, 영구, 안산, 대련 등 전 만주 각지에서 비밀결사를 조직하여 만주 교란, 조선○○ 등을 기도한 의열단 일파를 검거하여 그동안 취조하다가 요즈음 예심이 종결되어 모두 유죄로 되어 공판에 회부되었다 함은 기보와 같거니와, 예심종결서에 나타난 사건의 전모는 다음과 같다.

예심 종결서【초】

◇피고 성명

본적 조선 평북 정주군 곽산면 석동 697

주소 부정 무직 변창유(28)

본적 동군 동면 조산동 410

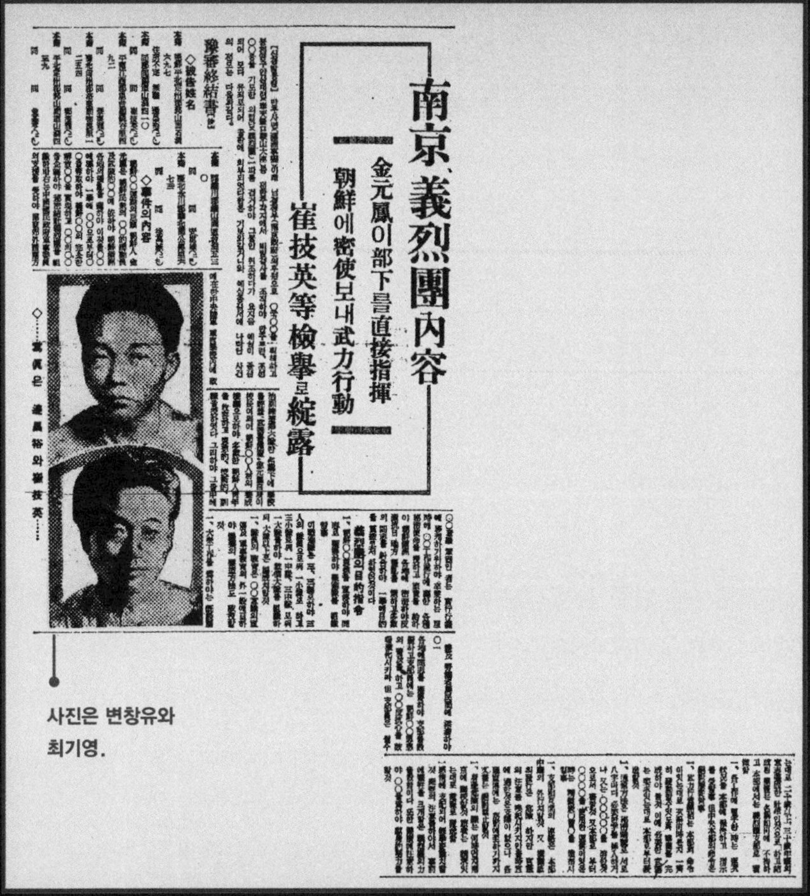
南京、義烈團內容
金元鳳이部下를直接指揮
朝鮮에密使보내武力行動
崔技英等檢擧로綻露

◇……寫眞은 邊昌裕와 崔技英……

사진은 변창유와 최기영.

『동아일보』.1936. 2. 21.

주소 부정 최기영(26)

본적 평남 강서군 성태면 연곡리 492
주소 부정 채동용(25)

본적 경북 상주군 낙동면 물량리 1254
주소 부정 정해용(28)

본적 평북 정주군 곽산면 조산동 439
주소 부정 김기형(26)

본적 평북 철천군 철산면 도태동 530
주소 부정 안세웅(24)

본적 경북 영천군 화북면 공덕리 673
주소 부정 서만성(27)

◇사건의 내용

조선○○운동의 거두 조선인 김원봉은 조선 민중의 ○○적 총동원 및 무장적 ○○에 의하여 조선 만주 각지의 요란을 도모하여, 이것을 ○○에 이끌어 일거에 ○○으로부터 ○○을 탈취하여 조선의 ○○의 완전한 해방 ○○을 실현하고 ○○의 ○○을 기도하여 비밀결사 의열단을 조직한 바, 위는 중국 국민정부 군사위원의 지원을 받아 남경 교외 서남방에 있는 중앙육군군관학교 내에 정치훈련반 제6대란 명칭 하에 학교를 경영, 무기를 비치, 김원봉 자신이 교장이 되어 조선 ○○인재의 양성기관으로 하여 다수한 조선인 청년을 수용하고 사상적·기술적 훈련을 받았다. 그리하여 그들 중에 ○○의식 공고한 자는 실행 행동에 옮기게 하기 위하여 졸업하는 동시에 ○○공작 수행에 관한 각종 비밀 사명을 받고 여비를 지급하여 조선·만주 각지에 밀파하여 반만항일 지방 소요를 꾀하고, 다수의 동지를 규합하여 일거에 목적을 관철코자 하였던 것이다.

의열단의 목적 지령

1. 조선 ○○사상을 선전하여 동지로 획득하여 전진대를 조직할 일.

이 전진대는 3·3제로 하여 3인의 대원으로써 1소대로 하고, 3소대로써 1중대, 3중대로써 1대대를 하여 수 개 대대를 조직하되, 대대 이상은 편성치 말 것.

1. 대원의 교육은 ○○의식의 선전 및 군사교육 외 일반에 걸쳐 폭약의 제조

방법도 교수할 것.

1. 대중 공작을 위하여는 이미 설치된 단체 및 노동자 농민 간에 스며들어 각지에 동지를 획득하여 지부를 설치하고, 지부원에는 조선○○사상의 보급을 하고 ○○반항심을 고취, 격화시키라. 단 지부원은 될 수 있는 대로 20세 이상 30세 연배의 의지 강고한 장년인 것으로 하고, 결성된 단체는 명칭 여하에 불구하고 본부에서는 의열단 지부로 간주함.

1. 각 공작에 착수한 때는 차례대로 상황을 본부에 보고하고 지시를 받을 일. 단 중앙본부의 명령은 절대 복종할 일.

1. 무력행위 개시는 본부의 명령이 있는 대로 차례로 언제든지 일제히 발동할 수 있도록 준비를 완성하여 둘 것. 이에 필요한 무기는 요구 있는 대로 본부로부터 발송할 것.

1. 통신 방법은 비밀암호로 서로 8자마다 필요한 자를 삽입하거나 또는 ○○○○을 녹인 것으로 쓸 것. 또 본부로부터 ○○○○을 사용한 통신이 있는 때는 정제탄(精製炭) ○조○을 도포(塗布)시킬 일.

1. 지부 상호간의 연락은 본부 중계 외 행하지 말 것. 또 기관지의 발행은 위험하지만 관헌의 주의를 환기시키지 않을 시의에 적절한 것은 지장이 없으나, 각종 선전에는 낙서에 이르기까지 문서는 절대 금지할 것.

1. 신변 위험의 때는 언제든지 남경에 귀교할 것. 여비는 청구 있는 대로 전보로 발송함.

1. 감정에 지배되어 경거망동치 말 것. 아주 작은 것에도 주의를 하여서 사전에 희생을 크게 함은 의열단의 힘을 죽임이다. 또한 건강에 주의하여 ○○을 위하여 헌신적 노력을 할 것.

033 남경군관학교 생도, 신경 잠입

「동아일보」. 1936. 6. 9.

남경군관학교생

대거 만주로 잠입

김원봉에게서 교란의 밀명 받고

신경, 봉천에 검거 선풍

【신경】 근일 신경서에 이른 정보에 의하면 남경, 상해, 항주 등지 남중국 각지에서 근거를 두고 활동하는 조선○○통감부 간부 김원봉의 부하 일파가 밀령을 띠고 만주 교란을 목적으로 김원봉으로부터 여비를 얻어 가지고 만주 각지에 잠입하였다는데, 벌써 혐의자를 검거하여 방금 엄중한 취조를 하는 중이라는 바, 이에 따라 그 검거 범위는 자못 확대하는데, 그 일행이 신경에도 잠입하였다 하여 신경서에서는 맹활동을 한다고 한다.

南京軍官學校生 大擧滿洲로潛入

金元鳳에게서攪亂의密命받고 新京, 奉天에檢擧旋風

【신경】 근일 신경서(新京署)에이른 정보에의하면 남경(南京) 상해(上海)항주(杭州)등지 남중국 각지에서 근거를두고 활약하는조선○○당간부(朝鮮○○黨幹部)간부 김원봉(金元鳳)의 부하일파가 밀령을띠고 만주로잠입할목적으로 김원봉으로부터 려비를받어가지고 만주각지에 잠입하였다는데 벌서 봉천에서는 혐의자를 검거하야 방금 엄중한 취조를 하는중이라는바 이에따라 그검거범위는 상당히확대하는데 그일행이신경(新京)에도 잠입하였다하여 신경서(新京署)에서는 맹활동을 한다고 한다

『동아일보』. 1936. 6. 9.

034 민족혁명당 임봉순 사건

「매일신보」. 1936. 11. 25.

김원봉 부하에 3년 구형
남경군관학교 졸업하고 온 것
종로서서 송국한 사건

평안남도 강동군 만달면 운학리 출생으로 일찍이 경성부내 재동공립보통학교를 졸업한 임봉순(24)은 조선○○운동에 뜻을 두고 있던 중에 남경군관학교에서 학비 없는 사람도 공부할 수 있다는 소문을 듣고 1934년 8월에 남경으로 건너가서 김원봉의 지도를 받는 한편, 목적하였던 남경군관학교에 입학하여 1935년 9월 하순에 동교 제3기생으로 졸업한 후 민족혁명당에 가입하여 전혀 조선○○운동에 몰두하다가 발에 반반흔해족종[1]이라는 병이 나서 그 땅에서는 치료할 도리가 없어서 조선 안에 치료를 받게 되었는데, 그 병이 나으면 다시 남경에 가서 전기의 운동에 활동하고 병이 속히 치료되지 못하는 때면 조선 안에서 민족혁명당 당원 모집에 화약하기로 김원봉과 밀약을 하여 가지고, 시내 종로1정목 28번지 최석린 방에 기숙하고 있던 것을 종로경찰서원의 탐지한 바 되어 검거되었던 사건은,

1 반흔해족종(瘢痕蟹足腫). 양성 피부병인 켈로이드의 일종.

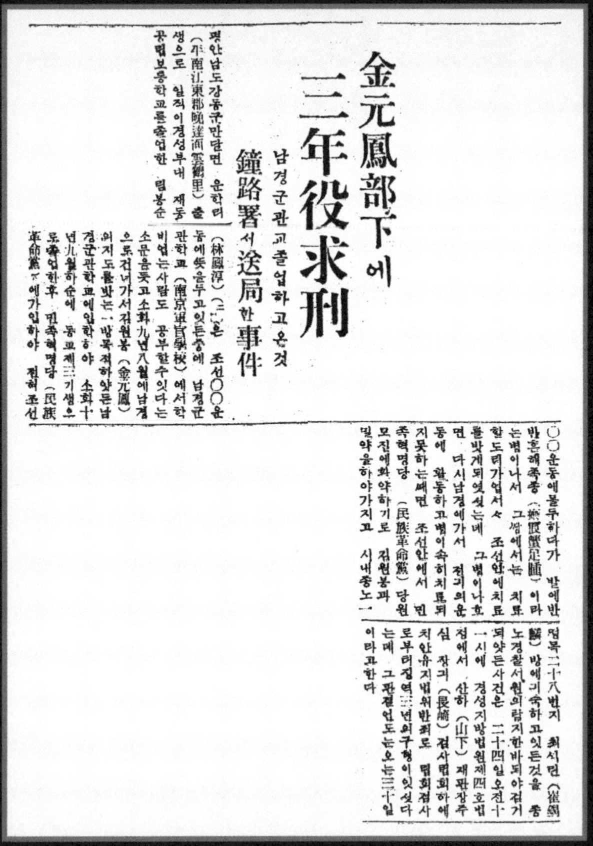

金元鳳部下에 三年役求刑

남경군관교졸업하고 온것

鐘路署서 送局한事件

평안남도강동군만달면 운학리(平南江東郡晩達面雲鶴里)출생으로 일직이경성부내 재동 공립보통학교를졸업한 림봉순(林鳳淳)([illegible])은 조선○○운동에뜻을두고잇든중에 남경군관학교(南京軍官學校)에서학비업는사람도 공부할수잇다는소문을듯고소화九년八월에남경으로건너가서김원봉(金元鳳)의지도를밧는다방목적하얏든남경군관학교에입학하야 소화十년九월하순에 동교제三기생으로졸업한후 민족혁명당(民族革命黨)에가입하야 전혀조선○○운동에몰두하다가 발에반흔해족종([illegible])이라는병이나서 그썸에서는 치료할도리가업서々 조선안에치료를밧게되엿섯는데 그병이나흐면 다시남경에가서 전긔의운동에 활동하고병이속히치료되지못하는때면 조선안에서 민족혁명당(民族革命黨)당원모집에활약하기로 김원봉과밀약을하야가지고 시내종노一정목二十八번지 최서면([illegible])방에기숙하고잇든것을 종노경찰서원의람지한바되야검거되얏든사건은 二十四일오전十一시에 경성지방법원제四호법정에서 산하(山下)재판장주심 장긔(長崎)검사립회하에 치안유지법위반죄로 립회검사로부터징역三년의구형이잇섯다는데 그판결언도는오는三十일이라고한다

『매일신보』. 1936. 11. 25.

24일 오전 11시에 경성지방법원 제4호 법정에서 산하(山下) 재판장 주심, 장기(長崎) 검사 입회 하에 치안유지법 위반죄로 입회 검사로부터 징역 3년의 구형이 있었다는데, 그 판결 언도는 오는 30일이라고 한다.[2]

2 판결은 징역 2년이었다.

035

김구, 김원봉, 이청천, 안공근의 낙양 회합

『동아일보』, 1937. 7. 20.

김구, 김원봉 등
낙양에 회합
불온 계획 획책 중

모처 정보에 의하면, 중국 각지에 흩어져 있던 불령(不逞)조선인[1]의 두목 김구, 김원봉, 이청천, 안공근 등은 금번 북중사변[2]이 발생되자 낙양에 회합하여 모종 불온 계획을 획책하고, 각지에 산재한 조선인 비행사 20여 명을 낙양으로 모이게 하여 장개석과 연락하고 그 군대와 합류하여 참가하기로 하였다는 보도가 있다는데, 관계 당국에서는 이 불령조선인의 중국내 행동에 대하여는 벌써부터 항의한 일이 있었거니와, 금번 또 이런 일이 있다 하여 앞으로 그 취체를 엄중 항의하리라 한다.

---

1 '불령'은 원한, 불만, 불평 따위를 품고서 어떠한 구속도 받지 아니하고 제 마음대로 행동함을 이르는 단어인데, 독립운동에 앞장서는 조선인들을 가리켜 일본 당국은 '불령선인(不逞鮮人)', 즉 '불령한 조선인'이라고 불렀다.

2 1937년 7월 7일 일본의 중국 대륙 침략으로 발발한 중일전쟁을 가리킨다.

金九、金元鳳等 洛陽에 會合

不穩計劃을 劃策中

모처정보에의하면 중국각지에 흐터저잇든 부정조선인(不逞朝鮮人)의 두목 김구(金九)김원봉(金元鳳)이청천(李靑天)안공근(安恭根)등은 금번 북중사변이 발생되자 낙양(洛陽)에회합하야 모종불온계획(不穩計劃)을 획책하고 각지에 산재한 조선인비행사二十여명을 낙양으로모이게하야 장개석과연락하고 그군대와 합류하야참가하기로하엿다는 보도가 잇다는데 관계당국에서는 이부정조선인의 중국내의 행동에 대하야는 벌서부터 항의한일이 잇엇거니와 금번또 이런일이잇다하야 앞으로 그취체를 엄중항의하리라 한다。

『동아일보』. 1937. 7. 20.

036

김정룡 사건

『매일신보』. 1937. 9. 9.

피난민에 섞여서
의열단원 잠입
팔번(八幡) 시[1]에 잠복 중 체포

복강현 특고과[2]에서는, 경북 경산군 출생의 김정룡(33)은 지난 13일 상해사변으로 인하여 피난민으로서 장기에 상륙하여 팔판시에 잠복한 것을 검거, 취조한 결과 그는 혁명운동의 거두 김원봉과 연락하였다는 사실을 알게 되어 아연 긴장되어 금번 잠입한 목적을 계속 취조 중인데, 전기 김정룡은 아메리카 모 대학을 졸업한 수재로 상해에 5개년 동안이나 체재하였다 한다.

---

1 오늘날의 일본 후쿠오카 현 기타큐슈 시 야와타.

2 1911년 설치하여 패망할 때까지 존속한 일본의 비밀 정치경찰. 본래 명칭은 '특별고등경찰'로, 사상·정치활동·언론·출판의 자유를 통제하였으며, 독립운동가를 탄압하기 위해 악랄한 고문을 자행한 것으로 유명하다.

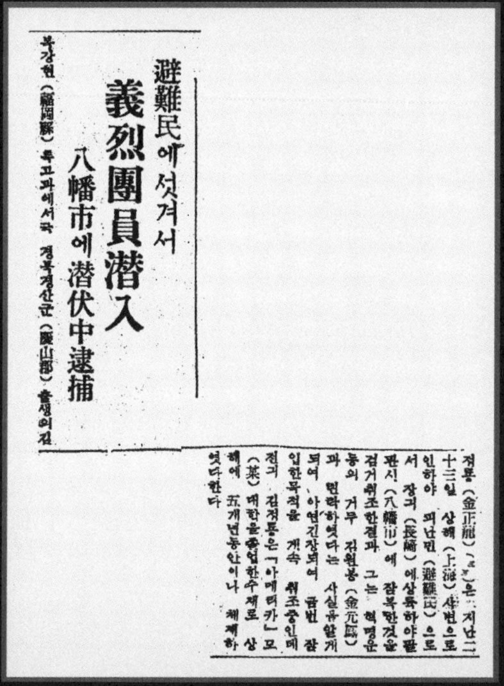

避難民에섯겨서

義烈團員潛入

八幡市에潛伏中逮捕

복강현(福岡縣) 특고과에서극 경북경산군(慶山郡) 출생의김정룡(金正龍)([illegible])은 지난二十三일 상해(上海)사변으로 인하야 피난민(避難民)으로서 장긔(長崎)에상륙하야팔판시(八幡市)에 잠복한것을 검거취조한결과 그는 혁명운동의 거두 김원봉(金元鳳)과 련락하엿다는 사실을알게되여、아연긴장되여 금번 잠입한목적을 계속 취조중인데 전긔 김정룡은「아메리카」모(某) 대학을졸업한수재로 상해에 五개년동안이나 체재하엿다한다

『매일신보』. 1937. 9. 9.

김원봉(1898~1958)

호 약산(若山)

부 김주익

모 이경념

1898 경상남도 밀양 출생

1918 난징 금릉대학 입학

1919 의열단 조직 후 의백(義伯)[1]에 피선

1929 정치학교 개설

1932 조선인혁명간부학교 창설

1935 한국민족혁명당(후에 조선민족혁명당으로 개칭) 조직

1938 조선의용대 대장 취임

1944 대한민국임시정부 군무부장

1958 숙청

---

1 대표.